SHOURU FENPEI WENTI YANJIU

收入分配问题研究

于国安 曲永义 等著

经济科学出版社

责任编辑：吕　萍　王　娟
责任校对：王苗苗
版式设计：代小卫
技术编辑：邱　天

图书在版编目（CIP）数据

收入分配问题研究/于国安，曲永义等著. —北京：经济
科学出版社，2008.12
　ISBN 978 - 7 - 5058 - 7608 - 8

　Ⅰ. 收…　Ⅱ.①于…②曲…　Ⅲ. 收入分配 - 研究 -
中国　Ⅳ. F124.7

中国版本图书馆 CIP 数据核字（2008）第 152399 号

收入分配问题研究

于国安　曲永义　等著

经济科学出版社出版、发行　新华书店经销
社址：北京市海淀区阜成路甲 28 号　邮编：100142
总编室电话：88191217　发行部电话：88191540
网址：www. esp. com. cn
电子邮件：esp@ esp. com. cn
汉德鼎印刷厂印刷
永胜装订厂装订
880×1230　32 开　11.75 印张　280000 字
2008 年 12 月第 1 版　2008 年 12 月第 1 次印刷
ISBN 978 - 7 - 5058 - 7608 - 8/F·6859　定价：23.00 元

收入分配问题研究课题组成员

课题组长：

    山东省财政厅副厅长　于国安　研究员

首席专家：

    山东社会科学院副院长　曲永义　研究员

组成人员：

    山东省财政厅综合处处长　王　晶　高级会计师

    山东省财政厅综合处副处长　朱厚玉　财税高级经济师

    山东社会科学院科研组织处副处长　袁红英　研究员

    山东社会科学院经济研究所区域经济研究室主任　李广杰
    研究员

    山东财政学院经济学院副院长　于淑波　教授

    山东财政学院科研处副处长　王传荣　教授

    山东社会科学院经济研究所产业经济研究室主任　王向阳
    副研究员

    山东大学马列部　赵秀丽　副教授

    山东社会科学院中小企业研究中心　侯升平　会计师

    山东省财政厅综合处　李　鹏　科长

目　　录

第1章 绪 论

自从人类社会的生产活动有了剩余，便有了收入分配问题。尔后，随着生产力的发展与经济增长以及社会制度的变迁而引起的社会各阶层、阶级等利益主体结构的变化，收入分配问题始终备受关注。数千年来，古今中外，不可胜数的政治家、学问家、道德家、卫道士、造反者……芸芸众生，无不从自己的立场和视角去观察分析和谈论收入分配问题。但是，由于收入分配问题涉及社会政治、经济、文化、伦理观念等诸多因素的各个层面，想做到系统、全面、客观地考察收入分配所涉及的所有问题是相当困难的，这也是本课题组研究力量所不能及的。作为绪论，本章将阐释本书的研究目的、方法、基础理念和研究背景，介绍本书的框架结构和主要内容。

1.1 中国现阶段的收入分配：事实、问题与背景

新中国成立以来，收入分配制度和政策演变大致经历了两个时期，第一个时期是自新中国成立初期到 1978 年中共十一届三中全会前的 29 年间，制度演变的趋势是生产资料的公有化和生活资料占有的平均化；第二个时期是 1978 年中共十一届三中全会至 2007 年中共十七大召开的 29 年间，其演变的基本趋势是生产资料所有制多样化、生活资料占有的多元化和收入差距的逐渐扩大。这两个

时期分配制度变迁的规律、特点、影响因素以及分配政策的具体原则、做法、绩效分析，在本书第 4 章中我们将作较详尽的研究阐述。目前中国居民收入分配的制度安排状况和中国现阶段居民收入分配差距状况，我们将在本书的第 5 章、第 6 章作较全面的研究和描述。研究结果表明，中国现阶段的收入分配制度，尽管有其存在的合理性，但其自身存在着明显的缺陷与问题，需要采取切实的措施加以改进。

1.1.1 事实

改革开放以来，我国的收入分配制度改革不断深化，在整体收入水平有了显著提高的同时，城乡之间、地区之间以及不同社会群体之间的收入差距却不断扩大。根据公开的统计报告测算，财政部等有关部门组织的相关研究成果显示，2006 年中国的基尼系数达到 0.46，超过了国际上公认的 0.4 的黄灯区，接近了 0.5 的红色警戒线。由于城市和部分群体隐性福利的存在，有专家甚至认为我国实际收入差距更高。联合国开发计划署公布的一组数据显示，中国占总人口 20% 的最贫困人口在收入或消费中所占的份额只有 4.7%，占总人口 20% 的最富裕人口占收入或消费的份额则高达 50%。而中国改革基金会国民经济研究所副所长王小鲁完成的研究报告显示，目前中国 10% 的最高收入家庭和 10% 的最低收入家庭之间的收入差距高达 55 倍。[1] 总之，中国的收入差距已超过合理限度，不仅影响了最终消费，[2] 造成内需不足，而且"收入分配差距不断扩大，已经影响了社会稳定"，[3] 如果任由两极分化发展下去，造成

---

[1] 王小鲁：《收入差距扩大源于制度缺陷》，载《社会科学报》，2007 年 6 月 7 日，第 1 版。

[2] 我国目前居民的最终消费率（居民消费/GDP）在 45% 左右，比世界平均水平 65%，低 20 个百分点。

[3] 楼继伟、虞云耀等：《关于效率、公平、公正相互关系的若干思考》，载《学习时报》，2006 年 6 月 19 日，第 1 版。

社会结构断裂，中国可能会滑向拉美陷阱。①

　　本书认为，目前收入分配中存在的不合理现象主要包括八个方面。其中，最受关注的是城乡间收入差距过大。其次是垄断行业的非正常高收入，这些行业包括金融证券、航空运输、烟草、电信、管道运输、石油和天然气、电力、邮政、新闻出版等。行业平均劳动报酬差距中，20%是由垄断行业带来的。另外还有六类不合理现象：收入分配体制缺陷；公共品供给不足；高低收入阶层间收入差距拉大过快；权钱交易、寻租致富；地区差距；以及政府监管不到位等。影响中国收入差距扩大的因素及其深层次的原因，最显著的是市场竞争秩序不规范，存在垄断经营、非法经营和地方保护等不公平竞争，从根本上造成了收入分配的"过程"不公平。主要表现在以下几个方面：

　　第一，城乡间收入差距过大。2007年，我国城镇居民人均可支配收入为13786元，农村居民人均可支配收入为4140元，城乡居民人均可支配收入之比高达3.33∶1高于2006年的3.28∶1，也大大高于1983年的1.82∶1，甚至高于1978年的2.56∶1。② 如果将城镇居民享受到的各种补贴、福利等隐性收入或非货币因素考虑在内则城乡间收入差距会更大，有的学者认为比例会在2006年就高达5∶1（陆学艺，2006），城乡间收入差距过大已成为我国城乡二元结构一个重要的特征和成因。

　　第二，不同行业从业人员之间的收入差距过大，特别是垄断行业的非正常高收入严重。近年来，中国不同行业从业人员工资的变化趋势是，传统的体力劳动、资本技术含量低、劳动密集、竞争充分的行业收入水平在相对降低，技术含量高、新兴产业及垄断行业的收入水平迅速提高。2007年中国收入水平最高的五个

---

　　①　周天勇：《失业和分配差距扩大，中国可能会滑向拉美陷阱》，载《社会科学报》，2007年6月7日，第1版。
　　②　数据来源：中华人民共和国国家统计局编：《2008中国统计年鉴》表9-1，中国统计出版社2008年版。

行业分别是金融业，信息传输、计算机服务和软件业，科学研究、技术服务和地质勘查业，电力、燃气及水的生产和供应业，文化、体育和娱乐业，其职工平均工资分别为49435元、49225元、38879元、33809元、30662元；收入最低的五个行业是农林牧渔业，住宿和餐饮业，建筑业，水利、环境和公共设施管理业，批发和零售业，其职工平均工资分别为11086元、17041元、18758元、19064元、20888元[①]。特别是，受供需关系、产业政策、价格变化、分配政策等因素的影响，我国垄断行业从业人员之间的收入水平与其他行业出现较大差异，这些行业包括金融证券、航空运输、烟草、电信、管道运输、石油和天然气、电力、邮政、新闻出版等。有研究证实，行业平均劳动报酬差距中，20%是由垄断行业带来的。

第三，东、中、西部区域之间收入差距逐渐扩大。从农村居民人均纯收入来看，东、中、西三大地带农村居民人均纯收入的相对差距，1978年为1.45∶1.13∶1（西部为1），2000年扩大到1.89∶1.22∶1，2006年为2.00∶1.27∶1。东部地区与中部地区农村居民人均纯收入的绝对差距，1978年为37元，2000年扩大到1129元，2006年进一步扩大到1905.7；东部地区与西部地区农村居民人均纯收入的绝对差距，1978年为53元，2000年扩大到1508.8元，2006年进一步扩大到2599.86元。从城镇居民人均可支配收入年均增长速度看，东部沿海省份明显高于中、西部内陆省份，年均增长速度超过14%的省份均在东部地区，包括浙江、北京、上海、广东、福建、江苏。从城镇居民人均可支配收入的最高省份和最低省份看，1980年的最高省（市）和最低省（市）分别是上海和贵州，二者之比为1.77∶1，绝对差距为243.67元；2006年最高省份和最低省份分别是上海和新疆，二者之比为2.33∶1，绝对差距高达

---

① 数据来源：中华人民共和国统计局编，《中国统计年鉴》表4-27，中国统计出版社，2008年版。

11796.64 元。从发展趋势分析，我国省际之间城镇居民人均可支配收入的绝对差距仍呈不断扩大之势。

第四，制度存在缺陷，一些政策落实不到位。这方面问题主要表现为：一是社会保障体系不健全。养老保险制度参保过程不均等，没有充分发挥调节收入再分配、职工跨时延期消费的功能；失业保险制度未能实现广覆盖，最需要帮助的人难以得到该制度的援助和服务；医疗保险制度设计及相关配套措施覆盖面较窄，同时也没有解决对医疗服务提供者的行为约束问题；最低生活保障制度和社会救济制度还不完善，城乡救助制度发展不平衡，救助方式较为单一，应救未救问题较为突出。二是税收制度不合理。税制结构不合理限制了税收公平调节功能的发挥，并存在强化收入不均等的趋向；税收调节体系不健全，社会保障税、遗产税和赠与税等没有建立，消费税和财产税等不完善，各税种之间缺乏整合力，影响了税收公平调节功能的发挥；个人所得税制度设计不规范，实行分类所得税，对纳税人来说，收入总额一定时，收入种类越多，应纳税额则越少，费用扣除没有考虑纳税人的婚姻状况、赡养人口的多少、年龄大小与健康状况等具体情况，而进行整齐划一的扣除，一些高收入者非工资收入所占比重不断扩大，造成"富人越来越富，穷人越来越穷"现象，制约了税收公平调节功能的发挥；个人所得税实行以代扣代缴的制度为主，自行申报面极窄，而对扣缴义务人应承担的法律责任又没有明确的规定，税收征管措施的不到位，弱化了税收公平调节功能的发挥。三是教育制度不合理。教育资源配置不公，地区之间、城乡之间教育投入结构性失衡明显，特别是重点学校制度加剧了基础教育内部资源配置的失衡。

第五，财政转移制度不完善。受财政收入规模、制度安排制约以及具体操作技术限制，我国目前的政府间转移支付基本是一种纯纵向的方式，主要有税收返还、体制补助、结算补助、专项拨款和增量转移支付五种形式。在这五种形式里，真正可以发挥平衡地区间财力差距且能使用因素分析法的只有增量转移支付这一种形式，其余四种要么是定向补助，要么是制定用途、专款专用，不能发挥平衡区域发展的作用。从分配的资金总额来看，增量转移支付只占很少部分，专项转移支付比重较大，虽然根据国际经验，专项转移支付具有使用方向明确、见效快、便于监督等特点，但是中央和地方政府事权划分尚不完全明晰的状况影响了专项转移支付应有功能的充分发挥，并带来一系列问题。专项转移支付种类繁多，几乎涵盖了所有预算支出科目，由各个部门负责安排，这样不利于资金的统筹安排和合理使用，并且造成各地区"跑部"要钱、争资金、争项目等情况。除此之外，其中的税收返还和体制补助沿用了财政包干体制的内容，采用1993年为基数，进行环比递增方案，返还的结果是税收额度多的地方返还多，税收额度少的地方返还少，致使富的地方更富，穷的地方更穷。地区差距的存在导致基层政府收入来源的不平等；在转移支付制度不规范的条件下，基层政府收入的不平等反过来又加剧了地区间的差距，而且导致了教育、公共卫生、基础设施等公共产品供给的区域间不平等，这样就使得财政转移支付的最终目标难以实现。

此外，政府职能的越位与缺位，政府行为不规范与收入分配系统的不透明，以及由此产生的腐败与寻租行为等，也是现阶段收入分配领域中需要解决的重要主要问题。

因此，缩小收入差距，切实解决收入分配问题，经济社会才能在良性和健康发展的轨道上运行，才能真正构建人民富裕、幸福的社会主义和谐社会。这已经成为了世人的共识。

1.1.2 问题

影响中国收入差距扩大的因素很多，本书每章中都涉及相关问题的分析。研究发现，目前影响中国收入差距扩大的因素及其深层次的原因，最显著的是市场竞争秩序不规范，存在垄断经营、非法经营和地方保护等不公平竞争，从根本上造成了收入分配的"过程"不公平。其次，还包括城乡分割的二元结构、社会保障制度不完善、财税制度缺陷、政府职能的越位与缺位等。另外，权利垄断、权力腐败、权力资本化等也是造成收入差距扩大的重要原因。研究中我们对下列问题进行了特别关注，并在相关章节中展开了重点研究探讨。

1. 如何实现"效率"与"公平"的协调统一？

研究收入分配问题，不可回避地要研究"效率"与"公平"及其关系问题。党的十三大以来，我国在完善我国社会主义初级阶段个人收入分配制度、分配结构和分配方式的过程中，也不断调整处理公平和效率关系的方针政策。20世纪90年代以来理论界对此问题的探讨逐渐升温，至今理论界围绕着二者谁先谁后、二者的关系、二者对经济社会发展的影响等问题仍然争论不休，"2006年对这一问题的争论达到了新的高潮"，2007年，2008年理论界对这一问题的争论更是有增无减。[①]

综观党的十三大以来，关于"效率"与"公平"的提法，大体经历了在"促进效率提高的前提下体现社会公平"——"兼顾效率与公平"——"效率优先，兼顾公平"——"更加注重公平"的变化。1987年，党的十三大报告首次提出，社会主义初级阶段的分配方式不是单一的，必须坚持以按劳分配为主体，其他分配方式为补充的原则，所实行的分配政策"既要有利于善于经营的企业和诚实劳动的个人先富起来，合理拉开收入差距，又要防止贫富悬殊，坚持共同富裕的方向，在促进效率提高的前提下体现社会公平"。[②] 这里已明确提出公平和效率的关系问题，从字面上看，应

---

① 卫兴华、孙咏梅：《2006年理论经济学的若干热点问题》，载《经济学动态》，2007年第3期。

② 见中国共产党第十三次代表大会报告。

是强调效率优先于公平。1992 年的十四大报告在分配制度上沿袭了十三大报告的提法，但在公平和效率关系问题上强调的是"兼顾效率与公平"。[①] 1993 年十四届三中全会通过的《中共中央关于建立社会主义市场经济体制若干问题的决定》明确提出，"个人收入分配要坚持以按劳分配为主体，其他分配方式并存的制度，体现效率优先、兼顾公平的原则"。十四届三中全会的提法，基本上为 1997 年的十五大报告所采纳，只是将"其他分配方式并存"改为"多种分配方式并存"，同时确立了按劳分配和按生产要素分配相结合的原则。党的十六大报告对公平与效率的适用范围作了一个区分，提出"初次分配注重效率，发挥市场的作用，鼓励一部分人通过诚实劳动、合法经营先富起来。再分配注重公平，加强政府对收入分配的调节职能，调节差距过大的收入"。2004年十六届四中全会通过的《中共中央关于加强党的执政能力建设的决定》中，中央根据收入差距不断扩大的现实，提出"正确处理按劳分配为主体和实行多种分配方式的关系，鼓励一部分地区、一部分人先富起来，注重社会公平，合理调整国民收入分配格局，切实采取有力措施解决地区之间和部分社会成员收入差距过大的问题，逐步实现全体人民共同富裕"；此后，2005 年十六届五中全会通过的《中共中央关于制定国民经济和社会发展第十一个五年规划的建议》，提出在构建社会主义和谐社会中必须"更加注重社会公平，使全体人民共享改革发展成果"、"注重社会公平，特别要关注就业机会和分配过程的公平，加大调节收入分配的力度，强化对分配结果的监管"。十七大报告对这一问题的最新阐释是："初次分配和再分配都要处理好效率和公平的关系，再分配更加注重公平"。

可以看出，党的十三大到十六届四中全会以前，我国在处理"效率"与"公平"的关系上，是更加注重"效率"，而十六届

---

① 见中国共产党第十四次代表大会报告。

四中全会以后，却是更加注重"公平"。其实，效率和公平是社会发展的两大重要目标，从人类渴求社会繁荣和发展这个终极目标看，二者的总目标是一致的，用历史唯物主义的观点来看，二者是辩证统一的关系。首先，社会发展首先是发展生产力，人类社会由低级到高级的不断运动过程中，资源配置与产品生产经济效率的提高，经济增长率的提升，物质财富的增加，"效率"始终处在重要的位置，我们应该认识到，中国尚处于社会主义初级阶段，提高效率，加快发展，是国家强盛与民族繁荣的客观要求。同时，社会公平是马克思主义者追求的价值理想，列宁曾明确指出，社会主义是世界历史的结局部分，是世世代代关于公平、善良、幸福的幻想的最终体现。社会主义社会的发展，归根到底表现为人自身的发展，是保障人的权利、增进社会公平，实现效率与公平的有机结合。

由此可见，尽管在收入分配领域，"效率"与"公平"某些时候确实存在矛盾，但是，并不是非要把"效率"与"公平"割裂开来才能解决问题，"在效率与公平之间并不存在此消彼长的替代关系"，[①] 只要二者的总目标一致，其矛盾是可以在经济社会的科学发展与和谐进步中解决的。就我国目前而言，"效率"依然是我们处于社会主义初级阶段加快发展的必然要求，而"公平"问题已经成为阻碍中国社会进步的一大屏障，收入分配领域的这一问题尤为彰显。因此，本研究认为，目前对"公平"与"效率"较科学、准确的提法应该是"提升效率，增进公平"。

2. 中国在市场化改革进程中如何优化收入分配机制？

近年来，面对中国收入差距的不断扩大，一部分理论界人士和实务工作者开始怀疑市场化改革，甚至将收入差距的不断扩大归咎

---

① 王鹤：《欧洲经济模式评析——从效率与公平的视角》，载《欧洲研究》，2007年第4期。

为市场化改革。本书第 4 章研究论述了随着市场机制的引入和市场制度的生成、发展，中国的收入分配制度调整和变迁的路径，并证明了坚持市场取向的改革，坚持在价格面前人人平等，是保证基础性的收入分配机制的前提。本书第 5 章分析了目前中国市场发育不健全是由于市场化改革进程中，要素市场化改革不到位、产权制度改革不到位、金融体制改革不到位、政府改革不到位、权力运行缺乏有效的体制性制约机制等一系列问题，在第 8 章的部分内容中，阐述了深化市场化改革的思路与对策。

研究中我们注意到，中国的收入分配扩大并非出自市场制度本身，市场无法自动解决收入分配的公平问题。公平的社会需要市场安分守己。① 而解决这一问题的关键是政府，因为它是社会中主要制度及其安排的制定者和实施者。为了更好地借鉴市场经济国家政府在调节收入分配差距中的经验，本书第 3 章比较分析了美国、德国、英国、法国、北欧国家等主要市场经济国家调节收入分配差距中的具体做法，通过对这些国家建立较完善税收制度和社会保障制度、实施积极的就业政策等措施来调节收入分配取得的成效比较分析，为政府的收入分配政策的制定提供了范本。

3. 中国经济在融入全球化的过程中如何防止居民收入差距扩大？

中国在融入经济全球化的过程中，面对开放的全球市场，加速了生产要素在全球范围内的自由流动和优化配置，无疑会提高经济效率，增加社会财富的积累。但是，经济全球化是一把"双刃剑"，经济全球化的本质是市场机制的作用在全球的扩散，市场机制优胜劣汰的规律必然导致全球的贫富差距，"迄今为止的全球化是不平衡的，它加深了穷国与富国、穷人与富人的鸿沟"。② 联合国前秘书长安南曾经告诫说，在经济全球化进程中，有两点必须引起人类

---

① 杨春学：《对"效率优先，兼顾公平"命题的重新反思》，载《经济学动态》，2006 年第 5 期。

② 联合国开发计划署：《人类发展报告》，载《人民日报》，2000 年 5 月 20 日。

的关注："第一，全球化的好处和机会仍然高度集中于少数国家，在这些国家内的分布也不平衡。第二，最近几十年出现了一种不平衡现象：成功地制定了促进全球市场扩展的有力规则并予以良好实施，而对同样正确的社会目标，无论是劳工标准，还是环境、人权或者减少贫穷的支持却落在后面。更广义地说，全球化对许多人已经意味着更容易受到不熟悉和无法预测的力量的伤害，这些力量有时以迅雷不及掩耳的速度造成经济不稳和社会失调。"① 显然，在全球化进程中，由于各竞争主体、各个国家在全球化过程中所处的地位和作用不同，由于市场的作用，往往会导致强者愈强、弱者愈弱的局面，从而使收入分配问题在全球范围内更加凸显。

就中国居民收入而言，由于劳动力富裕，从理论上说，融入全球化的过程中跨国资本的流入能够提高资源配置效率，扩大发展中国家的就业总规模，从而提高居民福利总水平。但是，在实际经济运行中，如果不采取有效的措施，随着经济全球化，居民收入差距也会拉大。这是因为，全球化的过程中，由于市场的开放不同产业、不同素质的劳动力市场范围出现了差异，"因为贸易将加大教育和技能回报率的差异"。② 简单地说，越是高素质的劳动力（如软件工程师、高级管理人员），可流动性越强，市场范围越大；越是低素质的劳动力，可流动性越低，市场范围越小（限于本国市场）。面对这种状况，政府也面临一个难题——如果想通过税收手段把高素质劳动力的收入压下来，就会导致大量脑力劳动者外流，企业就不可能走向国际；而如果把普通劳动者的工资提得太高，企业就失去了成本优势，大量民营企业就会垮掉，外资企业也会转走他国。那么，是否束手无策？本书的有关章节对中国经济在融入全球化的过程中如何缩小居民收入差距提供了如下对策：一是加强劳动者的培训，特别是建立完善的义务教育支持体系；二是构建社会

---

① 安南：《我们：联合国人民》，联合国，2004 年 4 月 3 日。
② 万广华：《经济发展与收入不平等：方法与证据》，上海三联出版社、上海人民出版社 2006 年版，第 129 页。

保障体系，特别是构建社会救济扶持体系；三是支持劳动者合理流动；四是在贸易和外资政策上充分考虑普通劳动者的权益，特别是工资收益。

此外，本书还讨论了其他很多问题。例如，当前影响我国收入分配的因素有哪些？哪些导致收入差距扩大，哪些有利于缩小收入差距？这些因素怎样影响经济效率？再如，政府在收入分配中应该扮演什么样的角色？什么样的收入分配模式既有利于经济增长，又能够将收入差距保持在合理的范围内，等等。

1.1.3 背景

我们认为，就收入分配本身而言，未来几年内，收入差距扩大的趋势仍将继续，因为城乡二元结构、行政性垄断、制度性腐败短期内难以破解和消除，劳动力和资本等要素占有不平等造成的差距扩大刚刚开始并将长期存在，而与新的市场经济格局相适应的再分配制度的健全也需要一定条件和时间。

就改善收入分配状况的宏观环境而言，有利因素是：

第一，中国共产党和政府高度重视收入分配问题，不仅在科学发展、构建和谐社会、"五个统筹"等重大决策中，收入分配问题举足轻重，而且党和政府关注民生也对收入分配改善提出必然的要求。

第二，中国社会主义市场经济体制日趋完善，社会主义物质文明、政治文明、精神文明和党的建设不断加强，综合国力不断提高，社会政治长期保持稳定也为改善收入分配状况创造政治与社会环境。

第三，中国经济持续快速、健康、协调发展的良好局面，为解决收入分配问题，调整好社会利益格局创造了物质条件。

不利因素有：

第一，目前中国人均收入水平正处于从 1000 美元到 3000 美元的发展阶段，国际经验表明，这一阶段是产业结构快速转型，社会矛盾剧烈凸显的时期。

第二，中国人口众多，低素质的劳动力过剩，就业形势严峻，劳资关系日趋复杂。

第三，中国已进入改革攻坚的关键时期，工业化、城镇化、市场化、全球化加快推进，经济体制深刻变革，社会结构深刻变动，人们的思想观念深刻变化，这种空前的社会变革，同时又必然带来这样那样的矛盾和问题。

这些都是在解决收入分配问题中不得不正视的困难。

1.2 中国收入分配改革的政策视角分析

我们发现，以往的很多研究，就收入分配改革的政策措施而言，往往就收入分配论收入分配，头痛医头，脚痛医脚。我们认为，就收入分配改革的政策而言，必须推进综合改革，单纯出台或理顺收入分配的某项政策措施，不可能真正理顺收入分配格局，因此，本书更注重对收入分配相关制度和政策问题分析的综合性及政策建议的可行性。

1.2.1 政策框架

本书认为，收入分配制度和政策框架设计，要注重收入分配的起点、过程和结果全过程，根据收入分配不同阶段中存在的公平缺失或效率不高的原因，采取相应的政策进行干预。起点干预的政策，主要是针对由于城乡二元结构和地区发展不平衡而引起的公共服务不均衡；过程干预的政策，主要是在初次分配领域规范市场秩序，完善市场竞争机制；结果干预的政策，主要是对再次分配领域调节政策。

1.2.2　政策目标

收入分配制度和政策安排总的目标是理顺分配关系，"提升效率，增进公平"，使收入分配制度与科学发展、构建和谐社会的目标相协调。起点干预的政策目标，从宏观环境方面来说，主要是创造基础性的制度平台，为不同地区的企业和居民创造公平公正的竞争环境，从个体发展方面来说，主要是实现个体间公正公平的竞争机会；过程干预的政策目标，主要是规范初次分配秩序，从总体上提升居民的收入水平；结果干预的政策目标，主要是通过再分配手段缩小阶层、群体之间的收入差距。

1.2.3　政策实施的路径

起点干预的政策实施路径，从宏观环境方面来说，国家要通过统筹城乡、区域发展等手段，缩小城乡、区域间的收入差距，具体地说，可以通过农村经济开发、区域经济开发、工业化和城镇化、移民和劳动力输出等政策手段，均衡不同地区、不同领域发展差异；从个体发展方面来说，主要是通过发展教育和培训、完善公共就业服务、建立公共医疗卫生体系等政策手段，实现公共服务均等化，为个体创造公正公平的机会，提升公民的综合素质。过程干预的政策实施路径，主要是通过规范政府和企业、事业单位等市场主体与监管机构的行为，完善劳动力、资本、土地、技术等要素市场，改革产权制度，改革工资制度等政策手段，规范市场秩序，完善竞争机制。结果干预的政策实施路径，主要是通过采取税收、财政转移支付、社会保障等政策手段，着力提高低收入者的收入水平，扩大中等收入者比重，有效调节过高的收入。

按照以上政策视角分析，本书认为，短期而言，建立公共财政体制，是解决收入分配问题的重要切入点。调整财政支出结构，加大社会保障和教育、卫生、就业等方面的投入，容易取得明显效果。而从中长期看，产权制度改革和对垄断领域的改革是涉及初次分配领域的重点。在产权制度改革方面，既要改变国有经济中产权残缺和主体错位造成的分配行为混乱，又要改革农村土地产权制度，使农民分享应得的土地权益。而对垄断行业，可以考虑多种调控措施，比如，对垄断利润课以专项税收；财政对垄断行业的临时性政策补贴要经人大专门审议通过；垄断性行业的产品和服务的价格要经公众听证会；约束行政性垄断行业单位内部的收入分配等，这些观点贯穿在本书的整个研究和写作过程之中。此外，为了进一步明确重点，在本书第 8 章中，课题组还就改革政府管理体制、改革税收制度、统筹城乡发展，重视就业、教育和社会保障等基本制度，建立利益表达和协调机制，为弱势群体提供利益诉求途径，提高和扩大社会对利益冲突的容纳能力等具体的政策措施的改革建议，展开了重点研究阐述。

1.3　本书的研究方法

自 2006 年 10 月课题组成立以来，我们发挥课题组成员来自政府综合部门、社会科学研究机构、高等院校等不同单位的研究、调研优势和学术专长，采取集中与分散相结合的形式，凝聚课题组全体人员的力量共同完成相关的研究工作。在研究方法上，本书努力坚持以下原则：

第一，注重对前人研究的理论衔接和发展，站在前人的肩膀上，在综合、归纳众多机构和研究者的关于收入分配问题的研究成果上下工夫，尽量综合思考、运用国内外以往的相关理论分析问题、解决问题。同时，又因本书涉及内容广泛，不能拘泥于一家一派之说，根据中国现阶段的收入分配具体情况，在探寻现阶段中国收入分配问题成因的调研上下工夫，提出自己有说服力的判断。

第二，跳出分配范畴研究问题，既从收入分配问题课题本身下工夫，又从经济诸多领域的联系上分析收入分配问题。研究中尽量用规范经济学方法对经济、政治、文化等因素进行综合分析，既从经济领域科学合理地测量和分析地区、行业、阶层、群体等主体之间的收入差距，又从全球化、市场化、科学发展、构建和谐社会等国内外政治经济大背景下，来分析我国收入分配格局的合理化及其发展趋势。

第三，理论与实际相结合，努力突出具有科学性和决策指导性，既注重从理论上历史地、动态地审视分析收入分配领域的各种矛盾，更要立足于提出解决收入分配中存在的各种问题，力求前瞻性地提出优化分配格局的战略思路。

第四，采用类比归纳与逻辑推演结合法得出相关研究结论。通过对我国城乡、区域、行业、阶层等收入分配状况的类比归纳和对国内外的研究成果和经验进行逻辑推演，找准影响我国收入分配的有关问题，为推进我国收入分配改革提供可操作的方案和对策措施。

第五，一般分析和重点分析相结合，多角度、多个层次、系统地比较、考察重点问题。在对中国国内的收入分配情况展开一般分析的基础上，通过对山东省收入分配现状、问题的调研，特别是一些重点问题的专题调研剖析，以典型案例实证分析考察法，研究分析相关问题，使整个研究更深刻、系统、全面，使本书达到了有点有面、点面结合的效果。

按照以上原则，本书的整个研究工作分为三个阶段实施：

第一阶段，在课题组成员已有研究的基础上，运用历史文献考察法，进一步收集、梳理、分析国内外有关研究资料，使整个项目研究工作站在一个较高的理论起点之上。同时，明确研究的理念、确定研究提纲、调查问卷和调查提纲等。在此基础上，召开了一个小型会议，邀请了部分知名专家对课题研究的思路、研究内容、提纲、子课题设置、调查问卷、研究进程安排等方面的问题进行了进一步论证。

第二阶段，课题组成员集体或分组采取典型调查和一般分析相结合的方法，展开实证调查，完成调查问卷和调查提纲规定的内容，同时课题组成员完成各自承担的研究报告初稿内容的撰写任务。在实地调研与理论分析的关系上，我们采取先借助现有的理论成果进行实地调查，再在实地调研基础上重新进行理论的构思与分析的方法。

第三阶段，组织小型会议，由课题组成员和聘请的部分专家参加，对阶段性成果进行研讨、交流、完善，完成本书初稿撰写。在此基础上，课题组全体成员，进一步充分讨论、修改、完善书稿，并最终定稿。

1.4　本书的贡献与内容结构

1.4.1　本书的贡献

本书的目的主要有以下三个方面。

一是分析中国收入分配的真实情况，解释说明中国收入分配状况究竟为何如此为世人所关注。

二是建立一个较综合、全面的收入分配问题分析框架，这个分析框架既能解释中国收入差距不断扩大的成因，同时也能合理界定中国收入差距的上限和下限。

三是展望中国收入分配的前景，预测中国收入分配问题的发展趋势，理清中国收入分配改革的战略思路，提出解决中国收入分配问题可供选择的对策建议。

为了达到上述研究目的，本书突出科学研究的理论系统性和实践导向性，很多章节都能够体现出创新的努力和尝试。例如，在"效率"与"公平"问题上，本书首次提出的"提升效率，增进公平"的理念，不仅体现了"效率"与"公平"目标的一致性，也是我国在科学发展、构建和谐社会中，实现经济繁荣、社会公正的客观需要。再如，本书有关章节提出了一个将收入分配政策、公共服务政策与经济增长和其他社会发展政策融为一体的政策体系，是一组短期与中长期的政策集合，涵盖了收入分配干预与调节的"起点"、"过程"与"结果"，这在理论界也是第一次较全面系统的研究探讨。但是，本书并没有为了凸显自己的观点而将某些论点推向极端。

1.4.2　内容结构

本书沿着"问题的提出—理论分析—实证分析—对策措施—案例分析"的学术构想和思路展开，研究内容包括以下五个部分：

第一部分内容是第 1 章绪论，主要是在阐述本书研究的背景和意义的基础上，描述了本书研究的基本内容、目的和框架，扼要说明了研究的方法、思路与技术路线。这部分内容提出了研究的问题，对全书起到了提纲挈领的作用。

第二部分内容主要是理论综述与国际、国内经验的总结借鉴。包括第 2 章理论文献综述、第 3 章主要市场经济国家收入分配制度借鉴、第 4 章中国居民收入分配制度的演进。在这部分内容中，我们首先对研究中所涉及的一些基本概念进行了界定，对国内外关于收入分配问题的理论的衍生、发展轨迹进行了研究综述，对较有代表性的理论流派和主要观点进行了阐释，为进一步研究分析确立了理论基础。尔后，我们选择了具有代表性的美国、德国、英国、法国、北欧国家等市场经济国家的收入分配制度展开研究、分析、评价，提炼出这些国家通过建立比较完善的税收制度和社会保障制度、实施积极的就业政策等措施来调节收入分配的经验做法，开阔研究的视野，为更深入的研究提供了"可以攻玉"的借鉴。同时，深入研究了自新中国成立以来居民收入分配制度变迁的路径，分析了各个时期影响收入分配制度演进的因素，客观评价了我国收入分配制度变革的绩效，为更深入的研究提供了"后事之师"的教训与经验。

第三部分内容主要是实证分析中国收入分配现状与存在的问题。包括第 5 章中国现阶段收入分配状况分析、第 6 章中国居民收入分配差距分析、第 7 章中国收入分配格局预测与展望。在这部分内容中，我们在总体分析了居民收入分配状况及其原因的基础上，对中国区域、城乡、行业、不同收入群体和经济成分之间以及城市与农村居民内部收入差距的现状与成因进一步展开了研究分析，在此基础上，对中国省区、城乡、阶层之间的收入差距进行了预测与展望。

第四部分内容是第 8 章深化收入分配制度改革的基本原则和总体思路与第 9 章形成合理收入分配新格局的对策。这部分内容依据理论分析的指导，以及实证分析中国收入分配存在的问题与不足，提出了解决中国收入分配问题的战略选择思路与现实对策措施。本章是整个研究工作的落脚点，体现了本研究的实践导向和有的放矢的应用价值。

第五部分内容主要是第 10 章山东省收入分配问题实证研究。这部分内容主要是为达到"点面结合，由点带面"的效果，使本书能够提供更加具体可靠的对策措施，我们以山东为典型案例，通过山东省居民收入有关问题的分析，指出其存在的主要问题和优化的对策措施，检测、分析、证实本书的相关结论。

研究的整体思路和框架可用图 1-1 来表述。

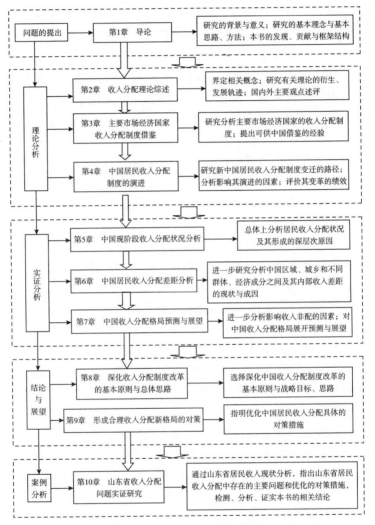

图 1-1　本书的逻辑结构与框架

第2章 收入分配理论综述

在现代经济学的理论体系中，收入分配理论无疑是具有重要意义同时又是经济学家所关注的问题之一。从马克思、恩格斯到列宁、斯大林再到毛泽东、邓小平都对收入分配问题进行了研究和论述，形成了马克思主义收入分配理论；从亚当·斯密到大卫·李嘉图到凯恩斯再到当代西方的众多思想家也形成了西方收入分配理论。因此，关于收入分配理论基本上可以分成这两条线索，即马克思主义收入分配理论和西方的收入分配理论。

收入分配是关系到广大人民群众切身利益的重要问题。改革开放以来，中国共产党从中国的具体国情和改革开放的实际出发，对马克思主义的收入分配理论进行了创新和发展，逐步形成了具有中国特色的、符合我国现阶段实际的收入分配理论。随着市场经济的发展，我国的收入分配理论将不断深化。认真梳理和分析各种收入分配理论，对客观认识我国收入分配的历史与现实和制定相关政策都具有一定的借鉴意义。

2.1 有关概念的界定

要研究收入分配问题，首先应对与之相关的概念进行界定。涉及收入的概念很多，我们这里所指的收入是居民可支配收入，即创造财富的过程产生的结果扣除成本之后应该归个人的部分，它是全社会成员在一定时期内从各种来源获得的收入的总和，由劳动收入和非劳动收入两部分构成。

2.1.1　收入的概念

衡量一个国家总收入的指标有多种，其中最常用的是国内生产总值（Gross Domestic Product，简称 GDP）。国内生产总值是指在本国领土生产的最终产品的市场价值总和。GDP 以领土为统计标准，换言之，无论劳动力和其他生产要素属于本国还是外国，只要是在本国领土上生产的产品和劳务的价值都记入国内生产总值；GDP 是一个"市场价值"的概念，这使得不同时期的 GDP 不能够直接比较，也使得像家务劳动、自给自足生产等不通过市场的活动很难在其中得到反映；GDP 核算"生产的""最终产品"的市场价值，因此是一个相对纯净的流量指标，且该指标并不反映产品的实现情况。GDP 是指导和反映现代经济活动的最重要指标，但该指标也存在缺陷，如 GDP 并不能准确反映一国居民享有的福利水平，以现有的 GDP 指标作为经济活动的指导有悖于可持续发展的目标，等等。

与国内生产总值有关的收入指标还有四种：

（1）国内生产净值（Net Domestic Product，简称 NDP）：指一国之内一定时期新创造的价值，它等于国内生产总值减去折旧后的余额，即 NDP = GDP − 折旧。

（2）国民收入（National Income，简称 NI）：指按生产要素报酬计算的国民收入，相当于一国生产要素（劳动、资本、土地、企业家才能）在一定时期内提供生产性服务所得报酬即工资、利息、租金和利润的总和。公式为：NI = NDP − 企业间接税 + 政府对企业的补贴。这里，企业间接税不是居民提供生产要素后应得的收入，所以应该把它从国内生产净值中减去。对企业的补贴是支付给企业的政策性亏损的补贴，它是对生产要素所有者应得收入所受损失的一种补偿，因此在计算中应加入这一部分。国民收入中仍包括各种所得税，它们是要素所有者从其报酬中拿出来用于公共支出的收入。

（3）个人收入（Personal Income，简称 PI）：个人收入是个人和非公司企业纳税前得到的收入，它是从国民收入中减去人们在现期生产中创造的但是又没有被人们得到的收入，再加上人们得到的那些不是在现期生产中创造出来的收入。即从国民收入中扣除公司未分配利润、公司所得税和社会保险税，然后再加上政府给个人的转移支付之后的收入。公式为：PI = NI – 未分配利润 – 公司所得税 + 转移支付 + 公债利息收入。未分配利润是企业赚到的没有分配给生产要素所有者的收入，所以在计算 PI 时应把它从国民收入中减去。同理，公司所得税个人也没有得到，也应该把它从国民收入中减去。但是，家庭从政府转移支付项目中得到的福利补贴、社会保障收入和公债利息，是个人得到的收入，所以应该加上这部分转移支付。

（4）个人可支配收入（Disposable Personal Income，简称 DPI）：指个人缴纳各项税收后（所得税、财产税、遗产税等）剩下的收入。它等于个人收入减去税收。即 DI = PI – 税收。对这种收入人们拥有充分的支配权，人们可据以决定消费和储蓄的水平。DPI 用于消费和储蓄两种用途。

可以把上面的内容用图 2 – 1 表示出来。图中概括了几个主要收入之间的相互关系。图的上方是"减"的关系，下方是"加"的关系。

本课题研究中的收入指的是个人可支配收入。从收入来源的角度分析，个人可支配收入是参加生产过程的所有生产要素的所有者的收入总和。用公式表示为：个人可支配收入 = 工资 + 业主收入 + 个人租金收入 + 股息 + 个人利息收入 + 对个人的各项转移支付。其中转移支付又可以分为政府和企业支付的失业补助、退休金、各种救济金、退役军人补助、公债利息等。

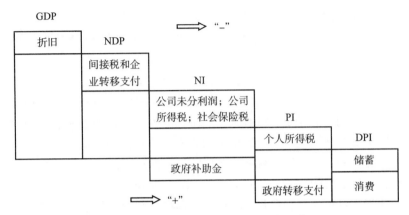

图 2-1 从国内生产总值到个人可支配收入

收入可以划分为城镇居民收入和农村居民收入,城乡居民的收入都可以归为四大类:工资性收入、经营收入、财产收入和政府转移性收入。在中国统计年鉴中农村居民的收入是指调查期内农村居民从各种来源渠道得到的收入总和,按收入的性质分为工资收入、家庭经营收入、财产性收入和转移性收入。工资收入是农村居民从单位或个人那里靠出卖劳动而获得的收入。家庭经营收入是农村居民为生产经营单位进行筹划而获得的收入,农村居民的家庭经营收入按行业可以划分为农业、林业、牧业、渔业、工业、建筑业、交通运输业、批发和零售贸易、餐饮业、社会服务业、文教卫生业和其他家庭经营。财产性收入是金融资产或有形非生产性资产的所有者向其他机构单位提供资金或将有形非生产性资产供其支配,作为回报从其中获得的收入。转移性收入是农村住户和住户成员无须付出任何对应物而获得的货物、服务、资金或资产所有权等,不包括无偿提供的用于固定资本形成的资金。一般情况下,是指农村住户在二次分配中的所有收入。城镇居民收入是指家庭成员得到的工薪收入、经营净收入、财产性收入、转移性收入之和。把居民收入整理成表 2-1。

表 2 - 1　　　　　　　　　　城乡居民收入分类

城镇居民收入情况	农村居民的收入情况
1. 工薪收入	1. 工资收入
	2. 家庭经营收入
2. 经营净收入	（1）农业
	（2）林业
3. 财产性收入	（3）牧业
	（4）渔业
4. 转移性收入	（5）工业
	（6）建筑业
	（7）交通运输业
	（8）批发和零售贸易
	（9）餐饮业
	（10）社会服务业
	（11）文教卫生业
	（12）其他家庭经营
	3. 财产性收入
	4. 转移性收入

2.1.2　收入分配的概念

经济学意义上的收入分配，是指对社会物质财富的分配，它是社会再生产过程中的一个环节，是联系生产和消费的中介。

按收入的顺序、层次、主体，可以建立两个收入分配分析结构：即微观上的初次分配和宏观上的再分配。在市场经济中，初次分配是市场竞争的结果。初次分配是生产活动形成的净成果在参与生产活动的生产要素的所有者及政府之间的分配，因此初次收入分配被称为要素收入分配。生产要素包括劳动、土地、资本，这三个要素的收入分别是工资、利润和地租，即劳动所有者因提供劳动而获得劳动报酬；土地所有者因出租土地而获得地租；资本的所有者因资本的形态不同而获得不同形式的收入：借贷资本所有者获得利息收入；股权所有者获得红利或未分配利润；政府因直接或间接介入生产过程而获得生产税或支付补贴。初次分配的结果形成各个机构部门的初次分配总收入。初次分配是收入分配的基本内容，收入分配差距也主要是从初次分配中产生的。再次分配是政府调控的结果，其目标是纠正初次分配中产生的收入分配差距，即政府行使税收调节职能，对国民收入进行第二次分配。一般来说，是向富人多收税，以此向穷人提供补贴。

2.1.3 中国居民收入的构成分析

按照生产要素划分，个人收入由劳动收入和非劳动收入构成，而非劳动收入又包括财产收入（包括利息和红利等）、利息收入、租金收入、转移收入（包括养老金、价格补贴、赡养收入等）及其他收入等。不管是"劳动收入"，还是"非劳动收入"，都有"合法的"和"非法的"。

1. 劳动收入

我国现处于社会主义初级阶段，客观存在着不同的阶层和群体，存在着多种所有制经济和多种分配方式。因此，人们所进行的劳动有合法的，也有非法的，相应就有了合法的劳动收入和非法的劳动收入。

（1）合法劳动收入。合法劳动收入即指劳动者通过付出体力劳动和脑力劳动而获得的各种收入。从城镇看，企业、机关、事业单位及其他经济组织中从业人员，其劳动收入主要是工薪收入，包括工资、奖金、各种津贴、补贴等。从农村看，劳动收入是指农民通过劳动获得的收入，包括出售生产的各种劳动产品获得的收入等。具体来说，劳动者在公有制经济中根据按劳分配方式获得的收入，国家事业单位工作者以及党、政、军、警、公、检、法等部门的公务员所获得的工资、奖金等，都是合法的劳动收入。私营企业和外资企业的职工获得的工资、奖金等，也是合法的劳动收入。个体劳动者的劳动收入同样是合法的，私营企业和外资企业的企业主凭借管理劳动和技术劳动获得的收入、农民的承包经营及外出务工收入也属于合法的劳动收入。这些合法劳动收入都应该得到保护。

按劳动的性质划分，劳动收入又可分为生产性劳动收入和非生产性劳动收入。生产性劳动收入是通过国民收入初次分配实现的。国民收入初次分配是在创造价值的生产劳动领域的分配。它指社会上提供物质产品和生产性劳务的部门和单位所创造的新价值如何分解为从事生产活动的劳动者收入和剩余，剩余又如何分解为税金和企业保留利润，企业保留利润又如何分解为生产发展基金、福利基金、奖励基金。通过初次分配，国民收入被分成两部分：一部分是物质生产者的个人收入，相当于产品价值中 V 的部分；另一部分为生产部门的纯收入，相当于产品价值中 M 的部分。国民收入经过初次分配，形成了国家、企业或集体物质生产部门劳动者的原始收入。非生产性劳动收入指劳动者从事不创造价值的劳动所获得的收入。非生产性劳动是指除了上述生产性劳动以外的全部劳动。纯粹的服务劳动者的收入即属于此类。非生产性劳动者不创造价值，因而其收入主要是通过国民收入再分配的渠道而获得。国民收入在初次分配基础上的进一步分配即为再分配，是在全社会范围内进行的。主要方式有：①财政。国家通过财政预算，一方面以税收和利润等形式把一部分国民收入集中起来；另一方面又把集中起来的国民收入分配到各部门，各地区去，以满足各方面的需要。如国家行政、国防、军队等部门的劳动者的收入即通过财政渠道获得。②非生产性劳动支出。指国民经济中的非生产劳动部门（即工业、农业、建筑业、运输业、商业、生产劳务部门以外的部门），向社会提供非生产性劳务，从通过国民收入初次分配和再分配获得收入的单位和个人那里得到收入，然后又用所得到的收入向本部门的劳动者支付报酬。纯粹的服务劳动者获得的收入即属于这一类。

（2）非法劳动收入。非法的劳动收入即劳动收入违反了国家的法律法规。非法的劳动收入多种多样，其主要表现：一是偷逃税收入。调查资料表明，目前个体工商户及私营企业偷税漏税面达80%，集体企业偷税漏税面达50%左右，外商投资企业偷税漏税面达40%左右，国有企业偷税漏税面也达40%左右。我国每年个人所得税漏收600亿元，国税流失达千亿元。[①] 这些偷漏税收入大都属于非法劳动收入。二是以非法生产经营方式为手段牟取的收入。制假售假、制黄贩黄、制毒贩毒、制造和销售麻醉品、无照经营和无照行医卖假药、以色情陪侍获取的收入都属非法劳动收入。此外，偷采国家重要矿藏金矿的"金把头"和淘金户，贩运、倒卖、走私黄金的"金贩子"，偷盗、倒卖、走私文物的文物贩子，非法开采国家资源的煤老板、油老板等牟取的收入，尽管这些收入的获得者也付出了劳动，但由于其收入超出法律所允许的范围，因而这些收入都属于非法劳动收入。对这些非法的劳动收入应予以打击和取缔。

这里还要提到另外一种劳动收入——灰色劳动收入。灰色劳动收入在性质上既不符合合法劳动收入的内涵要求，也不完全属于非法劳动收入的界定范围，取得收入的手段超越了法律和政策的规定。灰色劳动收入花样繁多，形式复杂，数量可观。如医生影响正常工作的"走穴"收入，教师影响正常工作的兼职收入，导游通过决定就餐、参观、购物、下榻等地点获取的回扣，丧葬业通过本来是属于自己工作范围之内的一些项目而收取的额外费用等。它们与公开的、有透明度的合法劳动收入和从事违法经济活动所取得的非法劳动收入相比，更隐蔽，在法律规范上更模糊。

2. 非劳动收入

非劳动收入是人们通过劳动以外的其他途径获得的收入，包括

[①] 杜胜利：《论社会主义市场经济条件下的劳动收入》，载《学术交流》，2006年第9期，第78页。

资本、技术、经营管理等生产要素参与分配获得的全部或一部分收入以及转移性收入。按照生产要素所有权理论，非劳动生产要素投入生产，其所有者必然要取得回报，其中资本要素获得的回报有股金分红、利息、股息、租金收入等。技术要素获得的回报有出售专利所得和技术股份分红等。经营管理要素获得的回报主要是通过股权激励获得的股份分红。除此之外，还包括财产赠与收入、遗产继承收入、福利奖券、彩票中奖收入等。

在社会主义市场经济条件下，资本、技术等生产要素同工人们的辛勤劳动同样是不可缺少的，它们对发展经济、促进社会繁荣所发挥的作用，相互之间是不可替代的。特别是在社会主义初级阶段，资本、技术等生产要素尚属稀缺资源。因此，允许和鼓励资本、技术等生产要素参与收益分配，大大鼓励富裕起来的劳动群众投资办企业、办公司，对加快我国社会主义现代化建设产生了深远的影响。当前，在我国社会经济生活中，存在着多种合法的非劳动收入。如银行存款和购买各类债券获得的利息，购买股票获得的股息，购买彩票中奖获得的收入，通过灾害救济、扶贫救济等获得的收入等。一般来说，私营企业主、个体工商户的收入主要是经营管理报酬，资本要素报酬；科技发明人收入主要是专利转让和技术股的报酬。一切合法的非劳动收入与合法的劳动收入一样，同样都会受到国家的保护。

非劳动收入主要包括按资本要素获得的收入、土地要素获得的收入、按知识技术获得的收入等几种。

（1）按资本要素获得的收入。资本不是创造新价值的充分要素，但却是必要要素。没有资本的参与，价值创造将失去必要的前提。因为在生产过程中，不仅需要劳动力，而且必须要购买原料、设备等基本的生产要素，否则生产将难以为继。这样看来，资本凭借其在价值创造中的作用来参与剩余价值的分配，获取一部分收入是应该的。从改革开放以来，我国居民的收入水平逐步提高。居民的收入从过去的单纯消费资金逐步分解为消费资金和投资资金。居民用于投资的资金的出现，就必然会导致按资本要素分配形式的产生，而且随着收入量的扩大，居民用于消费后的剩余资金即可用于投资的资金量也就越来越大，从而由此获取的投资收益也会越来越多。按资本要素获得的收入具体内容包括：一是居民将消费剩余资金用于银行储蓄，获取利息收入；二是居民将消费剩余资金买卖各种债券、股票等有价证券，获取利息、红利、股息以及有价证券买卖收入等；三是居民将消费剩余资金以独资、合资等形式从事实业投资以获取投资利润。

（2）土地要素获得的收入。威廉·配第有一句著名的格言："劳动是财富之父，土地是财富之母。"对于土地在生产中所起的作用，人们一向给予了相当的重视。土地是生产不可或缺的要素。农业生产必须要有农业用地，工厂要有厂房，等等，放宽眼界来看就是土地要为生产提供场所。不利用土地的生产是不可想象的。凭借土地要素而获得的收入即为土地租金。在我国，土地因是国家或集体的公有财产而不能买卖，但土地在一定时期的使用权却可以买卖。因此居民可以拥有土地的使用权而获取土地租金。此外，我国的住房将全面实行商品化，居民将自有的住房出租就可以获取租金收入。

（3）按知识技术获得的收入。随着人类生产的发展，科学技术发挥着越来越明显的作用。将科学技术等应用于实际的生产过程中，所取得的效率的提高是很难估算的。三次工业革命所带来的变化是一次比一次更大的时代变迁，而到了今天，科学技术、知识信息等在生产经营中的作用更是到了前所未有的地步。科学技术、知识信息已经成了一种非常重要的资源，谁拥有更多更先进的这种资源，就能在市场中占有优势地位，这对企业来说具有重大的意义。因此，知识技术要素的所有者将自有的知识技术等投入生产作出贡献，就应当取得相应的报酬。具体包括以下内容：一是以专利权的形式获取专利收益；二是以技术入股的形式获取利润分红；三是以人力资本的形式获取额外收入。

同劳动收入一样，非劳动收入除了合法的非劳动收入外，还有非法的非劳动收入。当前，由于法制不健全或是有法不依的原因，非法的非劳动收入还比较严重、形形色色、多种多样，如贪污受贿、坑蒙拐骗、抢劫盗窃、走私贩私、欺行霸市、迷信敛财等。这些非法的非劳动收入有害于人民和社会，是法律禁止存在的非劳动收入，因此要严厉予以禁止和惩处。

2.2　西方分配理论概述

西方关于收入分配的理论是一个庞杂的理论体系，从产生到现在，经历了古典的分配理论、新古典主义的收入分配理论和当代的收入分配理论三个阶段。其中，古典的分配理论和新古典主义的收入分配理论主要为收入初次分配理论，当代收入分配理论可分为收入初次分配理论和再分配理论。

2.2.1　古典的分配理论

亚当·斯密 1776 年的《国民财富的性质和原因的研究》，标志着古典政治经济学的诞生，他和李嘉图、萨伊等人关于分配的观点构成了古典学派的分配观点。

1. 亚当·斯密的分配理论

英国著名经济学家亚当·斯密开启了现代经济学的先河，其中他的《国民财富的性质和原因的研究》（即《国富论》）标志着古典经济学的诞生。他首次对国民经济进行了详细的分析，形成了自由现代市场经济的理论体系，他把劳动价值论和劳动分工可以提高效率等观点加入到他的分配理论当中，他的主要观点是：价值有时表示特定物品的效应，有时又表示为用于购买货物的购买力，前者指使用价值，后者指的是交换价值，劳动是衡量一切交换价值的真实尺度，同时，他认为，使用价值往往很小，使用价值和交换价值不统一，从而形成了"价值悖论"。在他看来，商品的价格和交换价值由劳动力的价值工资、土地的价值地租和资本的价值利润三部分构成，这三者构成了一切收入的来源，同时一切税收都来源于这三者。劳动不仅衡量商品价格中分解成劳动的那一部分价值，而且衡量价格中分解成为地租和利润的那些部分的价值，他认为地租和利润是劳动创造的价值中扣除工资后的剩余的价值，也就是土地和资本分享了剩余价值。他认为国民收入包括土地和劳动的全部年产物，从中扣除维持固定资本和流动资本的费用，其余的就是居民的可支配收入，同时他把社会结构分为三个阶层，即工人阶级、资本家阶级和地主阶级，收入在这三个阶级之间分配，工人得到工资，资本家占有利息，地主阶级就占有地租。斯密肯定剩余来源于劳动，但是他的分配去向是投资于企业的资本所有者。斯密的这种认识产生了劳动者、资本所有者和土地所有者三个阶级的分配理论，首先是工资理论，他认为雇主分享他们（劳动者）的劳动生产物，也就是分享劳动对商品的增加值，也就得到了利润。他认为私有制产生的劳动剩余理所当然的被资本所有者和土地所有者分享，工人不可能获得。同时他认为工资就是劳动的价格，所有劳动市场的价格像其他市场一样，受供求的决定。其次是利润理论，他指出利润来源于劳动者的劳动剩余，是劳动剩余的扣除，这是因为私有制的存在使资本所有者占有了利润。利息是资本所有者自己不用而借给他人所获得的收入，利润和利息是同方向变化的。最后是地租理论，地租产生于劳动者，被私有制下的所有者——土地所有者占有。土地的肥沃程度和地理位置的不同带来不同的地租收益，他的地租理论包含有"级差"的意义，土地按照不同的"级差"获得不同的地租。

2. 李嘉图的分配理论

1817 年，英国经济学家大卫·李嘉图出版了他的著名著作

《政治经济学与赋税原理》，提出了自己的分配理论。他继承了亚当·斯密关于社会产品在工人、资本家和地主之间分配的学说，同时认为分配应遵循边际原则和剩余原则。边际原则以土地报酬递减规律为基础，将地租看成是土地这种要素的级差收益，以说明地租份额的变化；剩余原则以生存工资理论为基础，认为工资等于维持劳动力生存和延续所必要的生产资料的价值，利润是产品价值减去工资之后的余额，用以说明商品的价值在工资和利润之间的分配。同时土地产品应在土地所有者、资本提供者和劳动者三者之间进行分配，在不同的社会阶层中，土地产品在地租、利润和工资之间分配的比例是不相同的，地租是为使用土地的原有和不可摧毁的劳动力而付给地主的那一部分土地产品，劳动是一种商品，工资取决于劳动者维持生存所需要的物质精神生活的价格，利润则是劳动的剩余价值，利润和工资成反比，工资越多，利润越少，反之利润越高。

在研究土地地租份额动态变化方面，李嘉图认为，土地是"由土壤固有的且毁灭不了的力量"[1] 组成的，因此，土地本身的质量差别，将带来两份等量劳动和资本所生产的农产品之间的差别。同时随着经济的发展和人口的增长，农业生产将同时向集约和粗放的耕地边际推进，在同一块土地和质量不同的土地上连续追加等量资本的劳动所生产的粮食是递减的。由于土地报酬递减规律的作用，两份等量劳动和资本所生产农产品必然不相等，这个差额则构成了地租。由于一国的土地资源有限，质量也存在差别，加之土地报酬递减，因此随着经济的发展，地租必然上升。在研究经济发展中工资和利润的动态变化方面，李嘉图认为商品的全部价值分为工人的工资和资本家的利润两部分，利润是工资的余数，利润的上升依赖于工资的下降，工资的降低又取决于其购买的各种必需品价格的下降。在经济发展过程中，由于边际收益递减规律的作用，劳动增加

① 阿塔纳修斯·阿西马科普洛斯：《收入分配理论》，商务印书馆 1995 年版。

越多，边际产品递减程度越大，农产品价格上升，同时要增加产量必须使用更多的劳动付出更多的工资，从而利润份额下降。

3. 萨伊的分配理论（按生产要素分配论）

1803 年，法国著名经济学家让·巴蒂斯特·萨伊（1767 – 1832）发表了著名的《政治经济学概论》，他认为生产力主要包括劳动、资本和土地，劳动的收入是工资，资本的所得是利息，土地能够获得地租，每一种生产力都能够为所有者带来收入。同时，他把人的劳动分为三类：哲学家和科学家的劳动即脑力劳动、农场主或者工厂主或商人的劳动即经营劳动或者管理劳动、工人劳动主要指体力劳动，不同的劳动有不同的收入，企业家的资本收入包括自己的劳动收入和资本利息收入。

他还坚持效用论的观点，认为商品的价值起源于商品的效用或者它能给人们带来的满足，商品的效用是商品价值的基础。物质资料生产过程就是通过各种要素协同活动使自然界本身就有的各种物质适宜于用来满足人们需要的过程。生产，不是创造物质，而是创造效用。效用是由生产三要素提供的服务共同创造的。三个生产要素的所有者都提供服务，因而都创造效用，都是劳动者。生产不仅创造效用，也创造价值。萨伊说："创造具有任何效用的物品，就等于创造财富。这是因为物品的效用就是物品价值的基础，而物品的价值就是财富所构成的。""当人们承认某东西有价值时，所根据的总是它的有用性。这是千真万确的，没用的东西，谁也不肯给予价值。"[①] 由此，他提出价值取决于效用的结论。"价值是劳动（或不如说人类的勤劳）的作用、自然所提供的各种要素的作用和资本的作用联合产生的成果"，[②]是劳动、自然和资本共同协作的结果。由此创造商品价值的，除劳动之外还有资本和自然。萨伊认为，既然三个生产要素都创造了效用和价值，都是价值的源泉，那么每一

---

①、②　萨伊：《政治经济学概论》，商务印书馆 1982 年版。

个生产要素的所有者都应得到他们的收入，工人应该得到工资，资本家应该得到利息，土地所有者应该得到地租。三者的收入都是各自应该得到的公平合理的报酬。这就是三要素论或"三位一体"公式。因此，萨伊的分配理论也被称为按生产要素分配论。

在萨伊的分配理论当中，对科学家和冒险家的分配很有特点。对于科学家，他认为，没有科学家的成就，许多制造方法就无法实施。科学成就大抵是长期研究和深思熟虑以及运用高度化学技巧、医学技巧和数学技巧的又灵敏又细致的一系列实验的结果。由此我们可以发现，萨伊看到了科学的重要性，科学研究可以给社会带来巨大的贡献，因此，国家应该采取合适的分配政策对这些人进行奖励，萨伊认为科学家可以像地主、资本家、冒险家一样，获取适合他们贡献的收入。对于冒险家，他认为，这些人具有通过和别人的关系借到自己可能没有拥有的资本和判断力、毅力、常识及专业知识。因为这样的人在市场上是稀缺的，同时，这些人要面临市场的巨大风险，他们应该获得与风险相关的高收入。综合科学家和冒险家的收入分配观点可以看出，萨伊认识到了科学家和冒险家的劳动不是简单劳动，属于复杂劳动，所以应该得到更多的报酬。

2.2.2 新古典主义的收入分配理论

新古典主义的收入分配理论主要包括按边际生产力分配论、按供求均衡价格分配论和凯恩斯的政府干预的分配理论。

1. 按边际生产力分配论

19 世纪 70 年代，经济学家杰文斯、瓦尔拉斯和门格尔等人发表了自己的著作，他们提出了以效用为基础的边际效用价值论，形成了所谓的"边际革命"。边际学派抛弃了古典学派的劳动、资本和土地的收入分配决定的观点，他们认为劳动、资本、土地的收入分配是按相同规律决定的，那就是它们的效用。商品的价值决定于它的边际效用，商品的边际效用是递减的。他们用数学方法来分析生产要素的边际生产力，认为生产力要素的价格等于它们的边际生产力，也就是说工资等于最后单位的劳动的产量，利息等于最后单位的资本的产量，利润是资本家的劳动收入。这样收入分配也就是由生产要素的价格所决定。

杰文斯认为，价值就是使用性的效用和交换比率的关系，劳动是生理上的痛苦与换取的收入之间的替代关系，因此收入完全取决于自身劳动量的大小，与资本所有权和资本与劳动间的技术结构没有任何的关系。他由此得到了自身决定条件下的劳动报酬关系：当付出劳动逐步增加，获取的利益也开始逐渐接近并达到相等时，劳动付出的增量就会停止，这时劳动者就能够获得最大的效用，得到最好的报酬。关于资本和地租，他认为利息是生产物的增量与资本投资增量的比率，通过这个指标来衡量资本回报程度，地租除了由于土地的优劣之外，还因为劳动或者资本的投入使产出增加，同时他认为这两者之间并不一定存在同比例的关系。杰文斯的分配理论可以用数学的边际效用的计算来表示，例如劳动、资本、土地最后一单位的增加和获得的回报相等时，效用才得到最优，每一种要素的使用的价格就是生产者使用的最优价格。

美国经济学家约翰·贝茨·克拉克（1847－1938）以其边际生产力理论为基础，对萨伊的效用价值论以及按生产要素分配的理论作了创新性的说明。他把社会收入分为三份：工资、利息和利润。克拉克首先继承了萨伊的效用价值论，认为商品的价值是由各种生产要素共同创造的。然后以生产要素共同创造价值为前提，先由土地收益递减规律引出生产力递减规律，接着把生产力递减规律应用到劳动和资本两个生产要素上去，得出劳动生产力递减规律和资本生产力递减规律。最后，他用劳动生产力递减和资本生产力递减两个规律引出劳动和资本的边际生产力，从而得出在所谓静态经济条件下，三个生产要素在生产中的贡献正好等于它们各自的边际产量，它们在分配中的收入正好等于它们各自边际产量的结论。在论证过程中克拉克还把资本家与企业家分离开来，前者为资本所有者，后者为企业的组织者和领导者，资本所有者得到利息，企业家得到工资，企业家的工资与劳动者的工资一样，都取决于他们各自的边际生产力。于是，劳动、资本、土地、企业家的经营能力分别得到与它们各自创造的边际产量相当的份额。

2. 按供求均衡价格分配论

新古典学派创始人阿弗里德·马歇尔（1842 – 1924）使得资本主义收入分配所谓公平合理的论证得以最终完成。他的理论是从交换价值出发得出的，即各种生产要素在供求平衡下确定的价格。马歇尔认为，国民收入的分配就是研究如何把国民收入分配给各个生产要素，即如何把国民收入分解为工资、利息、地租和利润以及各生产要素分得收入的量如何确定的问题。在这个问题上，他运用了均衡分析的方法，即先把各生产要素的需求和供给转化为需求价格和供给价格，再用它们的边际生产力来说明其各自的需求价格，用生产要素（土地除外）的生产费用来说明它们的供给价格，最后用它们各自的需求价格和供给价格的均衡来说明工资、利息、地租和利润的量的规定。这样，从国民收入分配的渠道到国民收入分配主体所得份额量的规定以及收入分配的杠杆，他都作了较为充分的论证，从而形成了一整套完整的收入分配理论。马歇尔根据"代用原则"把生产过程中的要素安排到"尽先有利之处"，从而达到生产资料的优化配置，又由于资源的稀缺性，报酬就在要素的需求和供给相均衡下形成，劳动、资本、土地和管理都是通过市场的供求来确定价格的，同时，由于劳动和资本还要受本身的技术水平影响，不同的技术水平导致不同的收入水平。

马歇尔将边际效应价值理论与要素市场供求价格结合，形成了从需求效用出发和要素供给相结合的分配理论。对于工资，马歇尔反对历史上把工资作为维持最低生活水平的论述，而是主张给劳动者以优厚的报酬，因为高报酬可以激发劳动者的积极性，提高生产效率。工资一方面是由成本决定的；另一方面是需求的劳动边际生产力水平确定的。对于利息，马歇尔认为借债是资本所有者放弃暂时的消费，期待以后的更大的效用，同时对于借款人来说，管理资本也是一件很麻烦的事情，也应该得到报酬。对于借款人来说，使用资本而付出的价格是利息；对于放款人来说，这是利润，因为它包含着一笔风险保险费，债务人可能通过欺骗手段占有、隐藏属于债权人的产业，所以具有风险，同时是利润，因为管理资本付出劳动，得到管理报酬。对于地租，马歇尔认为地租取决于对土地的需求，对于由于投入劳动而使土地变得肥沃或者地理优势的土地，他认为获得的地租应该高于一般情况下的地租，这实际上就是级差地租的萌芽。除了对以上要素进行分析，马歇尔还特别分析了第四种要素：利润。他认为利润来源于对资本经营能力和组织生产能力的报酬，由于管理能力的有限供给，稀有天才的租金可以看成是企业家收入中的一种特别重要的要素，所以应该得到必要的报酬。

3. 凯恩斯的政府干预的分配理论

凯恩斯认为，国家的就业水平是由有效需求决定的，有效需求不足将导致就业下降。有效需求等于消费需求加投资需求，消费需求和收入及消费倾向有关，投资需求则和投资收益预期及利息有关。他认为，我们生存中的经济社会，其显著特点，乃是不能提供充分就业，以及财富和所得之分配有欠公平合理。他建议建立一个税收系统，使得理财家、雇主以及诸如此类任务之智慧、决策、行政技能等，在合理的报酬下为社会服务，也就是充分发挥政府的作用对社会分配进行干预，用行政手段进行再分配，促进公平合理的分配。

2.2.3　当代的收入分配理论

当代收入分配理论包含收入初次分配理论和再分配理论。其中，收入初次分配理论是以新古典经济学的分配理论为基础，同时吸收了信息经济学研究的成果；收入再分配理论则以市场失灵论和功利主义与自由主义的政治哲学为基础，形成了收入初次分配与再分配相统一的理论体系。

1. 新剑桥学派的分配理论

新剑桥学派是指英国剑桥大学的一批经济学家，包括罗宾逊、卡多尔、斯拉发和帕西内蒂等人，他们否认边际学派的观点，主张恢复李嘉图的客观价值理论。1960 年斯拉发出版了他的《用商品生产商品》一书，标志着该学派的成熟。他提出了把标准商品的价格作为商品价值尺度。他认为，边际生产力分配理论是一种循环推理，因为劳动工资的决定除了工资本身外，边际产品的任何衡量标准都不存在，资本利息率的决定也是同样道理，收入分配具有不确定性。一定的生产技术决定利润率，利润率决定收入分配份额，劳动和资本的分配利益是对立的，财产占有制度和劳工市场的历史状况是制约收入分配的外生力量。实际工资率则同利润率、商品和货币流量有关，与收入分配结构有关，利润是资本所有者所得的非劳动收入，他们主张多对收入分配进行调节。

2. 福利经济学的分配理论

福利经济学将如何通过合理收入分配来增进社会经济福利作为研究的主题。它以一定的伦理价值判断为前提，因而被认为是一种"规范经济学"，根据其研究方法的不同，福利经济学可分为新、旧两派。

旧福利经济学的代表人物是庇古。他将边际效用递减规律用于分析个人收入分配时，讨论了收入分配的福利含义。在庇古看来，福利有个人福利与社会福利之分，个人福利是指个人的欲望或需要所得到的满足和由此感受到的心理和生理上的幸福和快乐；社会福利则是个人福利的总和，它又有经济福利与非经济福利之别。福利经济学主要是研究经济福利。经济福利是指可直接与间接货币来衡量的社会福利。社会经济福利的增减同收入分配活动的合理与否相联系：如果分配与再分配的结果增进了社会经济福利，那么这种分配就是合理的，反之就是不合理的。随着货币收入的增加，货币对持有者的边际效用是递减的。穷人的货币收入少，一英镑对他来说，边际效用很大；相反，富人的货币收入很多，货币对他的边际效用较小。因此，转移富人的货币收入于穷人，会使社会总的经济效用增加，收入分配将趋于合理。否则，如果收入分配有利于富人财富的积累则是不合理的。

庙古的福利经济学分配理论是建立在基数效用论基础上的，被称为旧福利经济学，庙古认为，他所研究的社会福利方面的问题仅限于经济福利，即可以用货币直接或间接度量的福利，社会总福利可以用一国的国民收入来表示。如果国民收入增加，并且没有收入分配不均的情况，那么经济福利就会增加；如果收入分配不均，那么通过税收，转移支付等把富人的一部分货币转移给穷人，社会总经济福利就会增大。因为，货币的边际效用是递减的，富人的货币边际效用小于穷人，要增加社会福利，就必须增加社会总产品量。而增加社会总产品量，就必须使社会的生产资源得到合理的配置；如果生产间接给他人带来利益，那么社会边际产量就会大于私人边际产量。如果生产间接给他人带来损害，那么社会边际产量就小于私人边际产量。

新福利经济学反对基数效用论，主张序数效用论，其主要代表人物为意大利著名经济学家帕累托。帕累托对当时许多国家关于收入分配方面的统计资料进行研究，得出结论：任何收入再分配的努力都无济于事，社会收入不平等的状况是基本稳定的，并没有因为采取了一些收入再分配的措施而有所改观。新福利经济学代表人物众多，很多都提出了自己的收入分配理论，有卡尔多—希克斯的福利标准、西托夫斯基的福利标准、李特尔的福利标准和萨缪尔逊的社会福利函数以及国家偏好函数。社会福利函数强调收入分配问题和其他问题一样，要由一定的道德标准去决定。如果生产函数中任何一个厂商因组合生产要素而能使生产效率增加，或者任何一个人因消费品的增加而使满足程度增加，而其他厂商的生产效率和其他的满足程度仍然不变，那么社会福利就有所增加。当社会福利增加到再也不能增加的地步，社会福利就达到了最大。

新福利经济学对经济福利的分析是假定收入分配是既定的，企图将分配问题从福利经济学中剔除。在他们看来，只有资源配置效率才是最大的福利内容，他们公平理论的基础是"帕累托"最优原理。新福利经济学将"帕累托最优"视为绝对公平标准，在实践中遇到矛盾是必然的。众所周知，要想提高资源配置效率，需要对利益关系进行重新调整与改革。在此过程中，一些人可能多获益（福利增加），而另一些人可能受损（福利减少），根据"帕累托最优"原理，这种调整与改革就无法进行。如何解决这一矛盾？他们提出所谓的"假想"，即假如一部分成员的经济状况改善，而另一些人的经济状况恶化，但只要从整个社会来看，社会获利总额超过受损总额，就是可行的。政府可采取措施向获利者征收特定租税以补偿受损者，这至少意味着对任何人没有不利而对一些人有利。这种"补偿"之所以是"假想"的，是因为事实上不一定实行。因为在他们看来，只要效率提高了，一些人的损失可在长时期内补偿回来。

3. 公平与效率抉择的分配理论

与福利经济学研究角度和研究方法不同，当代西方经济学对个人收入合理分配的研究主要围绕公平与效率交替与抉择问题的争论而展开。根据其主张不同，大致可分为"公平与效率冲突论"和"公平与效率协调论"两派观点。

"公平与效率冲突论"认为，社会经济活动最终都是为了满足人们的需要，这涉及两个方面的问题：一是如何以最小的投入生产出尽可能多的社会财富（效率问题）；二是这些财富如何在各社会成员之间恰当地进行分配（公平问题），二者不可或缺。但是，二者存在此消彼长的关系，不能协调统一：追求效率，必然以牺牲公平为代价；强调公平，又必然以牺牲效率为成本。因此，公平与效率不可兼得，只能做相机抉择：要么选择效率，要么选择公平，没有中间道路可走。据此，形成"效率优先论"和"公平优先论"两种截然不同的主张。"效率优先论"的代表人物主要有弗里德曼、哈耶克和科斯，其中以弗里德曼最为典型。"公平优先论"的代表人物主要有美国的勒纳、罗尔斯以及英国的琼·罗宾逊等。

"公平与效率协调论"则基于自由竞争市场经济既有优点又有缺陷的认识，不同意将公平与效率关系对立起来的"冲突论"，主张二者是互为条件、互为促进的和谐关系，试图寻找一条既能保持市场机制优点，又能消除收入差距扩大的途径，实现公平与效率的兼顾与协调。"协调论"认为，公平与效率本身具有相统一的含义，公平并不是收入分配结果的绝对平均，而是"随着努力上的差异而来的收入上的差异，一般被认为是公平的"。公平的定义是：如果某一分配既是平等的，又是有效率的，我们就说它是公平的；公平与效率各有其重要性，不存在谁绝对优先谁的问题；自由竞争市场经济具有提高资源利用效率的优点，但也有扩大社会成员贫富差距的缺陷，即存在公平与效率的矛盾，但政府可以通过采取诸如累进所得税、社会保险、转移支付等干预措施加以平衡与协调，即"在平等中注入一些合理，在效率中注入一些人道"。① 坚持这种观点的经济学家主要有凯恩斯、萨缪尔森、布坎南、奥肯和瓦里安，其中奥肯最具代表性。

4. 收入分配差距理论——库兹涅茨的"倒 U 假说"

众所周知，基尼系数是反映社会收入分配平等程度的指标，基尼系数越大，表示收入分配差别越大，反之越小。从国际上公认的

---

① 阿瑟·奥肯：《平等与效率》，华夏出版社 1999 年版。

标准看，基尼系数在 0.2 以下为收入高度均等，0.2～0.3 为相对均等，0.3～0.4 为收入相对偏大，越过 0.4 为收入差距较大。1955年，美国著名经济学家库兹涅茨在发表的《经济增长与收入不均等》论文中，研究了发展中国家在经济发展过程中基尼系数的演变规律，提出了著名的"倒 U 假说"：[①] 即在经济增长的早期（贫穷阶段）收入分配不平等程度趋于上升，到经济增长后期阶段（富裕阶段）收入分配不平等程度趋于下降，即收入分配不平等的长期趋势可以先扩大、后缩小，整个过程形状像倒 U 字，故此得名。它的曲线形状如图 2-2 所示。

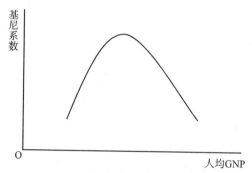

图 2-2　库兹涅茨倒 U 字曲线

图 2-2 中，纵轴表示基尼系数，横轴表示人均 GNP，曲线反映当收入水平上升时，基尼系数上升，表示收入差距扩大；当收入水平上升到一定程度时，基尼系数开始下降，表示收入差距变小。库兹涅茨分析了造成这一状况的基本依据，他认为：

第一，该状况是发展中国家存在的二元经济结构造成的。工业部门和传统的农业部门有着不同的劳动生产率，这种不同的劳动生产率，就会形成较大的收入差距，而且这种差距在一国经济增长的

---

① Kuznets. Economic Growth and Income Inequality. ［J］. American Economic Review. Vol 45，No，1，March，1955.18.

早期过程中还有扩大的趋势。同时，发展中国家经济增长的初期，行业之间、地区之间也会因经济发展的不平衡导致收入差距的扩大。这情况直到二元经济结构向一元经济结构转化，传统农业变成现代农业才有可能逐步消失。

第二，该状况和一个国家不同时期的不同目标有关。在经济增长初期，发展中国家主要目标是鼓励自由竞争和资本积累，结果收入不均等会扩大，只有少数人变富，大多数人可能变穷，这时国家一般不会去干预，同时国家也因财力不足无法采取相应的调控措施。到经济发展的后期，国家的主要目标是维护国家稳定，缓和阶级矛盾，而且国家这时财力也相对充裕，就能比较好地进行收入分配的宏观调控，比如解决低收入人口的社会保障问题。

第三，该状况与公众受教育的水平有关。经济发展早期，人们受教育的程度低，人们之间的劳动素质和技能水平相差较大，导致收入不可能平衡。同时，由于人们普遍受教育程度低，社会事务参与的程度也低，往往不能维护自己的正常权益。而在经济发展的后期，教育被普及，劳动者整体的知识水平大大提高，个人之间的素质和技能水平差距缩小，收入差距也就自然缩小，而且这时人们参与社会事务的热情和能力大大提高，也会争取自己的政治经济利益，督促政府加强收入分配的宏观调控。

库兹涅茨为了说明这一假说是正确的，还对英、美、德等国的历史资料进行了统计，得出结论：所有的发达国家的收入状况都经历了一个先恶化后改善的过程。倒 U 字曲线在英国有 100 年的时间，在美、德等国家有 60～70 年时间。

库兹涅茨收入分配的假说使人们有兴趣长期验证它，它曾得到大量研究的支持，比如有专家曾将研究样本扩大到几十个国家，得出了结论：在 20 世纪 50～60 年代，收入水平在 201～300 美元，不平等的程度最严重（基尼系数最大），超过 300 美元以后，收入不平等开始下降（基尼系数缩小）。但是也有研究否定了假说，特别是人们认为亚洲"四小龙"在经济快速发展的过程中，收入不平等不仅没有恶化，反而改善了。因此联合国发展计划署在 1996 年的《人类发展报告》中指出："早期经济增长必然与收入分配恶化相联系的情况观点证明是错误的。"① 虽然理论界对库兹涅茨收入分配的假说存在各种各样的评价，但库兹涅茨假说在逻辑上有一定的合理性，在实践上也会得到一些统计的支持与验证，但是却很难说是一个规律性的东西，因为不同的国家有不同的国情，不同的国情在经济增长的过程中表现出来的收入分配变化规律肯定不一样。

我国学者陈宗胜在这方面进行了深入的研究。他在评述和肯定库兹涅茨私有经济收入分配差距倒 U 曲线的基础上，尝试构造公有经济收入分配差距模型，提出了公有经济发展中的收入分配差距倒 U 假说，并以部分东欧国家的时点资料和中国的连续时序资料和分解资料，对其进行了较为详尽和充分的验证，揭示了公有经济中收入分配差距的长期变动趋势，即在低收入阶段，收入差距虽较大但变动不大；在中下收入阶段，收入差距较高且变动速度加快；在中上收入阶段，收入差距开始逐渐变小，变动速度相对缓慢。

5. 其他收入分配理论

（1）效率工资理论。效率工资理论是一种新的工资理论。传统微观经济学认为工资是由劳动的边际生产力决定的。而效率工资理论则认为：工资不是由劳动的边际生产力决定的，相反，劳动的边际生产力是由工资水平决定的。如果工资高于均衡水平，企业经营会效率更高。因此，即使在存在超额劳动供给时，企业保持高工资也是有利的。这是因为：第一，工资水平与工人的健康有关。工资高的工人吃营养更丰富的饮食，身体会更健康、更有生产率。企业会发现，支付高工资，有更健康、生产率更高的工人比支付低工

---

① 世界银行：《1990 年世界发展报告》，中国财政经济出版社 1990 年版，第 26 页。

资、有不健康、低生产率的工人更有利。这种效率工资理论更适合发展中国家的企业。第二，支付高于劳动边际生产力的工资可以减少工人的流动率。由于企业雇佣并培训新工人是有成本的。而且，即使在经过培训后，新雇佣工人的生产率也不如有经验的工人。因此，流动率高的企业往往生产成本也高。企业会发现，为了减少工人的流动率而支付给工人高于均衡水平的工资是有利的。第三，高工资有利于激励工人更努力地工作。企业要监视工人的努力程度，偷懒的工人被发现后就要被解雇。但是，企业并不能直接监视所有的偷懒者，因为对工人的监视成本高昂而又不完全。企业对这个问题的反应可以是支付高于均衡水平的工资。高工资会使工人更渴望保住自己的工作，从而能激励工人尽最大的努力工作。第四，高工资有利于吸引更高素质的工人。当一个企业在雇佣新工人时，它无法完全断定申请者的素质。通过支付高工资，企业就吸引了素质更好的工人来申请这些工作。因为素质高的工人对自己的信息了解得更多，企业只有支付更高的工资才能使素质更高的工人来从事工作。

（2）相对业绩报酬及团队报酬理论。相对业绩报酬理论。根据工人劳动的边际生产力来确定工人的工资水平，在现实生活中是难以操作的。这里除了实际计算的困难外，还有一个对工人劳动的监督成本问题。因此，为了更好地激励工人的劳动，信息经济学认为，可以采用相对业绩工资。即工资随职位的提高而提高，并在工人中开展竞争。厂商根据工人竞争的相对业绩来确定工人的职位和工资，从而可以激励工人更努力地工作。

团队报酬理论。即收入分配不是根据每个工人具体的边际生产力来决定，而是根据一个生产单位的业绩来确定。在这种情况下，雇员作为某一团队的一部分可能会使他们的工作更有效率，当报酬是按照团队的业绩来确定时，团队的成员便有了相互监督的激励。他们可能轮换工作，增加每个人所完成任务的种类使工作变得更有意思，从而可以提高劳动生产率。

2.3 马克思主义收入分配理论

马克思主义收入分配理论即按劳分配理论，在此基础上形成了具有中国特色的社会主义收入分配理论。

2.3.1 马克思主义收入分配理论概述

马克思吸收了古典政治经济学的精华，创立了马克思主义政治经济学。马克思从亚当·斯密的价值的第一个论断"生产中耗费的劳动决定价值"出发，创立了科学的劳动价值论并在此基础上创立了剩余价值理论。在科学的劳动价值论的基础上，马克思创立了自己的收入分配理论，即按劳分配理论。

在马克思主义的分配观中，生产是收入分配的前提和基础，生产决定分配，生产的品种和数量决定分配的内容和数量。马克思指出"分配的结构完全取决于生产的结构，分配本身就是生产的产物，不仅就对象说是如此，而且就形式说也是如此。就对象说，能分配的职能是生产的成果；就形式说，参与生产的一定形式，决定分配的特定形式，决定参与分配的形式。"① 按劳分配理论则是其分配观中的核心理论。需要指出的是，马克思并没有使用"按劳分配"这个提法，"按劳分配"其实是列宁根据马克思的观点概括出来的。1917年，列宁在《无产阶级在我国革命中的任务》一书中第一次使用了"按劳分配"的提法。他说："人类从资本主义只能直接过渡到社会主义，即过渡到生产资料公有和按劳分配。"② 其后，斯大林进一步提出"各尽所能，按劳分配"。他在1931年的

---

① 马克思、恩格斯：《马克思恩格斯选集》（第2卷），人民出版社1995年版，第304页。

② 列宁：《列宁全集》（第25卷），人民出版社1972年版，第457页。

《和德国革命作家艾米尔·路德维希的谈话》中明确提出："各尽所能，按劳分配——这就是马克思主义的社会主义公式，也就是共产主义的第一阶段即共产主义社会的第一阶段的公式。"① 马克思比较接近表述"按劳分配"提法的原话是："每一个生产者，在作了各项扣除后，从社会方面正好领回他给予社会的一切。"每个生产者"从社会储存中领得和他所提供的劳动量相当的一份消费资料。他以一种形式给予社会的劳动，又以另一种形式全部领回来。"②

马克思认为，在生产力尚未充分发展的共产主义社会第一阶段，由于实行生产资料的公有制，它排斥了有人凭借生产资料的私人占有来剥夺他人劳动的可能性，每个人能为社会作贡献的唯一方式就是他个人的劳动量。同时，由于该社会"是刚刚从资本主义社会中产生出来的，因此它在各方面，在经济、道德和精神方面都还带着它脱胎出来的那个旧社会的痕迹"。③这就说明此时劳动还只是谋生手段而不是生活的第一需要，它要求人人都必须成为自食其力的劳动者，劳动是社会运转的轴心，是个人获得消费品的唯一依据。因此，作为对资本主义分配方式的否定，按劳分配是社会主义公有制经济中个人消费品分配的基本原则，是社会主义公有制的客观经济规律。

马克思分配理论的核心思想在于揭示了劳动剩余或者说是剩余价值的产生。马克思认为商品经济下生产要素的使用是为了交换而产生的，交换要坚持等价交换，商品交换的基础是劳动价值，作为劳动力商品的交换，则具有特殊性，因为劳动者具有能动性，因此，马克思把劳动和劳动力区分开来，剩余价值是由劳动产生的，但是被资本家无偿占有了。剩余价值的发现奠定了劳动价值论下的分配理论的基础，马克思的工资分配理论、利润分配理论和地租分

---

① 斯大林：《斯大林全集》（下卷），人民出版社 1979 年版，第 308 页。
②、③ 马克思、恩格斯：《马克思恩格斯选集》（第 3 卷），人民出版社 1995 年版，第 10 页。

配理论都是依此为基础的。概括来说，马克思的按劳分配理论主要由以下五个方面组成。

1. 个人消费品的消费方式是由社会生产方式决定的

这是实现按劳分配的原则。马克思在政治经济学领域的革命性的变革中，依据自己创立的政治经济学理论，提出了"分配的结构完全取决于生产的结构"的论断。他认为在人类社会发展的过程中，社会的生产方式决定分配方式，个人消费品的分配是社会生产条件本身分配的结果。正如恩格斯所说的那样："分配就其决定性的特点而言，总是某一社会的交换关系和生产关系以及这个社会的历史前提的必然结果。而且，只要我们知道了这些关系和前提，我们就可以确切地推断这个社会中占支配地位的分配方式。"① 依据马克思和恩格斯的设想，在社会主义条件下，由于生产资料由社会成员共同占有，个人消费品必然采取按劳分配的方式。

2. 个人消费品的分配尺度只能是劳动时间

社会主义是一个生产资料公有制为基础的自由人的联合体。这个联合体的总产品一部分用作生产资料，另一部分作为生活资料由联合体成员消费。每个生产者得到的消费资料的份额是由他的劳动时间决定的。这样，劳动时间就会起双重作用。劳动时间的有计划的社会分配，调节着各种劳动职能同各种需要的适当比例。同时，劳动时间又是计量生产者个人在共同劳动中所占份额的尺度，因而也就是计量生产者个人在共同产品的个人消费中所占份额的尺度。

3. 用作消费品分配的数额不是全部的产品，而是做了若干扣除后剩余的部分

马克思认为有六项在扣除范围内：其一，用来补偿消费掉的生

产资料的部分；其二，用来扩大再生产的追加部分；其三，用来应付突发事故，自然灾害的后备基金或保险基金；其四，和生产没有直接关系的管理费用；其五，用来满足共同需要的部分；其六，为丧失劳动能力的人设立的基金。

4. 个人消费品的分配方法是凭劳动券从社会获取与他本人提供的劳动相当的个人消费品

马克思认为，在社会主义社会，商品和货币已不存在。个体劳动已不再经过迂回曲折的道路，而是直接作为总劳动构成部分存在着。在社会公有的生产中，货币资本已不存在了，社会把生产资料和劳动力分配给不同的部门，生产者也会得到纸的凭证，从社会消费品的储备中，取走一个与他们的劳动时间相等的量。这就是说，个人消费品的分配是通过劳动券的方式实现的。

5. 以劳动为价值尺度来实现按劳分配，将会不可避免地出现个人消费品的分配不均，造成贫富不均

马克思举例说，一个人在体力和智力上胜过另一个人，因此在同一时间内能提供较多的劳动，或能够劳动较长的时间，这就使不同的劳动者向社会提供不同的劳动量，因此取得的消费品也不同。尽管如此，马克思认为，在社会主义社会中，个人消费品的分配不存在任何阶级差别，劳动者之间的权力是平等的。但他同时认为，劳动者之间用同一尺度分配个人消费品带来的分配多寡的差别和贫富的差别，是一种弊病，而只有到了共产主义社会，实行按需分配后，才能从根本上得以消除。

从以上的观点看出，马克思的分配理论主要包括工资分配理论、利润分配理论、地租分配理论等内容。马克思的工资分配理论从本质上解释了劳动和工资的关系。他认识到了工资产生的不合理性，指出这种工资制度的产生是由于资本主义社会的私有制度造成的，劳动创造的价值分为有酬劳动和无酬劳动，揭示了资本主义工资制度的迷惑性。利润分配理论是马克思研究的重点，他首先分析了收入的来源，从剩余价值产生的原因上看，它来自成本价格中的劳动力的部分，但是用综合的成本价格比照多出的剩余价值就成了利润的概念，也就是利润产生于劳动创造的剩余价值，也等于剩余价值。职能资本家参与利润的分配，获得剩余价值。关于地租分配理论，马克思认为，产业资本家产出的超额剩余价值是地租的来源，超额剩余价值的产生是因为土地的肥力和地理位置的差异造成的，自然力的存在使得相对于一般条件的生产能够获得更多的利润即超额利润，垄断是获取这个利润的手段，由于垄断的存在，超额利润的获得难于平均化。

2.3.2　有中国特色的社会主义收入分配理论

在传统的计划经济体制下，我国实行的是单一的按劳分配制度。改革开放以来，随着改革开放的不断深化，我国逐步放弃了单一的按劳分配制度，探索新的个人收入分配制度。伴随着改革开放的逐步深入，党把马克思主义的收入分配理论同中国的实际结合起来，从改革开放之初打破平均主义式的"按劳分配"制度，到党的十六大、十七大提出的确立和健全劳动、资本、技术和管理等生产要素按贡献参与分配的制度，坚持和完善"按劳分配"为主体、多种分配方式并存的分配制度，党从中国国情和改革开放的实际出发，对马克思的传统的社会主义收入分配理论进行了创造性的发展，形成了有中国特色的收入分配理论。

在新中国成立之前，毛泽东在《关于纠正党内的错误思想》中就提出："就是在社会主义时期，物质的分配也要按照'各尽所能按劳取酬'的原则和工作的需要，决无所谓绝对的平均。"[1] 在社会主义改造完成时，他在《论十大关系》中对社会主义的分配问题作了详细的分析，提出了国家、集体、个人利益相结合的物质利益

---

[1]　毛泽东：《毛泽东选集》（第 1 卷），人民出版社 1991 年版，第 91 页。

原则，强调在经济增长前提下提高劳动者的收入。1956年改供给制为货币工资制，并进行了全国性的工资改革，初步奠定了社会主义按劳分配制度的基础。

在我国改革开放新的历史条件下，邓小平创立了切合社会主义初级阶段实际的收入分配理论。首先，坚持按劳分配的原则，反对平均主义。邓小平把按劳分配看作整个国家的重大政策，他指出："坚持按劳分配原则。这在社会主义建设中始终是一个很大的问题"，认为，改革就是要打破平均主义。"按劳分配就是按劳动的数量和质量进行分配……处理分配问题如果主要不是看劳动，而是看政治，那就不是按劳分配，而是按政分配了。总之，只能是按劳，不能是按政，也不能是按资格"。① 他还提出了共同富裕的思想。邓小平在反对平均主义"大锅饭"的同时，提出了从"部分先富"到"共同富裕"的致富路子。在邓小平看来，经济发展不平衡是中国最基本的国情之一，一部分经济发达地区与广大不发达地区和贫困地区同时并存，"我们的政策是让一部分人、一部分地区先富起来，以带动和帮助落后的地区，先进地区帮助落后地区是一个义务"②。

1997年，江泽民总书记在党的十五大报告中提出：在社会主义初级阶段"坚持按劳分配为主体、多种分配方式并存的制度。把按劳分配和按生产要素分配结合起来……允许和鼓励资本、技术等生产要素参与收益分配。"这标志着我们党对社会主义收入分配理论实现了重大的突破与创新。2002年，党的十六大报告又指出："确立劳动、资本、技术和管理等生产要素按贡献参与分配的原则，完善按劳分配为主体、多种分配方式并存的分配制度。坚持效率优先、兼顾公平……初次分配注重效率……再分配注重公平。"2007年，胡锦涛同志在党的十七大报告中指出："要坚持和完善按劳分

---

① 邓小平：《邓小平文选》（第1卷），人民出版社1991年版，第30、101页。
② 邓小平：《邓小平文选》（第3卷），人民出版社1994年版，第155页。

配为主体、多种分配方式并存的分配制度，健全劳动、资本、技术、管理等生产要素按贡献参与分配的制度，初次分配和再分配都要处理好效率和公平的关系，再分配更加注重公平。"这些论述，既有对以前一些基本共识的坚持，更有认识的新发展，从而形成了有中国特色的收入分配理论。

1. 打破平均主义式的"按劳分配"制度，提出允许一部分地区、一部分人先富起来，最终达到共同富裕的理论和政策

在社会主义条件下，个人消费品实行按劳分配，这是马克思主义的一个基本思想。马恩认为，消费资料的任何一种分配，都不过是生产条件本身分配的结果。因此，在社会主义条件下的分配方式，既要区分资本主义条件的"按资分配"，又要区别共产主义社会的"按需分配"，而只能实行"各尽所能，按劳分配"。但是长期以来，我们在分配问题上，片面理解经典作家的某些论述和设想，把马恩的按劳分配理解为平均主义的分配，只强调"各尽所能"，不能真正做到按劳取酬。这种缺乏效率的利益机制，在生产力极低的情况下，人们不能通过物质利益驱动来唤起和激发创造财富和发展生产力的热情，最终只能造成干与不干一个样，干多干少一个样的平均主义分配机制，阻碍生产力的发展。

社会主义的根本目的是共同富裕。然而，改革开放前的社会主义建设实践已经证明，以平均主义分配为特点的"同步富裕"之路是行不通的。邓小平同志总结了这一时期的历史教训，指出："我们坚持走社会主义道路，根本目标是实现共同富裕，然而平均发展是不可能的。过去搞平均主义，吃'大锅饭'，实际上是共同落后，共同贫穷，我们就是吃了这个亏。"① 在 1978 年 12 月召开的党的十一届三中全会上，第一次提出了要克服平均主义。先以农村为突破口，提出"不允许无偿调用和占用生产队的劳动、资金、产品和物

---

① 邓小平：《邓小平文选》（第 3 卷），人民出版社 1994 年版，第 155 页。

资；公社各级经济组织必须认真执行按劳分配的社会主义原则，按照劳动的数量和质量计算报酬，克服平均主义。"

1984 年 10 月召开的十二届三中全会通过的《中共中央关于经济体制改革的决定》中，又提出了让一部分地区和一部分人通过诚实劳动和合法经营先富起来，然后带动更多的人一浪接一浪地走向共同富裕。邓小平指出："一部分人生活先好起来，就必然产生极大的示范力量，影响左邻右舍，带动其他地区、其他单位的人们向他学习，这样就会使整个国民经济波浪式地向前发展，使全国各族人民都能比较快地富裕起来。"① 我国是一个大国，又是一个人口多、底子薄的穷国，这样的国情就决定了不可能在短时期内实现共同富裕，而必须经过一个较长的历史发展。让一部分人、一部分地区率先发展先富起来，不仅为共同富裕创造物质基础，而且通过竞争和示范，能够大大激发人们的积极性和创造性，推动生产力的发展，增加社会产品总量，提高全体人民的富裕程度。可以说，一部分人和地区先富起来，是实现共同富裕过程中量的积累，是共同富裕的先导，是共同富裕的局部实现。因此，邓小平指出："一部分地区发展快一点，带动大部分地区，这是加速发展，达到共同富裕的捷径。"② 其次，我国幅员辽阔，经济发展很不平衡，区域之间自然条件、文化因素、原有基础及经济增长速度存在很大差别，只有承认差别，允许和鼓励有条件发展的地区率先发展，率先致富，影响、带动和支持条件差的地区创造条件，加快发展，才能缩小差别，最终消灭差别。

2. 突破把"按劳分配"作为社会主义的唯一分配方式，提出"按劳分配"为主体、多种分配方式并存的社会主义分配新理论

马恩所设想的社会主义是一个实行生产资料社会占有制和建立在产品经济基础上的计划经济的社会。因此，与之相适应，在分配

---

① 邓小平：《邓小平文选》（第 2 卷），人民出版社 1994 年版，第 152 页。
② 邓小平：《邓小平文选》（第 3 卷），人民出版社 1994 年版，第 373 页。

方式上必然实行单一的按劳分配方式。而现实中的社会主义又和设想中的社会主义有着巨大的反差，真正马恩所设想的社会主义还从未出现过。但是我们在社会主义建设的实践中却长期固守社会主义社会只能实行单一的按劳分配这条"社会主义"原则，从理论上和实践上却极力排斥其他分配方式的存在和发展。

与分配上紧密相联的是所有制形式，后者决定了前者。随着我国改革开放的深入发展，我国的所有制结构发生了很大的变化，公有制一统天下的格局被打破，出现了多种经济成分并存的局面，除了占主体的公有制经济之外，还有大量的非公有制经济，如私营经济、个体经济、外资经济等形式。在这种情况下，单一的按劳分配方式不可避免地受到挑战，要求多种分配方式的存在。实践的发展迫切需要理论的突破。1987 年，党的十三大报告提出了社会主义初级阶段理论，并在此基础上明确指出，社会主义初级阶段的分配方式不可能是单一的，我们必须坚持的原则是以按劳分配为主体，其他分配方式为补充。各种合法的除按劳分配外的劳动收入、资本收入、经营收入等也得到允许和保护，这是党首次正式提出"以按劳分配为主体，其他分配方式并存为补充"的分配方式，取代了单一的分配方式。

1993 年 11 月召开的党的十四届三中全会通过的《中共中央关于建立社会主义市场经济体制的若干问题的决定》，又提出"坚持按劳分配为主体，多种分配方式并存的原则"，反映了党对社会主义初级阶段收入分配理论的认识又前进了一步，它既坚持了按劳分配原则，又形成了多种分配方式并存的新格局；既以按劳分配为主体，又以其他分配方式为补充；除了进一步确认以诚实劳动、合法经营等方式取得的劳动收入为主体之外，还第一次承认了非劳动收入，包括股息、红利、债券收入及资金、资产收入等各种经营收入的合法性。以按劳分配为主体，其他分配方式为补充的分配格局，适应了我国社会主义初级阶段的生产力多层次和生产资料所有制多种结构的要求，改革了城乡居民经济收入来源的单一性，极大地调动了广大人民群众劳动生产的积极性。

3. 把按劳分配和按生产要素分配结合起来，允许和鼓励资本、技术等生产要素参与收益分配

江泽民同志在党的十五大报告中指出，建立比较完善的社会主义市场经济制度，把按劳分配和按生产要素分配结合起来，坚持效率优先，兼顾公平。党的十五大报告对我国个人收入分配制度上做出了重大发展。一是提出我国的个人收入分配制度要"把按劳分配和按生产要素分配结合起来"，这就突破了按生产要素分配是资本主义分配原则的传统观念，第一次把生产要素分配作为我国社会主义初级阶段的一项分配原则；二是提出"允许和鼓励资本、技术等生产要素参与收益分配"，把按生产要素分配作为市场经济通行的一项分配原则引入我国的个人收入分配制度，使它与按劳分配原则相结合共同构成我国特定时期的特定收入分配制度；三是不仅强调资本，而且强调技术参与分配，反映了技术在当前经济发展中的突出地位。这是对马克思主义收入分配理论的重大继承和发展。

按劳分配与按生产要素分配相结合是社会主义市场经济的必然要求。首先，市场经济中的一切分配方式，都可以概括为按生产要素分配，即使是公有制经济中的按劳分配也不例外，实际也是按劳动力分配，也属于按生产要素分配的一种方式。劳动者按劳分配取得的报酬与按劳动力分配取得的报酬，在数量上也是一致的，都是必要劳动创造的价值。其次，生产要素参与分配体现了市场经济的公平原则，实现收入分配上的公正和公平。最后，生产要素参与分配能促进生产力的发展，承认各种生产要素对社会财富生产所作的贡献，并根据贡献的大小而给予各要素所有者相应的报酬，才能鼓励人们不断提高劳动力的质量和数量，不断增加积累和人力资本投资，从而促进生产力的发展。

4. 确立劳动、资本、技术和管理等生产要素按贡献参与分配的原则，完善"按劳分配"为主体、多种分配方式并存的分配制度

党的十五大以来，我国的经济改革不断向纵深方向发展。在深

化改革的实践中，劳动、资本、技术和管理等生产要素在创造社会财富的过程中的作用日益突出，实践的发展推动着理论的创新。党的十六大和十七大都提出了"确立劳动、资本、技术和管理等生产要素按贡献参与分配的原则，完善按劳分配为主体、多种分配方式并存的分配制度"，这一政策是对我国分配理论的重大贡献，它进一步完善和发展了我国的分配理论，为我国的分配制度改革提供了坚实理论依据。具有中国特色的社会主义市场经济体制的有效运行，依赖于生产要素市场充分发育，劳动力、资本、技术、土地等生产要素必须进入市场，实行等价交换、有偿服务，并以工资、利息、利润、地租等价值形式，实现各要素所有者作为不同市场经济主体的经济利益。十七大的分配政策主要有如下特点：它在党的十五大、十六大的基础上更加强调了生产要素参与分配的原则，明确指出劳动、资本、土地、管理、技术都是重要的生产要素，在分配环节上具有同等的参与权。这是重大的突破和发展。

5. 从公平与效率的相对统一论转向公平与效率的辩证统一论

马克思认为，社会主义的按劳分配制度既符合公平原则，也符合效率原则，其体现的公平与效率的关系是相对统一的。中国共产党自十四届三中全会以来确立的根本原则就是"效率优先、兼顾公平"。就我国而言，所谓"效率优先"，实质上就是发展生产力优先；所谓"兼顾公平"，实质上就是发挥社会主义经济制度的优越性。在我国现阶段个人收入分配中贯彻"效率优先、兼顾公平"的原则，就必然要确立生产要素按贡献参与分配的原则，就必然要坚持和完善按劳分配为主体、多种分配方式并存的分配制度。由于目前收入差距有拉大的迹象，党的十六大报告提出："坚持效率优先、兼顾公平，既要提倡奉献精神，又要落实分配政策，既要反对平均主义，又要防止收入悬殊。初次分配注重效率，发挥市场的作用，鼓励一部分人通过诚实劳动、合法经营先富起来。再分配注重公平，加强政府对收入分配的调节职能，调节差距过大的收入。""以共同富裕为目标，扩大中等收入者比重，提高低收入者收入水平。"
党的十七大报告中指出："初次分配和再分配都要处理好效率和公
平的关系，再分配更加注重公平。"这些论述，既是对我国现阶段
个人收入分配关系中如何贯彻"效率优先、兼顾公平"原则的若干
基本要求，同时也丰富了社会主义社会个人收入分配基本理论的
内容。

第3章 主要市场经济国家收入分配制度借鉴

　　改革收入分配制度，规范收入分配秩序，构建科学合理、公平公正的社会收入分配体系，是贯彻落实科学发展观、建设社会主义和谐社会、完善社会主义市场经济体制的迫切要求。改革开放以来，随着我国国民经济的持续快速健康发展，城乡居民收入较大幅度地增长，人民生活总体上达到小康水平，社会保障制度改革取得长足进展，城镇困难群众的基本生活保障水平相应提高。与此同时，收入分配领域也存在一些不容忽视的问题，城乡之间、地区之间、行业之间的收入差距不断扩大，一些行业收入水平过高，分配秩序比较混乱。为了构建科学合理、公平公正的社会收入分配体系，必须深化收入分配制度改革，规范收入分配秩序。作为主要市场经济国家的美国、德国、英国、法国、北欧国家等同样存在着收入分配差距。但是，这些国家政府为了调节收入分配差距，通过建立比较完善税收制度和社会保障制度、实施积极的就业政策等措施来调节收入分配，取得了显著的效果。他山之石，可以攻玉，这些国家调节收入分配的制度，对制定中国的收入分配政策具有重要的借鉴意义。

3.1 主要市场经济国家的收入分配制度概述

3.1.1 美国的收入分配制度

美国虽为世界上最富裕的国家，但其贫富差别仍十分巨大，只是贫富阶层对立状况并不明显，社会相对稳定。这是美国重视通过制度化建设来调节社会分配，缩小贫富差距和努力实现社会公正的结果。

美国调节社会分配的制度化建设主要体现为两方面：一是美国政府建立了一套较合理完善的税收制度，加强对高收入阶层的税收征管，尽量确保社会分配公平；二是美国政府建立了一套较完善而温馨的社会保障体系，有力保护了社会弱势群体。即使是低收入的美国家庭，也可以通过领取社会安全福利和救济而过上比较体面的生活，免于陷入生活困境。

1. 建立了一套较合理完善的税收制度

个人所得税是世界上大多数国家都要征收的一个最普遍税种，是国家财政收入的重要来源，征收个人所得税有利于缩小贫富差距，实现社会公平。美国政府一直注重建立一套较完善的税收制度，采用较合理的个人所得税的累进税率政策，采取多收入、多交税，少收入、少交税的原则。目前个人所得税已从一个次要税种成为美联邦财政收入的最主要来源。近年来，个人所得税一直占美国联邦税收的40%以上。2003年美国国内收入总局总共收到1.3亿多张报税表格，共征收个人所得税9872亿多美元。

美国的个人所得税包括联邦税、州税和地方税，还包括社会安全税和州残疾税，但80%以上的个人所得税归联邦政府所有，对于州和地方政府来说，个人所得税是辅助税种。按照个人收入多少，美国征收的个人所得税税率差别很大，从 15% 至 39.9% 不等，收入越高，缴税越多。此外，有钱人投资红利还需要缴纳资本利得税，继承遗产需要缴纳遗产税，购买房屋后每年要按照房价的 1% 左右缴纳房地产税，而到商店购物还需要缴纳销售税。总的来说，富人收入多，住房大，开销也大，他们缴纳的税款自然也多。美国有完整的税收配套政策，对低收入的群体规定了许许多多的税收减免政策，从抚养孩子费用、房租，到购买房屋贷款利息等，都可作为抵税的项目。据统计，美国占纳税人口 2% 的富人承担了整个联邦税收的 40%。

　　美国的税收法律十分完备，自 1913 年联邦税法编成后，经过多次反复修改，日臻完善。美国税法十分复杂，也非常细致。在征收方面，美国个人税收采取代扣制度，预先由公司从薪金里代扣。每年 4 月 15 日前，个人根据自己一年收入和开支情况填写纳税表格，列明扣减项目，税务部门核实后会比照代扣税额，多退少补。

　　值得一提的是美国实行严格的税收稽查制度。美国人一出生就获得一个社会安全号码，他一生所有经济活动和个人财务资料都与此挂钩，美税务部门就利用该号码查证个人的财务收入状况，核实其纳税情况。在强大的计算机系统支持下，通过这个高效的信息稽核系统，税收部门可以通过对纳税人的各种信息进行交叉审核，有效打击偷漏税的不法行为。美税务部门每年还对 1 亿多张纳税表格进行抽查，比率为 2%，重点放在高收入人群。美国法律还严惩偷漏税的行为。美国国内收入总局通常对小的案件不会提出起诉，而只是对当事人处以 5% 至 25% 的罚款。但对大案，美国国内收入总局就会对当事人采取严厉的惩罚，将他们送上法庭。美国比较完善的法律制度可基本确保违法者必究，从而有力地遏制了偷漏税现象的发生。而稳定的税收也在很大程度上确保了国家建立社会保障体系的资金来源，为救助社会弱势群体提供了有力的财政保障。

2. 建立了一套较完善而温馨的社会保障体系

除了通过采取累进税率和加强对富人税收征管的措施外，美国政府还通过建立一套较完善的社会保障体系来关怀社会弱势群体，向他们提供基本的收入、医疗、住房等方面的福利，以确保他们也能过上体面的温饱生活。美国的社会安全福利制度创建于1935年，通过70多年的不断修改和完善，已经建成为一个由社会保险、社会救济和社会福利三部分组成的完善的社会保障体系。

美国社会保障涉及的范围很广，包括提供医疗服务、残疾保险、住房补贴、失业救助、社会安全福利金、退休金、低收入家庭子女津贴和学童营养补助等，涉及生、老、病、死、伤、残、退休、教育、就业等，被称作是"从摇篮到坟墓"的保障，这些福利尤其对退休的老年人和残疾人提供了有力的生活保障。

美国的社会福利资金主要来自两项税收：一项是联邦社会安全保险税，另一项是州伤残保险税。联邦社会安全保险税的税率是个人所得薪水总额的6.56%，个人所属的企业或机关也相应地报缴6.56%，也就是说联邦政府向个人及其雇主按月收取相当于个人薪金13.12%的社会安全福利税。各州伤残保险税的税率为个人薪金总额的0.6%。美国福利制度的资金是"羊毛出在羊身上"，每个人在有能力工作时缴纳税款，等到65岁退休，或者万一遭遇伤残时，便可根据自己原来纳税的多少来享受不同额度的社会安全福利救济。

联邦保健是美国福利中最受人欢迎的一项，分医院保险和医疗保险，主要目的是帮助65岁以上老人及65岁以下伤残人应付治疗和健康护理的昂贵费用。医院保险是帮助病人支付住院费用和此后的护理费用；医疗保险则是用来帮助病人支付医院门诊费用和医生服务费用等。

失业保险也是美国的社会保险措施之一。任何人失业后都可以申请失业救济，通常可确保6个月内生活无忧。1996年美国改革失业救济政策，鼓励失业者积极参加就业再培训，摆脱对救济的依赖，政府还专门为此拨款对失业者进行技能培训，以使其能重新就业。美国农业部和社会福利部门还向低收入者发放"食品券"，有老人、婴儿或孕妇的低收入家庭可领取"食品券"到各超市换取各类免费营养食品，如牛奶、婴儿食品、各类食品罐头等，也可换取现金。美国的学校还为低收入家庭的学龄儿童提供免费午餐。

此外，美国到处可见的教会和其他各类慈善机构也在救助社会弱势群体方面起到了对政府救济的补充作用。由于政府通过税收减免优惠等措施来鼓励富人捐献，因此美国社会慈善事业比较发达，慈善捐赠非常普遍，对救济贫困人口和稳定社会也起到一定作用。

3.1.2　德国的收入分配制度

德国的收入分配调节体系较为完善，基尼系数长年保持在 0.3 左右。其调节手段主要有：税收、保障救济和募捐。这三种手段的综合运用，为缓解德国社会不同阶层之间的矛盾，保持德国社会的长期稳定发展提供了坚实的保证。下面从德国社会的初次收入分配和二次收入分配中介绍一下目前德国的收入分配政策以及在收入分配问题上所面临的挑战。

1. 初次收入分配

为了通俗易懂，我们把对德国社会的初次收入分配问题分列在下述三个要点中来加以讨论。

"初次收入分配"含义的界定：收入是指在一段时间内，通过不同渠道流向个人、家庭或企业的货币收入和实物收入。收入产生于国民经济的生产过程中，是对投入生产要素（劳动、土地、资本）的回报。人们得到的这些生产要素收入，包括工资和薪金、租金和赁金、利息和利润。工资和薪金是对付出劳动的报酬，租金和赁金是对提供地产或者一段时间内转让其他实物资本的回报，提供货币就能得到利息，利润或亏损则是对企业家的风险奖惩。这种按照各生产要素对国民收入的贡献大小而实现的收入分配称为职能收入分配，也被称为初次收入分配。

初次收入分配的客体和主体：可供初次收入分配的客体是"国民收入"。按照德国国民经济的核算体系，"国内生产总值"在经过一些项目的增、减计算之后，最后得出的可供初次收入分配的"国民收入"总量大约相当于"国内生产总值"的75%左右，例如1988年（1990年德国重新统一前的西部地区）为77%，2004年（全德地区）为74%。2004年"国内生产总值"为21782亿欧元，在减去了"与外国的转移支付结算"的逆差94亿欧元之后为"国民总收入"21688亿欧元，再减去"折旧"总额3219亿欧元，即为"国民净收入"18469亿欧元，接着还要减去扣除了"补助金"之后的"间接税"总额2306亿欧元，最后剩下的16163亿欧元即是可供初次收入分配的"国民收入"总量。参与初次收入分配的主体是两大社群，即"独立劳动者"和"非独立劳动者"。所谓"独立劳动者"，包括雇主、农民、手工业者、自由职业者等，他们不必依靠出卖自己的劳动力为生，其中核心部分是雇主；所谓"非独立劳动者"，包括官员、职员、工人和失业者，他们都被称为雇员。这两大社群是国民经济生产的直接参与者，即在职就业者。"非就业者"不参与初次收入分配，他们主要是老弱病残者，其核心部分是退休人员，他们主要通过二次收入分配得到收入为生。

初次收入分配的结果：为了叙述方便，这里把初次收入分配视为国民收入在"雇主"与"雇员"之间进行分配。我们仍以2004年为例：在16163亿欧元的国民收入中，雇主得4840亿欧元，占30%；雇员得11323亿欧元，占70%。考虑到在就业者中，雇主占10%，雇员占90%，经过简单的计算，从整个国民经济角度来看，雇主的人均收入为雇员的3.89倍。但是这样的计算肯定是夸大了雇员的工薪收入，低估了雇主的利润收入。因为这里把农民、手工业者、小摊贩等都列入了"雇主"社群，而这些人的收入未必都高于"雇员"中的官员、职员等。同时，由于官员、中上层职员的进入又抬高了全体雇员的平均收入。如果再考虑到在计算国民收入的初次分配时，列入雇员工薪总收入项下的金额中，有 1/3 以上是雇主为雇员缴纳的各项法定保险费等，其中一大部分只是在将来才能用到（例如养老保险），因此，倘使仅以雇员实际拿到的净工薪来与雇主的收入相比，2004 年分别为 5978 亿欧元和 4766 亿欧元，雇主人均收入为雇员的 7.2 倍。

国家在国民收入的初次分配中所起的作用，虽然不及二次收入分配中那么重要，但其影响也不可小视。这些影响主要通过三条渠道：一是通过发布宏观经济指导性信息，对劳资谈判协议施加间接影响。在经济形势欠佳的背景下，这种信息往往起着抑制工资增长的作用。二是政府征收的间接税即消费税，总的说来一般对低收入者相对不利（就占其收入的百分比而言）。三是通过某些有关政策，例如加速折旧政策，对居民的各类住房和企业的各种经济建筑允许实行不同的折旧率。2004 年，德国整个国民经济折旧率为 14.8%。一般说来，折旧率越高对企业越有利。

2. 二次收入分配

如果说，初次收入分配主要是发生在雇主与雇员之间，换而言之，主要是发生在资本与劳动之间，那么，二次收入分配则主要是发生在就业者（包括雇主和雇员）与非就业者（包括已经失去劳动能力者和作为就业者边缘群体的失业者）之间。

再分配收入是指经济主体不必直接通过劳动而可依法获得的收入，如退休工资、（官员的）退休金、失业补贴等；也可以是国家或其他经济主体自愿的资助。把功能收入中的一部分拿出来通过税收和社会保险系统进行重新分配，构成了初次收入分配之后的二次收入分配。之所以必须进行二次收入分配，主要有两个原因：一是在人口和家庭中，除了就业者以外，还有大量的非就业人口和家庭，他们也需要有收入生活。目前，在德国的 8165 万人口中，就业人口为 3840 万人，失业者为 437 万人，非就业人口为 3888 万人，其中除了就业人员抚养的子女外，真正的非就业人员家庭有 1390 万个，他们多数为老人家庭。在德国 3793 万个家庭中，就业者家庭 2403 万个，其中"独立劳动者"（其核心部分是雇主）家庭 225 万个，"非独立劳动者"即雇员家庭 2178 万个，包括官员、职员、工人和失业者；非就业家庭 1390 万个，占全国家庭总数的 36.6%，加上失业者家庭合占 42%，他们主要依靠官方的转移支付为生。二是国家需要筹资提供"公共产品"，例如提供各种社会服务、维护国家内外安全等。

二次收入分配的过程及其结果：二次收入分配的过程其实并不太复杂，它主要是通过国家财政机构向就业者征税（特别是个人所得税）和通过社会保险系统向就业者收费（首先是养老保险费），其所得款项，通过许多项目（养老保险金、医疗保险金、病假工资、劳动促进、公务员退休金、有子女家庭补贴、社会救济、住房补贴等），由国家转移支付给各个社群。统计数字表明，就业者各类家庭，除了其边缘群体"失业者"之外，从整体上看都是缴给国家的，税、费大于从国家得到的转移支付，因此，他们是二次收入分配的"出资者"，而非就业者家庭和失业者家庭都是从国家得到的转移支付远远多于向国家缴纳的税、费，他们是二次收入分配的"得益者"。在德国，国家在二次收入分配中所起的主要作用，不在于一定要把高低收入差距从多少倍缩小到多少倍，而在于通过收入再分配，为广大非就业者和失业者提供了基本生活保障，这具有巨大的政治、社会和经济意义。

3. 税收、保障救济和募捐三种手段的综合运用

第一，税收调节。税收收入是德国财政收入的主要来源，一直占财政收入的 75% 以上。其中对国民收入起到直接调节作用的税种主要有：所得税、房地产交易税、房产土地税、遗产税与赠与税、消费税、团结统一附加税等。

所得税分为 7 种：农林业所得、工商业所得、独立劳动所得、非独立劳动所得、资产所得、租赁所得及其他所得，分别按工资税、利息税等 4 个税种收取。工资税是个人所得税中的主要税种，计算方法较复杂，其主要特点是：要考虑纳税人是否有家庭以及家庭人口数等因素。

第二，保障救济调节。德国的社会福利保障制度是经过许多年发展起来的，它的高效率也得到了外国的公认。现在德国社会福利费用在国内生产总值中所占比重已经超过 30%。德国创造了一个广泛的社会福利法网络，其主要内容包括以下几点。

医疗保险：几乎所有德国公民都参加了医疗保险。所有投保者都可在被允许开业的医疗保险医生和牙科医生中自由选择。医疗保险机构支付治疗费用和药费。保险机构还承担疗养的全部或部分费用。

事故保险：在德国，所有雇员和农民按法律规定都参加事故保险，其他的独立工作者可自愿投保。大学生、学生和日托儿童也都被纳入受保险保护的范围。在发生导致受伤、疾病或死亡的保险事故（工作事故、职业病）时，投保者可要求支付保险赔偿金。上下班途中发生的事故也算作事故保险。

养老金保险：根据法律，所有的工人和职员都参加养老金保险。由雇员和雇主各付一半保险费。职工养老金保险公司在职工职业能力减弱后支付养老金与社会保险金。如投保者死亡，其家属得到死者一定百分比的养老金。通常年满 65 岁者即可领取养老金。养老金数额主要视保险期间工作收入多少而定。支付养老金并非养老金保险的唯一任务，它还为投保者工作能力的保持、提高与恢复（康复）服务，例如保证他们的疗养并在他们由于健康原因不得不学一种新的职业时提供资助。许多企业自愿为其职工支付额外的老年补贴，这种"企业养老金"是对法定的养老金保险的一个宝贵的补充。

失业保险：所有雇员原则上都参加失业保险。失业保险费用由雇员和雇主各承担一半。失业金支付的时间长短视年龄而定。

护理保险：这是一种义务保险。法律规定每个参加法定医疗保险的人在其法定医疗保险机构参加护理保险，或者参加私人保险的人必须参加一项私人护理保险。护理保险的费用由雇员和雇主各付一半。享有生活费权利的子女和无收入或收入甚微的配偶，在家庭保险的范围内和法定医疗保险的情况一样免费一起保险。

家庭保险费用：1996年起，德国家庭可以在领取子女补贴或免税数额之间进行选择。此外，从1986年开始德国还为每个孩子向其父母提供24个月的教育津贴，每月600马克，但这需视收入界限而定。德国还实行全民免费教育，减轻了家庭的负担。

社会救济金：在德国，无力自助与无法从其他方面获助者可得到社会救济金。根据社会救济法，德国每一个处于此类困境中的居民，无论德国人还是外国人，都可要求提供社会救济，包括生活费用补助、在伤残或疾病等特殊生活状况中的补助或照应。

第三，募捐调节。在德国，政府还通过减税等手段，鼓励富人捐助公益事业，从而避免财富因世代相传而过度集中。德国遗产税的税率高达50%。富人如果建立自己的慈善基金或是捐助善款，不仅可以依法将捐赠款抵扣部分所得税，达到依法避税的目的，而且还可以提高自己的知名度、改善自己的形象，从捐赠行为中获得合理的回报，同时也可以用自己的善举回报社会，并在一定程度上减轻政府的负担。

对德国普通民众来说，量力而为的募捐也有着十分积极的意义。不仅募捐额可以凭收据在个人所得税中扣除，而且德国红十字会等公益机构还会为其提供诸如免费急救等相应的优惠服务，捐赠者可谓名利双收。

3.1.3 英国的收入分配制度

英国是完成经济现代化和社会现代化较早的国家，税收制度和社会福利比较完善，它们在调节收入分配方面发挥着十分重要的作用。

1. 税收杠杆是调整收入差距的有效手段

个人所得税是控制收入差距的有效手段。英国 1799 年就正式颁布了所得税法，1973 年英国加入欧洲经济共同体之后，开始实行累进税率，税收制度进一步完善。年薪在 4800 多英镑的低收入者不用纳税，超过的部分分三个等级按不同比例纳税，最高收入的所得税税率为 40%，即在政府设定的高收入标准以上的收入必须按照40% 的税率缴纳个人所得税，这个标准随每年的通货膨胀率调整。

遗产税和赠与税也是一个重要手段。按英国税法规定，遗产税和赠与税合并一起征收。为防止富人通过提前转移财产逃避遗产税，税法规定，继承人除了要对死者遗留的财产缴纳遗产税外，还要对死者 7 年内赠与的财产，根据赠与及死亡的年限，按不同的税率缴纳赠与税。但很多富人在死亡 7 年之前就赠送财产，使得这些资产能在家庭内部循环，却永不被征收遗产税。为堵住这一漏洞，2004 年 12 月，英国财政部在公布 2004 财年预算报告时，提出了一个新方案，政府将对那些打算或已经预先将资产赠与出去、之后仍继续享用这些资产的人，就其部分收益征收一项所得税。

不过，英国的税收规则虽然十分复杂和严格，但许多富人通过雇佣会计师和咨询师，钻税法的空子，想方设法逃避纳税。为此，政府不断制定相关政策，为漏洞打补丁，关于遗产税的新方案就是一例。

2. 劳动收入分配与制度作用

劳动力成本高，劳动收入在收入分配中比重大，是英国缩小收入分配差距政策的一个突出体现。据一些学者的研究，劳动收入在英国所占比例很大，在 1860 年到 1984 年的 124 年中，劳动收入在国民收入分配格局中始终处于主导地位。相比之下，资本要素所占比重则呈下降趋势。这表明，在英国的国民收入分配格局中，资本要素收入始终占小头，而劳动收入始终占大头。由此，从普遍意义上避免了收入分配中的严重分化。

英国是一个高福利社会。为了遏止贫富差距，英国很早就实行了福利制度，例如，1601 年就颁布了《济贫法》，19 世纪又陆续制定一系列社会保障制度，实施"从摇篮到坟墓"的社会保障体系。这在一定程度上确保了贫困人口的温饱和居住问题。目前，英国的福利制度大致可分为 7 类：儿童和孕妇福利、伤残或疾病福利、退休福利、寡妇福利、失业福利、低收入福利和社会基金等。这些人根据规定，申请福利救济与补助。

另外，英国从 20 世纪 80 年代保守党执政时期开始的大规模私有化进程中，最大限度地照顾到了工人阶级的利益，使他们的权益得到了比较好的保护和尊重，工人在收入分配中没受到损害。同时通过一系列私有化政策，确保股东收入的合理性。而且，英国近些年建立并逐渐完善起来的全国性再就业培训和职业介绍机制，比较好地解决了经济转型过程中的再就业问题。

高度透明和经济金融体制比较完善以及较少腐败现象，是确保避免特权阶层凭借政治权力参与经济资源配置和收入分配的有力武器。这方面，英国的法律机制、反对党以及舆论监督发挥了重要作用。工党政府上台后，更加注重政府部门的服务意识和提高效率，压缩腐败滋生条件，因腐败而发生在收入分配中的不平等现象得到遏制。

3. 消除传统意义上的城乡差别

英国不存在传统意义上的农业人口收入低的问题。农业在英国经济中占的比例十分小，只有 1%。在欧盟共同农业政策下，政府对农民一直实行补贴，并采取一些税收优惠。因而，英国由于传统意义上的城乡差别而出现的收入分配差距早已消除，行业本身因素在收入差距中的反映微乎其微。

英国的城市化早在 20 世纪初就基本完成，到 20 世纪 80 年代和 90 年代，城市化达到一定程度之后，人口反而开始向乡村或郊区转移。根据英国国家统计局的分析报告，20 世纪中期以来，人口从中心城市迁移到郊区，从大城市迁移到小城市和农村地区成为一种社会发展趋势。目前除了大伦敦地区人口继续膨胀之外，许多历史上规模很大的城市如伯明翰和曼彻斯特等，城市人口分散化的趋势十分明显。

毋庸讳言，国家的法律和制度控制只是一定程度上限制某些或者某类人收入的过度聚集，随着整个社会财富的不断增长，英国虽然通过比较完善的福利政策和救济政策消除了绝对贫困，但在市场经济条件下，近几十年来，相对贫困问题日益突出，收入差距仍呈逐渐拉大的趋势。

3.1.4　法国的收入分配制度

1. 实行分类管理、规范稳定的全社会工资指导制度

法国政府对居民工资的管理主要通过两种体制分别确定：私人部门和公共部门（包括国有企业），并在两种部门之间建立横向联系和对比。对于私人部门，政府主要通过控制和指导最低工资和行业工资水平两个标准，来体现对整个私人部门工资及收入的间接管理调控。对于公共部门，政府通过制定层次明晰的薪酬等级和福利制度，有效保证和规范公务员工资水平的正常增长。

在私人部门，法国企业的工资确定机制比较灵活，是在大的工资框架内根据不同企业的情况加以确定。不同规模的企业在内部确定岗位工资标准时，大多数还是按照规范的标准化绩效评估方式进行确定，并逐级增长。如果企业规模过小或者岗位不很重要，一般根据合同确定，国家不直接干预。而对于行业的工资水平，主要通过国家、雇主和雇员的三方集体谈判的形式决定，雇主协会和工会是集体谈判的两大主体，国家承认其为不同的利益集团，并创造条

件使其通过谈判解决工资及相关劳动条件等问题，但政府具有最终裁定权。集体谈判的基本内容包括职业培训、社会保障福利措施、休假制度、工作时间、工资和劳工权利等内容。谈判一般分三个层次：企业级、行业级、国家级。集体谈判多数在行业（或产业）一级进行，一些小规模的谈判和没有工会组织的企业，一般根据行业级谈判结果结合企业实际情况经"微调"后执行。某个行业的集体谈判结果，其会员企业必须执行。近年来，集体谈判呈现一个明显的特点：谈判向协商转变，双方抱着沟通、务实的态度坐在一起协商解决问题，罢工事件越来越少，劳资矛盾逐步缓和。

实行最低工资制度。法国政府非常重视最低工资制度的修改和完善，最低工资标准根据物价指数、经济发展、就业状况、低收入人群的生活支出水平等因素确定，每年根据情况做适当调整，以保障劳动者的基本生活。制定最低工资政策必须考虑到对产品竞争力和就业状况的影响。2001 年的月最低工资是 1127 欧元，高于大部分欧洲国家（意大利 1009 欧元，西班牙 516 欧元），比 1992 年的 877 欧元增长了 1.3 倍。近年来，最低工资相当于社会平均工资的比重有所上升，2001 年法国最低工资占平均工资的比例达到了 13.6%，仅次于欧洲最高的卢森堡（15.5%）。这种做法虽然体现了政府对蓝领工人体面生活的尊重，但是企业出于对成本上升的考虑，更多地采用机器设备，对于增加就业有负面影响。

在公共部门，工资管理的对象主要是政府机关和国有企业的公务员。法国公务员的范围与我国的不同。除了政府部门，还包括学校、医院等事业单位和国有企业中的部分雇员。法国公务员目前人数达到 530 万人，占全国就业人数的 20% 以上，还有 1200 万退休的公务员。法国公务员按照专门的法律规定分为四个等级，对应着不同的职级工资制度，主要包括：C 级：从事秘书、工人等基础性工作；B 级：有高中毕业文凭，从事行政助理、文书等工作；A 级：有学士或者硕士文凭，负责领导 B、C 级人员工作，从事日常行政管理。特级：从国家行政学院毕业，至少具有硕士以上文凭，主要在法国内政部、财政部和外交部工作，都是社会精英。全法国目前共有特级公务员 200～300 人。根据公务员等级的不同，执行不同的工资制度，但是一般级别（ABC）之间的差别并不是很大，最低级别的公务员的月均纯工资是 700～800 美元，最高与最低的差距是 1～6 倍。不同地区的公务员工资仅在奖金方面存在差别。法国国有企业中的公务员在工资和福利制度上，始终与政府机关或者其他公共部门的国家雇员一样，实行相同的标准。即使在国有企业私有化过程中，只要具有国家工作人员的身份色彩，仍然是实行公务员工资标准。如 20 世纪 90 年代法国航空公司在私有化后，目前仍然有 1/4 的员工（财务、管理部门的职工）保留国家公务员身份，工资与福利上的等级制度并未改变。

2. 重在调节收入差距的个人所得税和财产税制度

法国很早就有实行所得税法的倡议。1848 年就提出了实行所得税的法案，随着财富分配日益悬殊，社会矛盾加剧，要求改革税法、纠正分配不公的呼声甚高，但受到自由思想的抵制及各种政治力量的反对，始终未能付诸行动。1926 年所得税体系框架基本建立起来。1959 年对所得税法进行重大改革，其中主要是改分类所得税制度为综合所得税制度。1971 年将个人所得税法改为所得税法，改革后的所得税发展很快，不久即成为法国税收收入的重要来源。从国民核算中看，2001 年个人所得税收入规模为 479 亿欧元，占 GDP 的比例为 3.3%。从国民核算中看，2001 年法国个人所得税和财产税之和占居民总收入的比例为 12.5%，达到 1370 亿欧元。而 1990 年这一比例仅为 7.7%，在 10 年间提高了近 5 个百分点，反映出法国政府逐步加强了对所得税政策的运用。

法国的个人所得税是对所有有收入的个人征收的税，其原则是根据收入不同而采用高额累进制：即依据人们收入数目而划分不同的征税档次。同时，又根据每个人不同的情况而扣除家庭、职业等开支，来计算有否孩子的家庭征税参数。在法国，以下三类人须缴个人所得税：（1）凡是家庭、主要居住地点在法国的人，即在法国连续居住 6 个月（即 183 天）的人；（2）凡是在法国进行主要职业活动的人；（3）凡是在法国有主要经济利益者。因此，凡是符合上述三个条件之一者，不论其国籍是否为法国籍，均须就其所有收入（不管是在法国的收入还是在外国的收入）申报纳税。凡是不属上述三类的人，即不在法国常住者，则须就其在法国所获收入缴税。

从 1998 年起根据新税务法案，其征税税率为：年收入 4121 ~ 8104 欧元者，税率为 7.5%；8105 ~ 14264 欧元为 21%；14265 ~ 23096 欧元为 31%；23097 ~ 37579 欧元为 41%；37580 ~ 46343 欧元为 46.75%；46343 欧元以上为 52.75%，上述标准均为单身者的纳税标准。但是法国个人收入所得税是按家庭来征收的，如一个纳税户有夫妇两人，则两人合填报税单，以两人总收入除 2 来进行计算，标准同上。如有小孩须负担，两人总收入中则应减去小孩份额（一个小孩算半个份额）来计算。因此上述标准只是一个参照标准。还有许多可以享受减免税的项目：如在工资收入中一般先扣除 10%、再扣除 20% 作为工作的支出而享受减税，购买房子贷款的利息可减税，消费贷款利息在一定时期内可减税，装修、改善旧房设施可减税，赡养老人、向慈善机构捐款、投资人寿保险、投资出租房产业等也可减税。故在事实上，申报的须纳税收入是在享受各种减免后才按上述税率纳税。

除个人所得税外，法国政府对居民的存量财产也进行税收调节。主要的税种为：财产转移税、财产升值税、巨富税等。财产转移税是对动产、不动产交易、买卖、赠与和继承等征收的税，税率差异较大。如旧房买卖的转移税为 9% 左右，遗产继承税税率从 5% ~ 60%。巨富税是对拥有一定数额财富者征收的税，又叫团结互助税。这一税种设于 1982 年。巨富税规定在个人拥有动产、不动产总额超出一定限额时，须纳巨富税，税率从 0.55% ~ 1.65% 超额累进，财富越多，纳税也越多。

3. 以低收入者为重点的社会保障制度

法国是个高福利国家，居民的生老病死、失业、退休、入学、住房等均有相应的社会保障。法国社会保障制度以社会成员的团结共济、家庭之间的相互连带、平等收益和慈善赈济等为基本理念。法国的社会保障制度主要包括五项社会保险制度，即养老、医疗、失业、家庭补贴和工伤事故，仅前四项就超过国家财政一般预算的规模。法国政府有关法律规定，凡是在法国的受薪者或者达到高中毕业会考年龄的学生（无论本国人还是外国人），均须参加社会保险。由于历史原因和既得利益阻碍的现实原因，法国的社会保险体制并未实现面向全民的统一体系，而是包括四大类别：即普遍制（涵盖整个受薪者、学生和个人投保者）、农业制（专门面向农业生产者）、非受薪者（实业家、企业家、手工业者和自由职业者）和特殊制（公务员和国有企业雇员等），这四大类别的保险制度涵盖了整个法国人口的99%，构成了一套相当完备而又复杂的工作机制和保障体制。

家庭生活补贴是法国社会保障中涉及范围最广泛的部分，各类家庭补助名目繁多，常常被视为法国社会福利高水准的具体体现。法国宪法的序言中声明："国家确保个人和家庭的发展的必要条件"，这是政府促进起点公平和结果公平的主要政策之一。据统计，法国目前享受各种不同家庭补助的人数达到900多万人。无论收入多少，都可以申请领取的补助有：（1）家庭补助金：有两个孩子的家庭；（2）特殊教育补助金：20岁以下的残疾人；（3）家庭教育补助金：为由于第三个孩子的出世而临时或者长期停止工作的父母提供；（4）家庭抚养补助金：为孤儿以及父母中有一人无力抚养儿童提供；（5）家庭照顾子女补助金：为在家照顾不到3岁孩子的双职工提供；（6）家庭育儿补助金：为雇人照顾不到10岁孩子的双职工家庭提供。从以上家庭补助金的设立可以看到，照顾最贫困者和仅能维持最低生活水准的家庭的政策倾向是非常明显的。2002年法国的最低生活保障对于单身的标准是每月406欧元，无子女的配偶是 608 欧元；老年人补贴是每月 569 欧元；有两个孩子的家庭补贴每月是 109 欧元，3 个以上孩子的家庭补贴是 248 欧元。

由于人口老化、失业增加和技术进步等多种原因，社会保险的支出规模越来越大，从社会保障的支出规模上看，2000 年法国各种社会补贴（医疗、住房、老年、失业、养老等）的总支出达到 4000 亿欧元，占 GDP 的比重达到了 30.3%，仅次于北欧的瑞典。其中领取家庭补贴的人数达到 447 万人，享受住房补贴的人数达到 614 万人，领取失业金的人数为 169 万人，养老保险的领取人数达到 1214 万人，领取残疾补贴的人数为 69 万人。近年来，法国社会保险的规模不断扩大，支付压力日益沉重。2000 年法国社会养老保险总收入为 628.09 亿欧元，比 1999 年增长 1.9%；而养老保险总支出为 628.43 亿欧元，比 1999 年增长 3.1%，出现了 3400 万欧元的收支缺口。

4. 全民负担的社会分摊金制度

社会分摊金是由获得工资、退休金等收入者根据特定比例从收入中支出的。覆盖的范围很广，除了领取工资薪水的雇员，雇主也须缴纳雇主的相对分摊金部分，即使是失业者也必须按照一个较低的比率缴纳社会分摊金。真正体现全体社会成员之间对风险的共同分担。以下列出工资中主要的分摊金比例。（1）疾病、生育、残疾、死亡保险：雇主缴 2.8%，雇员缴 6.8%，共 9.6%。（2）养老保险：雇主缴 8.2%，雇员缴 6.55%，共 14.75%。（3）养老保险：超出就保上限的部分，缴 1.6%。（4）家庭补助：雇主缴 5.4%。（5）鳏寡保险：雇员缴 0.1%。（6）工伤保险：雇主缴 2.36% 左右。（7）住房补助：雇主缴 0.1%，9 人以上企业缴 0.4%。（8）失业保险：雇员缴 3.22%，雇主缴 5.34%。（9）补充退休金：雇员缴 2% ~ 5%，雇主缴 3% ~ 10%，视何种行业、何种职务而定。（10）普遍化社会捐金（CSG）：3.4%。（11）社会债务补偿金（RDS）：0.5%。（12）非受薪人缴纳分摊金比例：12.85%，根据收入来决定。退休人员缴 3.4% ，再加老年保险等分摊金。

5. 促进收入分享的积极就业政策

法国政府非常重视就业问题，通过采取各种措施增加就业，努力降低失业率，消除失业对经济发展带来的负面影响，把强化职业培训、扩大就业范围作为调节居民之间收入分配的政策理念，以年轻人和低收入者为重点，实施积极的就业政策，促进国民收入的整体分享。

法国居民收入差距没有过分扩大，可以说政府的积极就业政策起到了重要的作用。正是在这种积极就业理念的引导下，法国政府不断增加用于就业方面的财政预算和机构人员，2003 年，法国国家就业局的预算达到了 18 亿欧元，达到整个财政预算支出的 1.5%，其中用于培训和就业辅导的支出达到 5.14 亿欧元。国家就业局的工作人员由 4000 人扩大到 2.5 万人，为社会提供的直接就业服务超过 240 万人次，开办的就业网站的访问人数 2004 年超过 7000 万人次。进入 21 世纪以来，法国劳动力市场的就业年平均增长速度达到 1.7%，明显快于整个欧盟区（15 国）1.3% 的水平。

法国政府采取的增加就业的措施主要包括以下几个方面：（1）大力增加年轻人就业：包括年轻人的招雇、在职培训、职业变化时的各种培训，其中规定企业在雇佣年轻人时可享受社会分摊金的减免。（2）对于残疾人和长期失业者，提供就业实习机会和新技能培训，对雇佣残疾人的企业进行补贴。（3）妇女就业措施：包括职业平等同工同酬公约，中小企业女工公约和妇女就业担保基金等措施。（4）鼓励自主创业：政府资助长期失业者的就业计划，包括资助其开业前的费用等；政府资助开展家庭加工业，资助个体企业雇佣个人，减免个体企业的部分社会分担金，为短期雇佣服务人员的家庭提供"服务就业支票"以减轻雇主负担。

除了在劳动力市场的供给方面进行以加强培训为主的措施以外，法国政府在需求方面也采取了增加就业范围的措施，主要是缩小劳动时间和实行计时工作制,其中实行 35 小时工作制对于调控劳动力市场的供求结构、降低失业率和增加低收入者的收入起到了积极的作用。法国就业部长认为,失业率的持续降低,这个成绩一半归功于政府的就业政策,即减少工作时间和促进青年就业的措施。法国是欧洲唯一实行 35 小时工作制的国家。通过实行 35 小时工作制,间接增加了不同劳动者的就业机会和工作时间,特别对于低收入和低技能人员的收入增加起到了重要的保证作用。1996 年,虽然不少人认为用缩短劳动时间来减少失业的代价过高,但议会还是通过了将工作时间由 39 小时降低至 35 小时的《罗比安法案》。希望通过这一法案抑制过于严重的企业裁员行为,为减少劳资双方的摩擦和对抗,支持这一政策的执行,政府在 1998 年的就业预算中安排了约 430 亿法郎,用于补贴因缩短劳动时间而带来的损失,这是在解决就业问题方面实施的重大举措。

3.1.5　日本的收入分配制度

第二次世界大战后,日本政府主要通过征收所得税、赠与税和继承税等税收制度来调整各社会成员之间的收入差距,实施实际上的所得再分配。近年来,日本这三种税负的税率虽然经过了多次调整,但基本上都处于国际较高水平。这三种税负为日本调整分配结构不合理发挥了重要作用。

日本的所得税实施累进税制,收入越高,税率就越高。日本在第二次世界大战后实施的所得税最高税率达 65%。为了激励社会成员的创业和工作热情,促进经济发展,日本政府在 1999 年修改了日本的税收制度,将所得税的最高税率由 65% 下降到 50%。

日本的个人所得税采取源泉征收制度,就是由支付个人所得的企业或机构在支付所得时代为扣除。如果收入过低,年收入达不到一定的金额,或者需要抚养的人口较多,到了年底可以按照规定申请退税。

在经济快速发展时期，各社会成员的实际收入相差巨大，不少人通过创办企业实施资本运作、公司股份上市等方式，取得巨额财富，有的社会成员的资产高达数百亿日元，甚至更多，所以仅凭课以高额所得税已经不能够消除社会财富严重不平衡问题。在此情况下，继承税和赠与税应运而生。

1988 年以前的日本继承税最高税率达 75%。同所得税一样，近年来，日本在逐步降低最高税率的同时，提高继承税的税率起点。1988 年以来，日本对税制进行了三次改革，到 2003 年 4 月，继承税的最高税率已经从 75% 降到了 50%。继承税税率起点也从原来的 200 万日元提高到现行的 1000 万日元，并减少了计算税率的档次。从最早的分 14 档计算税率减少到现行的 6 档。

超高收入者通过被征收 50% 的所得税之后，剩下的 50% 自己可以自由支配使用，但如果要让自己的子女继承或者赠与他人，还得上缴继承税或者赠与税。赠与税的最高税率同继承税最高税率相同，为 50%，但起征点不同，赠与 1000 万日元财产就必须缴纳 50% 的赠与税，而继承 3 亿日元才需缴 50% 继承税。

高收入者的资产通过所得税和继承税的两次征收，当初得到的财产到了他们子女手中只剩下 1/4 了。一些有巨额遗产者的子女很难缴纳起高额的继承税。日本原首相田中角荣的女儿、前外相田中真纪子为了支付高额遗产继承税，只好将父亲留给她的部分不动产出售。因此，高税率的所得税和继承税有效地调整了社会分配不公的问题。政府利用从高收入者手中征收的税金，建立起相对完善的社会保障和公共福利体系，使广大中低收入者也能够享受到经济发展带来的好处。

3.1.6　北欧的收入分配制度

北欧国家因为地理位置、历史、传统、文化等方面接近，并在经济社会制度选择方面有许多相似性和共同的特征，形成独特的北

欧模式。北欧模式得以确立的一个重要出发点是，在经济发展起来
之后，消除竞争所带来的负面影响，防止两极分化，追求社会公
正，并维持社会稳定。

北欧国家完善的社会福利与社会保护措施使各个层面的社会成
员都能免于贫困：它为失业者提供失业保险，为老年人提供养老金
和医疗照顾，为贫困的妇女和儿童提供各种实物和资金的帮助，为
病人和残疾人提供伤残保障和健康服务，为生活在贫困线以下的人
提供基本生活所需。通过社会保障和福利而实现的收入转移，或收
入再分配占到这些国家国内生产总值的30%～60%。根据统计，北
欧国家的贫困发生率是很低的。如在瑞典，贫困人口大致占3.5%，
其中30%是失业者，20%是正在就学的学生，10%是领取养老金的
人，其他是一些比较小的群体。另外，值得关注的是贫困标准的确
定，即以中等收入水平的一半作为贫困线，这个相对标准随着中等
收入水平的提高而增加。

北欧模式的主要表现是收入差距小，收入比较平等。根据联合
国开发计划署公布的《2002人类发展指数》，北欧诸国的基尼系数
排在工业化国家的前列，如挪威为0.258，瑞典为0.250，芬兰为
0.256，均属于世界上收入差距最小的国家。

北欧模式成功地解决了城乡之间的再分配和均衡。使农村与城
市一样富足、农村应当获得和城市一样的公共产品和公共服务，这
是确立社会福利制度的两个重要理念和原则。在建立福利制度时强
调城乡之间的再分配和均衡，主要考虑是：防止人口过度向城市转
移，带来社会的不稳定和城市贫困；出于政治和国土安全的考虑，
要保持人口在全国的平均分布；让人们住在根之所在，住在家乡，
防止他们流离失所、背井离乡；政治上，选举制度向人口稀少的地
区倾斜。

北欧模式作为社会政策的一个基本目标是促进劳动力的充分就
业。社会福利服务的特点是提高劳动力在市场上的参与程度，如对
丧失劳动能力的人、失业的人尽可能地使他能够重新参与，并通过

教育和医疗服务来提高和增加人力资本。对因疾病而请病假 90 天后仍不能正常工作的人，政府会帮助制定相应的康复计划，有的会长达几年。对失业的人员政府会提供再培训，以增加技能，适应新的就业需要。

实行普遍社会福利和高比例的公共开支的基础和前提是高税收。由于实行累进所得税，因此，使得个人收入的边际税率很高。如芬兰最高所得税率近 70%，瑞典税收占 GDP 的比重为 53%，西欧平均为 40% ~ 50%。瑞典对现金福利也同样征税。按照规定，所有退休金收入原则上都应缴纳所得税，对只领取基本退休金，或领取少量补充退休金但其年收入不到 9 万克朗者，可给予免税或减税，而且可申请住房津贴或退休金补贴等。病休津贴和父母津贴也均需按比例缴纳所得税和保险税。北欧国家的税收不是以家庭为单位，而是以个人为单位，男女平等。

在强有力的收入再分配政策下，北欧各国均形成以中等收入者为主体的稳定的社会结构。如北欧各国除低收入者与最高收入人群之外，中等收入者占到总人口的 80% ~ 85%。目前，北欧各国的社会结构已经由原来的金字塔形，转变为椭圆形或菱形，两头小，中间大。过去处在金字塔底部的传统意义上的工人、农民等，现在占的比例很小，如在挪威农业人口只占 3.8%。这种社会结构对促进北欧国家的社会稳定和政治稳定起到重要作用。

3.2 主要市场经济国家收入分配制度经验借鉴

以上主要市场经济国家通过建立比较完善的税收制度、社会保障体系、实施积极的就业政策等措施，在调节收入分配差距方面取得了一定的效果，这些措施对中国的收入分配制度具有重要的借鉴意义。

3.2.1　充分发挥财税政策对收入分配的引领作用

在市场经济框架内，财政政策天然地具有调节收入分配的各种有利条件。政府既可以通过税收大规模地介入 GDP 的分配过程，也可以通过转移支付将从高收入者那里筹集的收入，再分配给那些需要救济的低收入者。在当前的中国，充分地利用财政税收手段，是从再分配层面解决收入差距的一条极好的通道。按照科学发展观的要求，中国财政政策在提供缓解国民收入分配差距的政策支持的同时，还需要就未来中国整体收入分配格局的重构提供相应的政策导向与支持，这无疑将成为引领今后中国收入分配相关财政政策的新思路。

根据国际经验，在向后工业社会过渡的阶段，由经济高速增长所掩盖的利益矛盾开始显现，而财税政策能否在收支两方面直接或间接地影响社会收入的利益格局，将决定是否能顺利地进入均衡的经济社会发展状态。事实上，对于财税政策和货币政策这两大政府调控手段来说，前者由于在微观层面更具有可操作性，因此更多应用于调整个体之间的经济关系。可以预见，在"十一五"期间乃至更长时期内，财税政策将会更重视收入分配职能的发挥，把公平和效率目标放在政策制定的同等参考地位。

长期以来，我国财税政策存在两个根本性问题：一是在政府层次上，收入的集中与支出的分散；二是税收政策与支出政策缺乏协调。由于这两个制约，使得财税政策无法在决策过程中系统地把公平与效率作为政策出发点。这样，各级财政部门更关注保障人头费和搞经济建设，税收部门则关注扩大财源来保持税收增长。这种局面背后，财税政策普遍体现出效率原则，而忽视了对公平原则的关注。令人欣喜的是，随着收入分配改革的大幕逐渐拉开，财税政策的理念也在发生根本性变化，在通过建设公共财政来促进和谐社会发展的过程中，完善收入分配政策，合理调节社会各群体经济利益关系，维护社会稳定，是财税政策的重要内容。

3.2.2　藉税收制度调节分配差距体现社会公平

改革开放以来，经过 30 年经济的高速增长，我国居民收入大幅增长，生活质量显著改善，但是，收入差距不断扩大的局面日趋严重，按照国际通行的标准，已经超过国际警戒线。作为对个人收入实施直接调控的个人所得税政策，由于征税环境不完善、税制不合理以及居民纳税意识欠缺等因素的影响，并没有发挥出对个人收入差距的调节作用，甚至对中低收入者产生逆向调节的效果。税收作为政府宏观调控的重要手段之一，应通过完善自身功能，强化调节收入分配的职能。

美国、德国、英国、法国、日本、北欧国家等的政府在税收调节上，运用的政策倾向和手段一直很明确和稳定，政府一般通过征缴所得税、社会保险税（费）、财产税、遗产税、赠予税等来调节收入分配。其中个人所得税和社会保险税这两项税收占到国家税收总收入的一半以上。个人所得税是发达市场经济国家第一大税种，美国等国个人所得税在全国税收总构成中比重超过 30%。个人所得税一般都是超额累进征收，对调节收入分配起到很好的作用。如美国联邦政府所得税规定，应税所得 3.69 万美元以下，起征税率为 15%，累进征收，最高税率可达 39.6%。德国所得税率从 22% 起，最高达 56%。社会保险税在发达国家税收中的地位呈上升趋势。除了在收入上进行调节外，还对高收入者的存量资产设置调节税种，如财产税、巨富税和遗产税，这些税种的设立对抑制贫富差距起到了重要作用。

现阶段，我国税收在调节社会再分配功能上存在弱化与缺位问题。主要表现在以下几个方面：税收结构的不合理限制了税收调节功能的发挥，并且存在强化收入不均等问题的趋向；税收调节体系不健全，各税种缺乏调节整合力，影响了税收调节功能的发挥；个人所得税制度设计上的不规范制约了税收调节功能的发挥。

以上各国政府的做法使我们认识到，必须加快税收制度改革，加大税收对收入分配的调节力度。

第一，改变现行税制在调节收入分配方面的制度缺陷，完善税收调节体系，使税收调节分配的功能在居民收入环节、存量财产、投资收益等各个环节得到有效发挥。适应我国经济转型和经济社会发展要求，构建和完善有利于形成相对均衡的利益分配格局和社会公平的税制结构。在税收结构中，最核心的问题是主体税种的确立。我国现行的税制结构，以效率为主，以流转税为主体。这种税制结构在调节收入分配，促进社会公平上的功能比较薄弱，其存在的累退性，放大了收入的不平等，具有反向调节作用。当前应逐步提高所得税在税收结构中的比重，并逐步过渡到以所得税为主体的税制结构。针对我国税收调节单一、缺失、弱化的状况，建立多税种、立体式、全过程的税收调节体系。应逐步建立起一个综合协调配合，覆盖居民收入运行全过程，以个人所得税为主体，以财产税和社会保障税为两翼，以其他税种为补充的收入分配税收调控体系，从个人收入的存量、增量、转让等多个环节对收入分配进行全方位调节。

第二，运用综合调控手段，加强对高收入阶层的税收调控。基于我国对高收入阶层税收征管比较薄弱的现状，当前应当认真研究运用综合手段，强化税收调控：一是加快个人所得税改革，建立综合与分类相结合的税制模式。二是深化消费税制改革。建议进一步调整消费税征税范围，拓展奢侈消费品等项目的税基，适当增设新税目，将某些超越大众生活水平的高消费项目或服务，如高档别墅、高档电子设备、私人飞机、高价娱乐、名贵宠物等商品列入消费税的征税范围；适当调高烟、酒、汽油、柴油的消费税税率，倡导坚持"绿色"标准，节约天然能源，在总体上提高消费税在税收中的比重。三是考虑开征物业税、遗产税等税种。我国居民收入差距和财产分配差距都达到了较大的区间，如果不采取一定的措施加以控制，还会随着经济的发展进一步扩大，因此应尽快建立完善的遗产税和赠与税征收体制。同时，开征物业税，有利于解决现行房地产税收不统一，计税依据不合理以及房、地分别征税带来的不规范等问题。

第三，对低收入者实施积极的税收扶持政策。一是完善支持农业发展的税收政策措施。农业的基础地位和弱质产业特性，要求政府和社会要在提高农业生产专业化和规模化水平，大力发展农业产业集群，健全现代农产品市场体系等方面给予政策支持，具体就是对农业生产资料采取更加优惠的增值税税率，进一步降低生产资料价格，减轻农民负担。大力鼓励发展农村新经济组织，在所得税方面给予必要的优惠扶持。二是加大对中小企业的扶持力度，使民营经济得到长足的发展。大部分劳动力在中小企业就业，在税收方面应采取多种形式促进中小企业发展。三是加大对城镇下岗失业人员再就业的税收支持力度，推进就业和再就业。四是建议开征社会保障税。社会保障税具有双向调节功能，一是对社会整体来说，可以实现收入由高收入群体向低收入群体的横向转移，二是对成员个体来说，能实现其收入由青年或就业时间向老年的纵向转移。当前应尽快建立起以税收为主要来源的社会保障筹资机制。

第四，完善配套措施，加大对非常态高收入阶层收入的监管。目前，高收入阶层主要是以下几种对象：企业家、影视歌星、球星、垄断行业高管、政府官员"寻租"灰色收入者等。目前，由于我国市场秩序不规范，起跑线不一样，在初次分配中，垄断收入和非常态收入比较突出，对此应从政策的层面加以规范并加大征管力度。要积极推行存款实名制，逐步创造条件实行金融资产实名制，建立个人收入信息报告制度及个人财产评估机制，限制非法收入，逐步实现个人财产透明化、合法化，使纳税人的每一笔收入都在税务机关的监控之下。

3.2.3 完善的社会保障体系

美国、德国、法国、北欧国家等的政府都通过建立一套较完善的社会保障体系来关怀社会弱势群体，向他们提供基本的收入、医疗、住房等方面的福利，以确保他们也能过上体面的温饱生活。社会保障是减小收入差距的重要手段，因为它们可以为居民在面临失业、退休、疾病和收入过低等情况时提供保障和救助，减少他们的经济负担或增加他们的收入。这些国家社会保障的涉及范围很广，包括提供医疗服务、残疾保险、住房补贴、失业救助、社会安全福利金、退休金、低收入家庭子女津贴和学童营养补助等，涉及生、老、病、死、伤、残、退休、教育、就业等，被称作是"从摇篮到坟墓"的保障。同时，发达市场经济国家还通过转移支付手段来调节收入分配，主要有社会保险和社会救助。1960～1990年间经合组织国家的社会保险开支约增长了一倍。1996年，大多数发达国家社会保险总开支占公共总开支的40%以上，英国和法国的这一比例高达55%。据国际劳工局预测，未来50年经合组织国家社会保险开支的年实际平均增长率为1.9%。此外，发达市场经济国家普遍建立了社会救助制度，政府承担费用对无法享受社会保险或享受保险后仍然生活在贫困线以下的个人和家庭进行救助。美国、英国等国享受社会救助津贴的人口超过了全国总人口的10%。

我国正处于经济转型时期，人口众多，已经进入老龄化社会，完善社会保障体系建设是一项艰巨而紧迫的任务。中国近年来在建立和完善社会保障制度方面取得了重大进展，但仍面临着人口老龄化和城镇化进程加快、就业形式日益多元化等严峻挑战，为了实现构建社会主义和谐社会的目标，今后我国应采取一系列措施，进一步完善各项社会保障制度。当前要按照党的十七大明确的改革方向，加快社会保障制度建设步伐，特别是对处于绝对贫困的城乡居民的救济救助制度应有所加强。完善社会保障体系应着重把握好以下几个方面。

第一，正确把握完善社会保障体系的原则。要建立健全与经济发展水平相适应的社会保障体系，合理确定保障标准和方式。社会保障的方式应是多样的，国家法定的基本保障解决广大居民基本生活需求；高层次的保障需求，应通过发展补充保险、商业保险来解决。

第二，完善已有的社会保障制度。一是关于城镇职工基本养老保险制度。完善基本养老保险制度要着重抓好两点：一点是逐步做实个人账户。另一点是逐步提高基本养老保险社会统筹层次。要逐步实现基本养老保险省级统筹，并创造条件逐步过渡到全国统筹。二是关于城镇职工基本医疗保险制度。完善基本医疗保险制度，首先要做到合理确定个人负担医疗费用的比例。其次要做好扩大覆盖面工作。最后要结合医疗卫生体制改革和药品生产流通体制改革，认真研究并逐步解决人民群众关注的看病难、看病贵等问题。此外，通过政策优惠引导企业建立补充医疗保险，鼓励建立大额医疗救助制度。三是关于失业保险制度。要按照《失业保险条例》，使失业保险制度更加规范和完善，并要充分发挥失业保险基金在促进再就业中的积极作用。四是关于城市居民最低生活保障制度。完善城市居民最低生活保障制度，要探索除货币以外的其他救助方式。同时要进一步加快完善工伤保险、生育保险等制度。

第三，探索社会保障体系的新领域。一是认真解决进城务工人员社会保障问题。解决他们的社会保障问题，要考虑其流动性，制度设计要有利于积累的社会保障权益随流动而转移；社会保障项目设置应是其最关注的，避免项目过多、费率过高而造成劳动力成本上升过快。二是研究制定机关事业单位养老保险制度改革方案。要借鉴企业职工养老保险制度改革的经验，把新制度建设和处理旧制度遗留问题分开，妥善制定新旧制度转轨的过渡方式。三是有条件的地方要积极探索建立农村最低生活保障制度。我国农村目前尚无条件与城市一样全面落实最低生活保障制度。但已建立的应进一步完善；尚未建立的，应坚持从实际出发，在地方财力允许的范围内积极进行探索。四是认真研究制定应对人口老龄化的政策措施。

第四，完善社会保障体系的资金保障机制。一是加快公共财政改革步伐，增加财政的社会保障投入。二是依法划转部分国有资产充实社会保障基金，加强社会保险基金管理。三是进一步扩大社会保险覆盖面，并提高征缴率。四是逐步健全社会保障法规体系，提高社会保障法律意识，对于一些特殊行业和企业实行强制性保险。

3.2.4   强化政府对工资的宏观管理

英国、法国等市场机制发育非常成熟的发达国家，劳动生产率很高，而不同行业和岗位的工资以及水平的差距并不大，这种较低社会成本下的高产出效果，除了劳动力市场的工资水平是在一个相当完备的法律框架内完全受制于市场的供求关系外，也得益于政府在规范和引导全社会工资水平上发挥的积极作用。政府对私人部门和其他公共部门的工资管理有着成熟的经验，政府既不对企业的工资实施直接的行政干预，保持劳资双方进行工资协商的对话空间，也始终保持着对全社会的平均工资和最低工资的最终制定权。既对公共部门的工资水平作出严格的等级制度，又使公共部门的收入始终保持在全社会平均工资之上的合理增长，这种间接调控的做法不但充分保持了企业的竞争力，而且最大限度地减少了社会摩擦，增加了社会稳定。

当前我国在进行经济结构战略调整的过程中，以国有单位为主的公共部门收入分配秩序混乱的问题非常突出，工资激励不足和膨胀失控的问题同时存在，国有企业的经营者年薪制等薪酬形式仍在实践之中。政府对私人企业和整个劳动力市场以及行业工资水平的管理也有待加强，侵害劳动者权益的现象还比较严重，东部沿海发达地区出现的"民工荒"说明政府对全社会工资状况必须加强调控，从宏观上保证劳动力的合理流动和全社会工资水平的增长，缩小不同居民群体之间的收入差距。

一是加强和改善对国有企业收入分配的调控和管理。加强对垄断企业的工资收入管理和总量调控，垄断经营企业凭垄断地位和特殊条件获得的超额收益不得用于内部分配。加强对各地进行的企业经营者年薪制试点的引导和规范。

二是继续深化机关事业单位工资收入分配制度改革。理顺地区间、部门间、各类人员间工资关系，进一步规范和完善公务员工资福利制度，推进机关后勤服务社会化改革。改革公务员工资制度，规范公务员收入分配秩序，是贯彻落实公务员法的具体措施。公务员收入分配是整个社会收入分配的重要组成部分，解决公务员工资分配问题，建立科学完善的公务员薪酬制度，不仅有利于解决公务员工资分配领域存在的突出问题，理顺收入分配关系，加强公务员队伍建设和党风廉政建设，而且有利于引导和推动社会收入分配关系的调整，逐步理顺社会各方面的收入分配关系，促进全面建设小康社会和构建社会主义和谐社会。

三是严格执行和落实最低工资制度，加强行业工资指导线的发布工作。要加强对工资支付、劳动条件等方面的管理，加大对用工单位、中介机构的监督检查力度，维护农民工合法权益和劳动力市场秩序。根据产业结构调整和物价指数，及时调整行业工资指导线的制定。

四是建立政府不同部门之间的工资调控体系。发改委、劳动和社会保障部门、国资委和人事部门应明确分工，相互监督，交叉管理，加强合作，形成对工资水平的有效管理运作机制。

3.2.5　大力提倡、强化"第三次分配"

效率优先、兼顾公平的第一次分配，要在不断规范的市场机制中实现。税收等政府调控下的第二次分配则以公平为主，从而缩小初次分配造成的过大的收入和财富差距。第三次分配则是指动员社会各方面的力量，调动各方面的积极性，建立社会救助、民间捐赠、慈善事业、志愿者行动等多种形式的制度和机制，是社会互助对于政府调控的补充。第三次分配的作用是前两次分配所不能替代的。从国际经验来看，第三次分配在照顾孤寡老人、帮助残障人群、保护弱势妇女、收养孤儿、帮助失业者、贫困者、艾滋病者、行为偏差者方面，可以发挥特殊的作用。

目前，美国共有160万个非营利组织，掌握的资金有6700亿美元，占全国GDP的9%，2003年美国人捐赠2410亿美元给慈善公益机构，人均善款460美元，占当年人均GDP的2.17%。而中国目前非营利组织28万个，善款占GDP的0.05%，2002年人均善款0.92元，占当年人均GDP的0.012%。另据中华慈善总会统计，我国每年的捐赠大约75%来自国外，15%来自中国的富人，10%来自平民百姓。我国志愿服务参与率按目前4000万人计算，为3%，而美国为44%。

政府、企业、个人作为第三次分配不同类型的主体，都应该努力提高责任意识，积极参与三次分配。从政府角度，政府作为"责任引导型"第三次分配主体，要加强引导作用。第一，应该建立一套既符合国际惯例又具有中国特色的一套税收减免机制，完善三次分配的相关税收制度；第二，加强对捐赠组织的建设和政策扶持，提高慈善组织运作效率；第三，制定和完善与三次分配相关的法律、法规，加强监督和管理，促使三次分配制度化、法制化；第四，引导建立与构建社会主义和谐社会相适应的社会文化，使中国传统慈善文化个体的恻隐之心发展成为有意识、有组织的活动，强化慈善意识。从企业角度，企业作为"利益引导型"第三次分配的主体，首先，应注意提高自身形象，着意慈善计划、设计以及宣传，营造良好的社会形象；其次，应将参与公益事业作为企业文化来建设，树立与社会发展相适应的道德观念、行为准则，形成良好的企业文化；最后，应培养自身社会责任意识，树立现代企业社会价值观。从个人角度，作为"人缘情感纽带型"第三次分配主体，公民应加强自身的奉献意识、道德意识，为社会安定团结作出贡献，同时还应以自身带动他人，在全社会形成良好的文化氛围，从而形成社会整体性的高尚意识。只有各方面力量的协调参与，彼此配合，才能够实现三次分配制度的有效运行。

3.2.6　实施增加低收入者就业机会的积极就业政策

法国、北欧国家是市场机制发育完善的发达国家，但是不同社会成员之间的收入差距并不大，说明政府在制定和实施经济政策时，注重体现社会公平，缓解社会矛盾。除了社会保障制度起到的"社会安全网"作用外，积极的就业政策发挥的作用不能忽视。

我国的国情与法国、北欧不同，我国的劳动力市场处于供给绝对过剩的状态，而且存在大量低素质的农村劳动。法国、北欧政府在促进就业上的经验启示我们，要将这种沉重的人口包袱转化为巨大人力资源的关键环节之一，就是要在稳定人口政策的基础上，加强各种层次的劳动力培训，提高劳动者的素质和工作技能，才能更加充分地发挥我国劳动力的比较优势。要结合产业结构调整，优化就业结构，加大对劳动密集型产业、中小企业、非公有制经济的支持力度，不断改善中小企业的发展环境，拓宽融资渠道，扩大中小企业吸纳社会就业的能力。此外，要加强政府对劳动力市场的清理和规范，认真落实最低工资制度，坚决制止侵害劳动者权益的现象。通过实施积极的就业政策，逐步改变劳动者报酬长期偏低的分配格局，扩大中等收入者的比重，实现均衡的国民收入分享。

3.2.7　充分发挥制度在调整和规范国民收入分配中的作用

在市场化过程中，收入差距在一定程度上扩大是必然的。但市场化并不必然带来收入差距无节制的扩大。事实上上述发达的市场经济国家收入差距都明显小于我国。合理的市场制度意味着剥夺权力对资源的垄断，通过公平竞争、优胜劣汰来分配资源，通过充分竞争导致的产品和要素价格均衡化来决定收入分配格局，同时通过建立合理的社会再分配制度来对市场机制在社会收入分配方面的不足之处进行纠正。目前在我国出现的问题主要在于制度不健全，贪污、腐败、寻租、滥用职权的现象严重，使得少数人不是通过正当市场竞争，而是通过非法收入和灰色收入暴富，使收入和财富的分配偏离了正常轨道。因此，在追求经济发展效率的同时，应当高度关注社会制度和有效的社会政策的配套。"民安则富"，在工业化过程中，在促进经济发展和追求经济效率目标的同时，不能忽视社会政策的配套，这是保持经济可持续发展、保持社会稳定和保证经济增长效果的重要保证。发展市场经济要与保持有效公共政策相结合，发展市场经济要与保持相当强势的公共机构相结合。实际上，这不仅是美国、德国、北欧国家等国的经验，这也是多数工业化国家和福利国家的共同经验。另一方面，上述国家的经验也提醒我们，稳定中实现增长或发展中实现稳定，在不同的发展阶段应有不同的策略。

政府的职能应当主要是提供有效的公共产品和公共服务。上述各国的实践表明，在市场经济条件下，政府的作用应当主要体现在再分配领域的集中，而不是在生产领域。政府的主要职能是提供有效公共服务，提供好的公共产品，并为私人部门的创新提供足够的空间。这是维持社会稳定和社会公平的重要保证，也是促进经济实现可持续发展的重要条件。此外，上述各国的经验还说明，应当充分重视地方政府在提供公共服务方面的有效作用。尤其是在当前情况下，我国建立全国统一的社会保障尚存在许多困难，应当通过促进中央和地方财权、事权改革，调动和发挥地方政府的积极性，为当地提供更符合本地实际需要的服务和公共产品，促进"小政府，大社会"得以更好体现。

公开、透明的监督机制和法律制度，有利于防止权力的滥用和减少腐败。美国、北欧各国依靠公开、透明的法律制度和监督程序,促进了社会公正,有效防止了腐败和权力的滥用。我国正处在体制转轨的进程之中,一方面需要加快立法进程,通过完善法律制度来保障公民的基本权利;另一方面,更要加强执法力度,并重视建立公开、透明的监督机制,提高对权力使用的约束。

第 4 章　中国居民收入分配制度的演进

　　中国居民收入分配制度和政策演变自 1949 年以来大致经历了两个时期：一是从 1949 年新中国成立到 1978 年中共十一届三中全会前的 29 年，这个时期制度演变的趋势是生产资料的公有化和生活资料占有的平均化；二是 1978 年中共十一届三中全会至 2006 年中共十六届五中全会的 28 年，这个时期制度演变的趋势是生产资料所有制多样化和生活资料占有的多元化和差距的扩大。中国古人曾言：以铜为镜可以正衣冠；以人为镜可以知得失；以史为镜可以知兴衰。历史是一面镜子，我们用它来烛照现在和未来。因此，要理解和把握我国收入分配制度的变革，总结我国收入分配制度变迁的规律，必须对新中国成立以来我国收入分配制度演进的历史进行分析。

4.1　中国居民收入分配制度的演进过程及特点

4.1.1　中国居民收入分配制度的演进过程

4.1.1.1　传统体制下的收入分配制度（1949～1978 年）

1. 传统体制下的收入分配制度的形成及表现

改革开放前的 20 多年，中国实行的是高度集中的计划经济体制和低工资、低消费、高就业的平均主义分配模式。这种分配模式的形成离不开当时深刻的社会背景。

1949 年新中国成立直到 1956 年初，中国处于从新民主主义社会向社会主义社会的过渡时期。当时我国在经济上的特点是多种经济成分并存，公有制经济的主体地位尚未确立。所有制结构的变化必然要求打破旧中国长期以来以土地、资本私有制为基础的分配制度和分配结构，广大人民亦迫切要求废除那种"不劳而获"、"劳而不获"的分配方式，确立一种既能体现人民在政治上当家做主，又能在经济利益上惠及人民群众，并能产生巨大经济效益的新型的分配制度，从而在收入分配制度上是按劳分配尚未占主体地位的多种分配方式并存的分配结构，除在国营经济和集体经济中坚持按劳分配外，还允许在其他经济成分中实行"小自由"式的各种各样的分配方式，以求经济上的统筹发展。事实证明，新中国成立初期我国收入分配制度的这样一种设计和安排，基本上适应了当时我国生产力发展水平的特点和所有制结构的要求，因而生产就发展得比较快，国民经济也在较短的时期内得到较快的恢复和发展。"一五"时期出现的较好经济形势与这是分不开的，人民的生活水平和生活质量相对于新中国成立前也有较大的改善。

1956 年底对农业、手工业和资本主义工商业的三大改造基本完成，全国 96.3％的农户参加了各种形式的农业生产合作社，除在西藏和若干少数地区之外，个体农业户基本上已经不存在。手工业从业人员的 91％以上参加了手工业生产合作社，全国个体手工业户只剩下 54.4 万人，基本上都零星地散布在偏远山区，在全国机器工业总产值中，资本主义工业比重不到千分之一，在商业企业零售额中，私营商业只占 4.2％。据统计，各种经济成分占国民收入的比重为：国营经济占 32.2％、合作社经济占 53.4％，公私合营经济占 7.3％，个体经济占 7.1％，1957 年个体经济的比重又进一步下降到2.8%,①说明新中国生产资料所有制结构,已由多种经济成分变为基本上是单一的生产资料公有制结构。公有制经济的主体地位确立,中国进入社会主义社会。在社会主义改造中的急躁冒进情绪作用下,1958年又开始了"大跃进"和人民公社化运动。1958年5月召开的八大二次会议,正式提出"鼓足干劲、力争上游、多快好省地建设社会主义"的总路线。这条总路线反映了广大人民群众迫切要求尽快改变我国经济文化落后状况的普遍愿望。但由于它是在急于求成的思想指导下制定的,片面强调经济建设的发展速度,过分夸大人的主观意志的作用,违背了经济建设所必须遵循的客观经济规律。会后,以片面追求工农业生产和建设的高速度,大幅度地提高和修改计划指标为标志的"大跃进"运动在全国范围内开展起来。"大跃进"表现在工业方面,首先是钢产量指标的不断提高。在农业上,主要是对农作物产量的估计严重浮夸,高产卫星轮番上天。生产发展上的高指标和浮夸风,推动着在生产关系方面急于向所谓更高级的形式过渡,追求"一大二公",主观地认为农业合作社的规模越大,公有化程度越高,就越能促进生产,越能体现社会主义优越性。1958年8月,中央政治局在北戴河举行扩大会议,正式决定当年钢产量比上年翻一番,作出《关于在农村建立人民公社问题的决议》。会上,毛主席对人民公社问题作了许多讲话。指出:人民公社,一大,二公,是政社合一的组织,工农兵学商都管。这次会议把"大跃进"和人民公社化运动迅速推向高潮,以高指标、瞎指挥、浮夸风和"共产风"为主要标志的"左"的错误,严重泛滥开来。会后,人民公社在全国农村普遍建立,没有经过认真试验,短短几个月的时间就基本实现公社化。大办人民公社的过程,实际上是大刮以"一平二调"为主要特点的"共产风"的过程,在所有制问题上片面地追求"一大二公三纯",在"割资本主

---

　　① 赵德馨:《中华人民共和国经济史 1949～1966》,河南人民出版社1988年版,第384页。

义尾巴"的号召下彻底消灭残存的个体经济，形成了"三级所有、队为基础"的集体经济，农民作为集体经济的成员，也实行以按劳分配为主、兼顾平等的分配体制。社员在集体经济内部，实行大体平均的分配和有限的社会保障。在城市，建立了以国营经济、集体经济为主体包括少量个体经济的所有制结构，绝大多数就业居民变成了国家企事业单位的职工或集体企业职工，其收入完全被纳入国家统一规定的工资体系和级别中。当然，还有大量的隐性收入和福利（如低廉的房租、公费医疗），并且毫无失业的后顾之忧。这样，中国当时的所有制结构就只有全民所有制和集体所有制。与这种单一的所有制结构相适应，个人收入分配结构也是单一的按劳分配形式。实行"按劳分配"的个人收入分配制度是当时历史条件下的一种必然选择，对此我们应以历史的态度看待，但是，在后来的分配实践中，在"左"的思想影响下，忽视客观实际追求"跑步进入共产主义"，将按劳分配理解为"按需分配"，于是"按劳分配"的个人收入分配制度在公有制计划经济中搞成了"大锅饭"、"平均分配"的分配制度。

为了更清晰地勾画传统体制下收入分配制度的面貌，这里分城市和农村进行描述。

（1）城市居民的收入分配制度和政策。新中国成立初期，由于存在多种经济成分，城镇居民的收入方式也是多元化的。但是到1956年底，我国所有制结构已从过渡时期的多种经济成分并存转变为几乎单一的公有制经济。有什么样的所有制结构就会有什么样的分配制度，按劳分配也成为我国收入分配的主要甚至唯一的方式。一直到1978年，城镇劳动者主要是在全民所有制和集体所有制单位里就业，因而他们生活的主要来源是工资收入。由于在城镇的全民所有制和集体所有制中，全民所有制职工又占绝大比重（1978年，全民所有制职工人数占78.4%），且集体所有制职工的工资标准、工资等级、升级办法大体上是参照全民所有制的办法来实行的，所以，我们可以全民所有制中的工资变动过程，说明城镇居民收入分配的变化。

国民经济恢复时期，即新中国成立后的头三年里，对党政部分机关实行军事主义的供给制作了适当的调整和统一，消除了部门地区间苦乐不均和供给上又过于平均等不适应新环境的现象。当时供给制的项目包括伙食、服装、津贴三部分。按照 1952 年 2 月实行的供给标准，上述三部分合计，最高标准为 89.97 元（国家正副主席，政务院正副总理，最高人民检察院正副检察长，最高人民法院正副院长享受此待遇），最低标准为 16.53 元（工人和勤杂人民享受此标准）。1952 年 3 月起，供给制又改成"包干制"即将伙食、服装、津贴三部分合并为一项，改原来直接供应伙食、服装为全部折发成货币，取消或改变个人生活费以外的部分待遇，供给标准也随着经济发展和社会生活水平的提高予以适当上调。1954 年 6 月，调整后最高标准由原来的 87.97 元上调至 272.03 ～ 464.92 元，最低为 23.49 ～ 26.21 元。对国营企事业单位的工资制度，基本上沿袭了"原职原薪"的政策，就是对接管的官僚资本企业中的职工按照原来的工资等级制度、工资标准，一律照支日薪或稍加调整，对旧的奖励标准，劳动保险制度也加以保留，对一些新解放区结合实际，对旧工资制度中极不合理地方作了调整和改革。总之在新中国成立的头三年里，各地区的分配制度是较为混乱的。为此中共中央酝酿作一次全国性统一工资制度的改革。

1952 年新中国进行了第一次全国性的工资改革，主要内容有：第一，废除各种不同的工资计算单位。全国统一以"工资分"为工资的计算单位，并统一规定了"工资分"所占实物的种类和数量。第二，根据按劳分配原则，初步建立了工人和职员的新的工资等级制度，在国营企业中，大多数实行八级工资制，少数实行七级或六级制，职员则实行职务员等级工资制。并按各产业在国民经济中的重要性、技术复杂程度、劳动繁荣程度和劳动条件，分别确立了工资高低的产业顺序。钢铁冶炼等重工业工资标准最高，其次是电力、机器、纺织等居中；卷烟、火柴、食品等轻工业排在后面，通过这次改革,广大职工的工资收入较前提高了 15% ~20% ;并建立了国企事业单位工资制度的基本框架。

1955 年 8 月,国务院发布了《关于国家机关工作人员全部实行工资制和改行货币工资制的命令》,文件指出,在过去革命战争中曾经起过重大作用的供给制已经与今天的社会主义建设时期不相适应,因为它不符合马列主义关于"按劳分配"中的"多劳多得"和"同工同酬"的原则,该命令规定实行工资制后,工作人员及家属的一切生活费用均由个人负担,该命令还特别颁布了国家机关和事业单位行政及技术人员的工资标准,其中国家机关工作人员共分 30 个等级,最高工资 560 元,最低 18 元,两者相差 31 倍多。为解决各地区之间存在的物价差额制定了物价津贴办法,当时规定了 78 个物价津贴标准,至此,结束了新中国成立后国企事业单位中供给与工资并存的局面。

1956 年,由于经济建设取得较大成就,加之城镇职工工资过低,同时社会主义改造已基本完成,为了与计划经济体制相适应,提高城镇生活水平,中央政府决定再次进行工资改革,这次改革的原则是:第一,在发展生产、提高劳动生产率的基础上,逐步增加工资福利,即不可不增,也不可多增。把重点放在长远利益上。第二,实行按劳分配原则,即反对平均主义又反对高低悬殊,其主要内容有:取消工资分制度和物价津贴制度,直接以货币规定工资标准;调整和改进产业之间、地区之间、部门之间以及各类人员之间的工资关系,例如进一步拉大了重型企业与轻工业企业工资标准的差距;规定企业干部高于相应的机关干部;高级知识分子的工资提高得更多等,这些都反映出这次工资改革向复杂劳动和企业干部倾斜了;改进了工人的工资等级制度,使同一产业中熟练劳动与非熟练劳动,繁重劳动与轻便劳动在工资标准上有比较明显的差别;改进企业职员和国家机关工作人员的工资等级制度并进一步推行计件工资制和奖励制度,发放一定的奖金等。

1952 ~1957 年的工资制度改革,奠定了改革开放前城镇居民工资制度的基础，通过改革，使得职工平均工资水平得到较大的提高，1957 年与 1952 年相比，全民所有制单位职工的平均收入由 446 元增加到 637 元，增长了 42.8%，扣除物价因素，实际工资从 446 元增加到 581 元，增长了 30.3%，平均增长 5.4%。[①] 为了尽可能节省工资支出，各个工资级别之间的差距很小，1956 年全国工资改革以后生产工人最高级别工资相当于最低级别工资的倍数最大的是当时三机部所属企业，为 3.39 倍，最小的是当时轻工业部所属的晒盐企业，为 1.84 倍[②]。同时，这一时期的工资改革，在中国开始形成了由国家统一制定工资等级和标准的分配制度，其工资收入已经在很大程度上与企业经济效益脱钩，而趋于统一和平均化。1957 年后，在"大跃进"和"文革"时期，在"左"的指导思想的影响下，我国城镇收入分配的格局没有大的变动。

这一阶段我国工资制度的形成基本是模仿苏联经济体制的结果。由于新中国成立初期缺乏社会主义建设的经验，因而在体制构造、政策和策略的抉择上基本上都是仿效苏联，其中就包括对苏联产品经济体制和分配模式的全盘接受。于是，在工资方面，也建立起了以高度集权管理为特征，以计时等级工资为主的工资制度。从理论上概括这套工资制度的特征如下：第一，分配主体是社会或国家。全国是一个统一的分配单位，实行全社会单一层次的、直接的按劳分配。第二，劳动者耗费在产品生产上的劳动通过计划机制直接表现为社会劳动，即不通过商品交换而直接通过社会定额以社会劳动时间作为收入分配的依据。第三，分配原则名义是按劳分配，实际上不是坚持按劳分配的平等，并把"低工资、高就业、泛福利"作为宏观分配的政策目标加以体现和贯彻。第四，分配管理制度是高度集权型。国家统一规定工资制度、等级、标准，增资时间、幅度、范围和条件等，企业、地方无分配自主权。

---

① 国家统计局：《伟大的十年——中华人民共和国经济和文化建设成就的统计》，人民出版社 1959 年版，第 36 页。
② 胡书东：《中国财政制度变迁研究》，博士研究生学位论文（学号：19762801）。

在收入水平很低的情况下，实行相对平均主义的工资制度，有利于保持社会的稳定。

（2）农村居民的分配制度和收入水平。农村居民的分配制度在改革开放以前的 29 年里，由于各时期发展特征的变化，导致分配制度相继变换。首先是新中国成立前后土地改革时期，这次土地改革的彻底性是空前的，它不仅彻底消灭了地主土地所有制，将农村居民变成了几乎清一色的个体经济（富农经济已经微不足道），使得过去因地租过重而导致的地主阶级与农民阶级收入悬殊、大部分农民衣不蔽体、食不果腹的现象不复存在，而且广大贫雇农还通过没收并分配地主多余的生产和生活资料，改善了生产和生活条件。土地改革以后，由于党在农村实行了鼓励互助合作、抑制富农经济的政策，农村的贫富分化并不像过去宣传的那样严重，而是出现了比较明显的"中农化"趋势，农村内部以及城乡之间的收入差距都明显缩小。然后是 1953～1956 年间的农业社会主义改造运动时期。在此期间，中国农民从几乎清一色的家庭经营的个体经济转变为生产资料归集体所有、进行集体生产经营、按劳分配的高级生产合作社，合作社的规模一般在 100 户左右，相当于后来的人民公社的生产大队。在初级合作社，每年的农林牧畜渔业等收入，首先归集体所有，在补偿生产资料的消耗部分，扣除缴纳给国家的农副业税和支付给国家银行贷款的利息，提留一定的公积金、公益金和管理费用后，其余部分分给社员个人，分配的原则一般是按社员入股的生产资料（土地和其他的生产工具等）和劳动情况予以分配，土地和其他生产资料所占的分配比重不大，一般控制在分配总额的 20% 以内，劳动所占的分配额较大，其分配方式和标准一般为"工分制"，即劳动记工，按工分的多少进行分配。工分，是社员劳动计量的尺度和进行个人分配的依据。它一方面是用来反映劳动者劳动的数量、强度、技术含量，并最终折合成可比的总量。另一方面，它又是分配的依据，社员取得的工分越多，从合作社得到的实物和现金分配就越多。1956 年大多数初级社过渡到高级社后，生产资料参与分配的制度被取消，合作社内部开始实行完全的工分制，这种制度表面上实行的是按劳分配，其实在实践中搞一刀切式的平均主义分配。之后是 1958 年人民公社运动时期。从 1958～1960 年，全国迅速实现了由高级社向"一大二公"的人民公社的过渡。所谓"一大"，是指规模大，多数是一乡一社，人口在 2 万人左右，甚至有一县一社的；"二公"是指公有化程度高，人民公社不仅实行生产资料的公有制，甚至实行了部分生活资料的公有制。初期成立的人民公社，提倡实行粮食供给制和工资制相结合的分配方式，粮食分配实行供给制，是按人头和有关标准将粮食无偿分给社员家庭，开办了公共食堂的则直接分到食堂，社员在食堂吃饭不要钱。有的公社不仅包吃饭，还对社员其他消费也实行供给制，如河南省七里营人民公社实行"十六包"：包吃饭、包穿衣、包医疗、包学习、包婚丧娶嫁等，在供给制外，另外每月还发一定的工资。再者就是 1961～1962 年人民公社体制调整时期。1961 年以后，中共中央下决心对难以为继的人民公社体制进行调整，将"一大二公"改变为"三级所有、队为基础"（生产队的规模一般维持在 30 户左右，相当于初级社的规模），取消了公共食堂，恢复了农民的自留地和家庭副业。这就是一直延续到改革开放前的"政社合一"、集体生产经营、按劳分配的人民公社体制，这种体制再与户籍制度、国家对农副产品的统购统销制度和政策相配合，就使得农民基本上被束缚于农业和集体生产中，不仅其分配制度受到国家的严格控制（例如国家规定公积金、公益金、社员分配的比例，生产队留粮标准），而且通过掌握工农业产品价格和购销，控制了农民的收入水平和消费水平。

　　"文化大革命"期间，受极"左"思潮影响，在农村的部分地区曾经出现过"扩社并队"按"政治思想"评工分、"减少自留地"和"割资本主义尾巴"等现象，但是这种尝试遭到农民普遍抵制，中央也没有积极支持，故没有普遍推广。

　　农村居民的收入分配虽然也像城市居民的收入分配一样呈现单一化、固定化和平均化的特点，但与城市居民的收入分配制度有很大不同，因为国家基本上不对农民提供生活补贴、社会保障和福利。另外，农民的收入分配以生产队为单位，与城市居民相比也更为平均。因为农民不存在工资等级，而是在生产队里评工分，然后凭工分从集体获得分配，但是由于绝大多数农村收入水平尚处于解决"吃饭"问题阶段，为了保证人人有饭吃，对于主要农产品就不得不实行按人头来定量分配。农民除了来自集体经济的收入外，还有相当部分是来自自留地和家庭副业的收入，这部分收入一般要占农民家庭总收入的 1/3 左右，成为高积累、低效率的人民公社体制的重要支撑。

2. 传统体制下的收入分配制度的特点

我国传统体制下的分配制度，主要呈现出以下特点。

第一，在收入分配上搞固定工资制和共产主义的供给制，这在个人收入分配的实践中带有浓厚的平均主义色彩。1958 年开始了"大跃进"和人民公社化运动，大刮"一平二调"的共产风。个人收入在农村实行平均主义的工分制，在城市实行固定的八级工资制。甚至到后来把工业企业中的计件工资和奖金都全部废除了，农村中的评工记分和按定额计工资也不实行了，搞了一个时期吃饭不要钱的供给制，还喊出"放开肚子吃饭，鼓足干劲生产"口号，最后发展到穿衣、治病、上学、看戏等都不要钱。有的公社采用"十包""八包"（包吃、穿、婚、丧、嫁、娶等）的办法进行分配，一切生活和福利事项概由公社包下来，以扩大"共产主义因素"。有的甚至拆掉家庭灶台，没收锅碗瓢盆，社员的口粮全部拨到食堂，开大锅饭，不定量，男女老幼，不论远近一律到食堂吃饭。这股风曾被一些人吹捧为"共产主义的萌芽"。

当时城市中的八级工资制是以工人的技术水平标准来划分的，即以工人的潜在劳动来分配，加上奖金的发放是人人有份。于是，工人的收入与实际工作的贡献并不挂钩，职工的工资收入又与企业的实际经济效益分离，于是导致了两个大锅饭的产生：职工吃企业的大锅饭、企业吃国家的大锅饭。农村的按劳分配则是通过工分制来执行。分男女劳动力和出工率评价。结果出工一窝蜂、出勤不出力，劳动积极性缺乏。当时的分配制度并未真正执行按劳分配的要求，而是一种极端的平均主义分配制度。

严重的平均主义是计划经济体制下我国个人收入分配一个最大的特点。对此，我们可以引用基尼系数说明。尽管学术界对我国改革开放之前的基尼系数的研究结果不尽相同，但据王春正主编的《我国居民收入分配问题》中的研究。1978 年中国城镇居民收入基尼系数为 0.16。[①] 其他的研究与此相近，基本上是在 0.2 以下，农村基尼系数为 0.21～0.24 间，而且在改革开放以前的近 30 年时间，这样的平均主义分配格局基本上没有什么变化（保持着相对稳定）。在农村基本上是按人头分配，城镇居民的广就业低收入使这一格局一直保持着相对稳定。

第二，在分配中强调劳动否认资本作用。在传统体制下，划分资本主义制度和社会主义制度的一大区别就在于分配制度上的不同。资本主义社会实行按资分配，存在剥削。这与社会主义要求的按劳分配是大相径庭的。前者强调资本面前人人平等，后者强调劳动面前人人平等。资本参与分配被认为是离经叛道，于是出现国家对企业无偿供给资本，个人不能拥有资本和利用自有资本获得收入的机会。

国家与企业之间实行国家对企业无偿供给资本。改革以前，国有企业的资本金都是由国家财政注入的，企业生产经营的资金完全由国家无偿调拨，实行资金供给制，银行资金也完全是国有资金，也实行无偿调拨，所以也就不存在债务问题，更不存在债务危机问题。企业的资本自我投入机制和资金注入的再生机制缺乏，企业对生产经营所需的资金具有对政府和银行的完全依赖，导致企业完全没有最起码的经营观念和经营行为，效率低下。

---

① 王春正主编：《我国居民收入分配问题》，中国计划出版社 1995 年版，第 34 页。

个人不能拥有资本和利用自有资本获得收入的机会。受极"左"路线的影响，在改革开放前的一段岁月，认为资本是专属于资本主义社会的产物，资本与剥削是划等号的。而社会主义社会就是要消灭剥削、消灭压迫。于是，从公私合营到人民公社，从人民公社到割资本主义尾巴，都为的是破除剥削、消灭资本存在的土壤。在社会主义社会，唯有劳动是创造价值的源泉，其他的生产要素都是通过劳动的作用，使其原有的价值转移到新的产品中，而这些生产要素的价值不应发生变化，因而也不会存在报酬之说。当时生产资料属于全民所有或集体所有，个人不能占有任何生产资料，只能通过劳动参加分配，从而从理论和实践上否认了个人可以通过占有资本来取得职能收入的可能性。

虽然在旧体制下，强调劳动的作用，但是，在具体分配过程中却存在对劳动的"四重四轻"倾向。一是重体力劳动，轻脑力劳动。本来劳动是既消耗体力，也消耗脑力的。但马克思在分析人类社会劳动过程时说，"正如在自然机体中头和肌肉组成一体一样，劳动过程把脑力劳动和体力劳动结合在一起了。后来它们分离开来，直到处于敌对的对立状态。"[1] 大工业"把科学作为一种独立的生产能力与劳动分离开来，并迫使它为资本服务。"[2] 因为当时劳动者缺乏受教育的能力和机会，只能以体力劳动为主。脑力劳动成为少数人的专利。虽然他们也是劳动者，有的甚至是"脑力无产阶级"，但是，客观上他们的劳动是为资本家加强剥削服务的。这种劳动的对立，甚至发展成为工人与知识分子的对立。新中国成立之初，就沿用了马克思的这种界定方法，曾把知识分子划入资产阶级营垒，又发生了主要整知识分子的"反右"运动，一直到"文革"当中，把他们划入"臭老九"行列。对脑力劳动的艰巨复杂程度，对科技工作在价值创造中的贡献度，估计不足，与其劳动贡

---

[1]　马克思：《资本论》第一卷，人民出版社 2004 年版，第 555 页。
[2]　马克思：《资本论》第一卷，人民出版社 2004 年版，第 400 页。

献相适应的报酬更无从体现。二是重直接生产劳动，轻经营管理劳动。在社会主义劳动中，经营管理劳动与生产工人的劳动之间不用存在对立，它们只是分工的不同。但是，我们长期以来把经营管理劳动混同于普通的直接生产劳动，把企业的经营管理者混同于普通的党政干部，以为谁都能干。结果导致我们企业经营管理水平低下，外行领导的现象比比皆是。三是重活劳动，轻物化劳动。马克思的分析告诉我们，无论是一般劳动过程还是资本主义劳动过程，活劳动和物化劳动都是财富或使用价值的源泉，而使用价值又是价值的物质承担者。所以，没有物化劳动的参与，单凭活劳动，也创造不出价值来。诚然，物化劳动只能转移旧价值，不创造新价值。但是，物化劳动作为价值形成要素，对新价值的创造起着巨大的促进作用。我们过去对马克思的这些论述重视不够，相反过于看重了物化劳动作为资本与活劳动相对立的一面，而忽视了它在价值创造中的巨大作用。四是重有形物质生产劳动，轻无形服务劳动。长期以来，我们对马克思"生产劳动"概念存在片面理解，认为服务性劳动不创造价值而不予重视。重生产、轻流通、轻服务，直接导致我国第三产业的发展严重滞后。

第三，分配向城市居民过度倾斜，忽视农村居民利益，分配领域存在大量的不平等因素。城乡分割分治、城市偏向体制是中国式传统计划经济的一个根本特征。这一体制由体现城乡不平等交换的农产品统购统销制度、严禁农民自由迁入城市的户籍制度及差别极大的城乡社会保障及福利制度、农村人民公社制度和既保障又束缚市民的城市企事业单位制度等所构成。它是中国经济社会发展落后、人多地少、农村剩余劳动力过多的特殊国情与高度集中的计划经济制度、重工业优先发展战略相结合的产物。这种二元经济结构一方面对重工业给予特殊的发展政策；另一方面则对农业实行相对限制的政策，其结果是在分配上过度向城市居民倾斜。新中国成立之后，农村应当成为发展的重点。但是，由于工业化的需要，在相当长的时期内，农村不仅未能成为发展的重点，而且还背负着为工业化积累资本的重任。主要表现在以下几个方面。

首先，工农业产品"剪刀差"，是以损害农民的利益为代价实现工业的积累的。剪刀差是指工农业产品交换中工业品长期高于其价值，农产品长期低于其价值的一种状况。新中国成立后我国农民所承受的剪刀差隐性负担是很重的。关于国家从实行粮食统购统销开始到取消统购统销制度，国家通过工农产品剪刀差从农民手里取得多少钱的问题，官方没有给出正式的数据，下面列出一组研究者根据不同计算口径测算出的剪刀差额度数据，从中可以看出农民所承受的这种剪刀差隐性负担是很沉重的。[1]

——凌志军认为，农村工业化的税收政策，以及工农产品价格的剪刀差方式，从农村拿走了大约 6000 亿元人民币。

——发展研究所综合课题组估计，30 年来在农产品的价格剪刀差形式内隐藏的农民税负高达 8000 亿元。

——王梦奎认为，从 1952 年到 1986 年，国家通过工农业价格剪刀差从农业拿走 5823.74 亿元，年平均为 200～300 亿元。

——仲大军推算，从 1952 年到 1986 年，国家通过"剪刀差"从农业中隐蔽地抽走了 5823.74 亿元，加上收缴的农业税 1044.38 亿元，34 年间国家从农业抽走了 6868.12 亿元，约占这些年农业所创造价值的 18.5%。

——有关部门测算，1951～1978 年间，通过工农业产品价格剪刀差形式，国家从农民手里拿走了 5100 亿元。

——雷锡易等人认为，从 1952～1978 年，中国农业通过剪刀差方式向工业转移的剩余超过 6320 亿元，加上农业税贡献共计 7264 亿元。扣除国家给农业的发展、建设等方面的资金 1730 亿元，农业实际向工业净提供资金 5534 亿元，平均每年 205 亿元。

——著名"三农"问题专家陈锡文认为，从 1953 年实行农产

---

[1]　转引自巴志鹏：《建国后我国工农业产品价格剪刀差分析》，载《临沂师范学院学报》，第 27 卷第 2 期，第 59～61 页。

品的统购统销到 1985 年取消统购统销期间，农民对工业化的贡献大约是 6000 亿~8000 亿元。即国家通过工农业产品价格剪刀差无偿从农民手里拿走了 6000 亿~8000 亿元资金。

——江苏省农调队课题组认为，通过人为地实行工农产品的不等价交换，1978 年以前国家从农民手中拿走大约 6000 亿元，年均240 亿元。仅江苏一个省，1978 年以前就被剪刀差剪去农业剩余400 亿元，相当于这一时期江苏省农民纯收入的 1/3。

我国通过剪刀差政策对农业剩余的过度抽取，在一定时期内加速了工业化进程。但由于剪刀差从根本上违背了价值规律，且幅度过大、时间过长，导致了农民利益的损失，拉大了城市与农村收入上的差距，也给我国农业乃至整个国民经济的发展带来了严重不良后果。

其次，分配领域的不公平还体现在具有极强歧视性的大量政府福利补贴，这种补贴是为了改善居民生活水平而由政府财政支出的。据分析，职工工资性货币收入在城镇居民的总收入中只占44.42%，补贴部分折合成货币性的收入占总收入的 39.08%。但是只有占全国人口极少数的城镇的居民才有资格享受，占全国人口绝大多数的农村居民是享受不到的，它对于同样贫困甚至更加贫穷的广大农村居民来说是极不公平的。

最后，分配领域的不公平还体现在城乡之间、行业之间、区域之间存在比较大的收入差距。1957 年，城镇居民家庭人均生活费收入为 235.44 元，农村居民家庭人均纯收入为 72.95 元，前者是后者的 3.23 倍。之后，城乡居民收入差距虽有一定的缩小，但其速度是相当慢的。至 1978 年，我国城镇居民家庭人均生活费收入与农村居民家庭人均纯收入之比为 2.37∶1，仍基本上保持在 20 世纪60 年代初期的水平上。[1] 在不同行业之间收入差距也存在着。1978

---

[1] 张军扩、侯永志、宣晓伟：《我国城乡差距、农村内部差距形成的原因》，载《国研报告》2007 年 1 月 26 日。

年，全国职工平均工资为 615 元。最高工资行业前三名分别为电、建、地（电——电力、煤气、水的生产供应业；建——建筑业；地——地质勘探与水利管理业）；最低工资行业前三名则是服、农、商（服——社会服务业；农——农、林、牧、渔业；商——批发零售贸易、餐饮业）。最高工资行业与最低工资行业工资差为 458 元，最高工资行业与最低工资行业工资比 2.17，最高工资行业工资与各行业平均工资差为 235 元，最高工资行业工资与各行业平均工资比 1.38。[①] 以省计算的人均国内生产总值和人均收入基尼系数可以反映地区之间发展不平衡及其变化趋势。这种地区差距在东部、中部和西部地区之间表现得更加显著。1978 年东部地区的人均国内生产总值比全国平均水平高 34.9%，而中部地区和西部地区分别比全国平均水平低 15.9% 和 29.4%[②]。这些差距是由于当时的体制和历史方面的原因所造成的，并且这种差距在不同时期有不同的变化。

3. 传统体制下的收入分配制度的弊端

1978 年以前以城乡二元体制为基础、以平均分配为特点的分配制度，随着时间推移，传统的收入分配制度也越来越暴露出一系列弊端，严重阻碍了中国经济的持续、稳定、有效增长。

从微观企业的角度考察，这种收入分配制度逐渐强化了平均主义效应。在初期阶段，收入分配更多具有追求平等的成分，随着收入差别（名义工资收入）逐渐缩小，最后转化为八级制，其平等效应转变为平均效应。传统的收入分配制度必然导致个人收入水平和收入增长极其缓慢，收入激励功能逐步弱化，并逐渐形成一种"干多干少都一样，干好干坏一个样"的心态与"出工不出力"的搭便车行为滋长蔓延。正如邓小平所说："过去搞平均

---

① 李迎生：《城市居民收入分配现状的社会学分析》，载《社会学视野网》2007 年 4 月 18 日。

② 蔡昉：劳动力流动对市场发育、经济增长的影响，http：//www.39.net2004 - 01 - 14。

主义，吃'大锅饭'，实际上是共同落后，共同贫穷，我们就是吃了这个亏。"

从个人角度考察，这种收入分配制度从收入源头上限制了个人对自身与家庭的人力资本投资。因为收入水平低，缺乏大规模、多样化人力资本投资的能力，加上教育的福利化，等级制供给绝非个人所能左右。同时，这种收入分配制度也从导向上抑制了个人、家庭的人力资本投资。既然每个人能力大小、知识高低、技术差异等对人们的收入高低没有多大影响，那么，在从事工作之前，自己花钱、费神、进行人力资本培育就得不偿失。因此，这种收入分配机制，抑制了人力资源的开发，造成企业劳动者素质下降，对经济发展有严重的负面影响。

从国民经济增长角度来看，这种收入分配制度造成居民消费水平增长极缓，消费需求结构长期凝固不变，难以拉动国民经济持续、协调、稳定增长，经济增长只能依靠重化工业、军事工业的封闭循环拉动。周期性国民经济比例失调，大起大落的经济震荡不断袭击中国经济增长。

改革开放前居民的收入分配呈现低水平、单一化和平均化的特点，固然有所有制结构和毛泽东等第一代领导集体选择传统社会主义的原因，但却是当时在人口多、底子薄、资金少的条件下，推行工业化"赶超战略"难以避免的结果。实行"赶超战略"有三个条件：一是最大限度地提取剩余，主要投入到重工业中，以建立独立的工业体系。二是高度的集权化和计划化，以便于集中资源配置，低成本地保证第一个条件。既然要最大限度地提取剩余，即最大限度地提高积累的比例，那么消费的比例必然要压缩到最低，居民的低收入水平因此也就是必然的。三是高积累、低消费条件下实现社会稳定。在当时生产力水平下，高积累、低消费政策最多只能保证人民的温饱，只有实行"平均"的分配方式，才能保证全体人民的生存和社会安定。

4.1.1.2　改革以来的收入分配制度变迁（1978～2006）

1. 个人收入分配制度改革的指导思想

（1）坚持按劳分配、打破平均主义。按劳分配是社会主义的基本分配原则，坚持社会主义必须坚持按劳分配。但在 20 世纪 50～70 年代末，这一原则被曲解了，没有得到认真贯彻，在实际生活中，这一原则也遭到严重的破坏，因此要打破平均主义分配方式，首先必须在理论上确立按劳分配这一基本分配原则。1977～1978 年间，针对长期以来将按劳分配看成是"资本主义因素"，是"产生资本主义和资产阶级的经济基础和条件"的谬论，经济理论界首先进行了正本清源。1978 年 5 月《人民日报》发表了题为《贯彻执行按劳分配的社会主义原则》的特约评论员文章，着重分析了按劳分配的性质和作用，按劳分配不仅不是"生产力发展的障碍"，而且是最终消灭一切形式的资本主义和资产阶级的重要条件，是促进社会主义阶段生产力发展的重要力量。同年 5 月，国务院发布《关于实行奖励和计件工资制的通知》，正式恢复了已经停止实行十多年之久的奖励制度和计件工资制度，并通过试点逐步扩大。随后，国务院及其所属综合部门重新发布或修订了发明奖励条例、技术改进奖励条例等，拉开了我国分配制度改革的序幕。

（2）让一部分人先富起来带动共同富裕。1978 年 12 月，我国改革开放的总设计师邓小平作了重要讲话，这个讲话实际上是即将召开的党的十一届三中全会的主题报告，他说："我们坚持走社会主义道路，根本目标是实现共同富裕，然而平均发展是不可能的。过去搞平均主义，吃'大锅饭'，实际上是共同落后，共同贫穷，我们就是吃了这个亏。"改革首先要打破平均主义，打破"大锅饭"，[①] 邓小平多次发表关于让一部分人先富起来的讲话："一部分

---

① 邓小平：《邓小平文选》第 2 卷，人民出版社 1994 年版，第 152 页。

地区、一部分人可以先富起来，带动和帮助其他地区、其他的人，逐步达到共同富裕。"① "我们的政策是让一部分人、一部分地区先富起来，以带动和帮助落后的地区，先进地区帮助落后地区是一个义务。"② "我的一贯主张是，让一部分人、一部分地区先富起来，大原则是共同富裕。一部分地区发展快一点，带动大部分地区，这是加速发展、达到共同富裕的捷径。"③ 邓小平的这些讲话，尖锐地指出了高度集中的计划分配制度和由此造成的严重平均主义、"大锅饭"分配方式阻碍了国民经济的发展，并明确提出了要允许一部分人、一部分地区和一部分企业依靠勤奋劳动和合法经营而先富起来，这是一个大政策的转变，要做到这一点，就必须对我国旧的分配制度进行根本的改革。

（3）反对两极分化，实现收入公平分配。邓小平曾指出，"社会主义最大的优越性就是共同富裕，这是体现社会主义本质的一个东西，如果搞两极分化，情况就不同了，民族矛盾、区域间的矛盾就会发展，相应的中央和地方的矛盾也会发展，也可能出乱子"，④经过分配政策的改革，平均主义倾向得到有效控制，但出现了收入悬殊这种新收入分配不公的现象。在社会主义初级阶段，社会成员之间收入存在一定的差距是必然的，但如收入水平差距过大，就会造成多个方面严重后果。因此在推进个人收入分配改革的过程中，有必要明确反对两极分化，实现收入公平，合理分配的指导思想，需要国家通过财政，税收杠杆等手段来干预和调节，最终能达到共同富裕。

2. 转型期收入分配制度变迁经历的阶段

（1）1978～1992年收入分配制度的变化。

---

① 邓小平1985年10月23日会见美国时代公司组织的美国高级企业家代表团时讲话。
② 邓小平1986年3月28日在会见新西兰总理朗伊时讲话。
③ 邓小平1986年8月19～21日在天津听取汇报和进行视察的过程中讲话。
④ 中共中央财经领导小组办公室编：《邓小平经济理论学习纲要》，人民出版社1995年版，第43页。

　　第一阶段：1979～1986 年。先富思想的提出与农村分配制度的突破；在城市，开始了国有企业的改革。

　　这一阶段我国首先在农村实行了家庭联产承包责任制。实行这一制度，一方面是农业经营体制的根本性改革，即由原来的集体经营转变为家庭经营，家庭成了基本的农业经营单位。另一方面，它的更大的实际意义在于改革了农村集体经济的分配方式，即由原来的集体统一按照"工分制"进行分配逐渐演变为按"大包干"方式分配，相对于"工分制"来说，"大包干"分配方式的特点与优越性在于：首先，克服了"工分制"平均主义的弊端，联产承包制将农户的责、权、利结合起来，产品和产值成为衡量农户劳动数量、质量和收入的基本尺度和统一标准，农民收入与劳动数量和质量直接联系起来。其次，克服了"工分制"实物分配的缺陷，伴随农副产品统购统销制度的改革和农副产品市场的发育，农副产品大量进入市场，农民劳动收入的货币化程度提高，并成为农民主要的货币收入。最后，减少了分配环节，降低了分配成本，在"大包干"体制下，"缴够国家的，留够集体的，剩下都是自己的"分配方式，成了农村贯彻按劳分配原则的一种实现形式。那种生产队按工分分配的烦琐程序减少了，记工评分中的争吵没有了。实践证明，家庭联产承包责任制的实行，极大调动了广大农民的生产经营积极性，农业生产力得到迅速的恢复和发展，农民收入也得到迅速的提高。根据农民家庭收支抽样调查资料，1957～1978 年间，农民家庭人均全年纯收入的收入由 72.95 元增长到 133.57 元，21 年仅增长 83%，平均增长率仅为 2.9%。1978～1991 年，农民家庭人均纯收入增长到 708.55 元，13 年间增长 430%，平均递增 13.9%，人均全年总收入由 1978 年的 151.79 元增长到 1991 年的 1046.1 元，增长 589%。平均增长了 175%。农民的收入结构也发生了变化，由单一的集体收入转变为多种途径的收入，如乡镇企业的带动，农贸市场的进一步开放都促进了农民收入的增长。

　　在城市，开始了国有企业的改革。国有企业改革的第一阶段即

"放权让利"，在企业分配制度方面下放了企业决定职工工资的自主权，在企业内部扩大工资差距，拉开档次。一是企业职工奖金由企业根据经营状况自行决定，国家只对企业适当征收超限额奖金税。二是采取必要的措施，使企业职工的工资和奖金同企业经济效益的提高更好地挂起钩来。三是在企业内部，要扩大工资差距，拉开档次，以充分体现奖勤罚懒、奖优罚劣，充分体现多劳多得，少劳少得，充分体现脑力劳动和体力劳动，复杂劳动和简单劳动、熟练劳动和非熟练劳动、繁重劳动和非繁重劳动之间的差别。当前尤其要改变脑力劳动报酬偏低的状况。国家机关和事业单位实行以职务工资为主的结构工资制，使工资同本人的职务、责任和业绩联系起来，以此为指导原则，从 1977 ~ 1991 年间，城镇职工工资进行了 8 次调整，即 1977 年的全面调资，1979 年的分地区调整物价补贴，1981 年的对小学教师和医疗卫生行业的工资调整，1982 年对国家机关和科教文卫等事业单位的工资调整，1983 年的企业工资结构调整，1988 年的中小学教师的工资调整，1989 年的机关事业单位的工资调整，1991 年的增加机关工龄津贴等。通过工资制度改革，开始打破平均主义"大锅饭"，刺激了劳动者的积极性。

不过这一阶段个人收入分配制度在理论上并未取得重大突破，仍然只强调贯彻"按劳分配"原则，没有提出其他的分配原则，但已引起社会观念的巨大变化，客观上对经济发展起到了很大的促进作用。

第二阶段：1986 ~ 1992 年。这一阶段我国的个人收入分配制度在理论上开始了第一次创新，即党的十三大报告提出了社会主义初级阶段理论。在收入分配问题上取得了重大的突破。具体来讲，有以下五点：第一，"我们必须坚持的原则是，以按劳分配为主体，其他分配方式为补充，除了按劳分配这种主要方式和个体劳动所得以外，企业发行债券筹集资金，就会出现凭债权取得利息；随着股份经济的产生，就会出现股份分红，企业经营者的收入中，包含部分风险补偿，私营企业雇用一定数量劳动力，会给企业主带来部分非劳动收入"。第二，这些非劳动收入，"只要是合法的，就应当允许"。第三，"我们的分配政策，既要有利于善于经营的企业和诚实劳动的个人先富起来，合理拉开收入差距，又要防止贫富悬殊，坚持共同富裕的方向，在促进效率提高的前提下体现社会公平"。第四，"对过高的个人收入，要采取有效措施进行调节，对以非法手段牟取暴利的，要依法严厉制裁"。第五，"当前分配中的主要倾向，依然是吃大锅饭，搞平均主义，互相攀比，必须继续在思想上和实际工作中加以克服，凡是有条件的，都应当在严格质量管理和定额管理的前提下，积极推行计件工资制和定额工资制"① 这一理论突破开始了我国个人收入分配制度的重新构建，各种除按劳分配外的、合法的劳动收入、资本收入、经营收入等得到允许和保护。十四大提出以按劳分配为主体，其他分配方式并存的制度以及效率优先兼顾公平的原则。十四大提出，"在分配制度上，以按劳分配为主体，其他分配方式为补充，兼顾效率与公平，运用包括市场在内的各种调节手段，既鼓励先进，促进效率，合理拉开收入差距，又防止两极分化、逐步实现共同富裕。"② 在党的代表大会中，十四大还把深化分配制度改革，作为加速改革开放、推动经济发展和社会全面进步的一个主要完成任务之一，并要求加快工资制度改革，逐步建立起符合企业事业单位和机关特点的工资制度与正常的工资增长机制。十四大提出，"在分配制度上，以按劳分配为主体，其他分配方式为补充，兼顾效率与公平，运用包括市场在内的各种调节手段，既鼓励先进，促进效率，合理拉开收入差距，又防止两极分化、逐步实现共同富裕。"③

（2）1993～2006 年收入分配制度的变化。第一阶段：1993～1996 年。这一阶段我国的个人收入分配制度实现了第二次理论突

---

① 中共中央文献研究室主编：《中共十三届四中全会以来历次全国代表大会中央全会主要文献总编》，中央文献出版社 2004 年版，第 136 页。
②、③ 中共中央文献研究室主编：《中共十三届四中全会以来历次全国代表大会中央全会主要文献总编》，中央文献出版社 2004 年版，第 137 页。

破,即党的十四届三中全会通过的《关于建立社会主义市场经济体制若干问题的决定》。在《决定》中,对同社会主义市场经济体制相适应的个人收入分配制度作了详细的阐述,提出了如下基本原则:第一,"个人收入分配要坚持以按劳分配为主体,多种分配方式并存的制度。"这种把多种分配方式作为与按劳分配方式长期共存的制度确定下来,而不仅仅是按劳分配方式的一种补充。这是因为:一是生产力发展状况是决定我国实行以按劳分配为主体、多种分配方式并存的终极原因。我国现阶段的国情,在分配领域里,既不能实行单一的平均分配,又不能实行单一的按劳分配,更不能实行按需分配,而只能实行多种分配方式并存的分配制度。二是公有制为主体,多种所有制经济共同发展的基本经济制度,是决定我国实行以按劳分配为主体、多种分配方式并存的根本原因。三是实行按劳分配为主体、多种分配方式并存的分配制度,是社会主义市场经济的内在要求。市场的作用是对资源的配置起基础性的作用,各种要素按贡献分配是市场经济的内在要求,在市场上除劳动以外,资本、技术、管理等要素同样参与了生产,应同样得到报酬,才能充分调动广大劳动者的生产积极性。这是我国政府政策文件中第一次使用"生产要素分配"概念,从而使按生产要素分配不仅在实践上而且在理论上得以承认和确定。第二,个人收入分配要"体现效率优先,兼顾公平的原则",这也是首次提出了在处理公平与效率的关系上应坚持的原则。第三,在社会主义市场经济条件下,"劳动者的个人劳动报酬要引入竞争机制,打破平均主义,实行多劳多得,合理拉开差距"。第四,"坚持鼓励一部分地区一部分人通过诚实劳动和合法经营先富起来的政策,提倡先富带动和帮助后富,逐步实现共同富裕"。第五,"建立适应企业,事业单位和行政机关各自特点的工资制度与正常的工资增长机制,国有企业在职工工资总额增长率低于企业经济效益增长率,职工平均工资增长率低于本企业劳动生产率增长的前提下,根据劳动就业供求变化和国家有关政策规定,自主决定工资水平和内部分配方式"。第六,"行政机关实行公务员制度，公务员的工资由国家根据经济发展状况并参照企业平均工资水平确定和调整，形成正常的晋级和工资增长机制"。第七，"事业单位实行不同的工资制度和分配方式，有条件的可以实行企业工资制度"。第八，"国家制定最低工资标准，各类企事业单位必须严格执行"。第九，"国家依法保护法人和居民的一切合法收入和财产，鼓励城乡居民储蓄和投资，允许属于个人的资本等生产要素参与收益分配"。第十，"逐步建立个人收入应税申报制度，依法强化征管个人所得税，适时开征遗产税和赠与税，要通过分配政策和税收调节，避免由于少数人收入畸高形成两极分化"。第十一，"对侵吞公有财产和采取偷税抗税、行贿受贿、贪赃枉法等非法手段牟取收入的要依法惩处"。①

　　第二阶段：1997~2002 年。这一阶段我国的个人收入分配制度实现了第三次理论突破，党的十五大报告对我国个人收入分配制度又进一步作出重大改进。报告在第五部分即经济体制改革和经济发展战略中，专门阐述了完善分配结构和分配方式问题，报告提出了一系列重要观点，第一，"坚持按劳分配为主体、多种分配方式并存的制度"。第二，"把按劳分配和按生产要素分配结合起来，坚持效率优先，兼顾公平"。第三，"依法保护合法收入，允许和鼓励一部分人通过诚实劳动和合法经营先富起来，允许和鼓励资本、技术等生产要素参与收益分配"。第四，"取缔非法收入。对侵吞公有财产和用偷税逃税，权钱交易等手段牟取利益的，坚决依法惩处"。第五，"整顿不合理收入，对凭借行业垄断和某些特殊条件获得个人额外收入的，必须纠正"。第六，"调节过高收入，完善个人所得税制，开征遗产税等新税种"②。1999 年宪法修正案对十五大有关分配制度改革的确认，从根本上确立了我国新的个人收入分配制度。

---

　　①　中共中央文献研究室主编：《中共十三届四中全会以来历次全国代表大会中央全会主要文献总编》，中央文献出版社 2004 年版，第 293~294 页。
　　②　中共中央文献研究室主编：《中共十三届四中全会以来历次全国代表大会中央全会主要文献总编》，中央文献出版社 2004 年版，430 页。

第三阶段：2002 年以来至今。2002 年底，党的十六大召开，实现了我国个人收入分配制度的第四次理论突破。党的十六大报告中明确指出：第一，要"调整和规范国家、企业和个人的分配关系"。第二，要"确立劳动、资本、技术和管理等生产要素按贡献参与分配的原则，完善按劳分配为主体、多种分配方式并存的分配制度"。第三，"坚持效率优先，兼顾公平，既要提倡奉献精神，又要落实分配政策，既要反对平均主义，又要防止收入悬殊，初次分配注重效率，发挥市场的作用，鼓励一部分人通过诚实劳动，合法经营先富起来，再分配注重公平，加强政府对收入分配的调节职能，调节差距过大的收入"。第四，"规范分配秩序，合理调节少数垄断性行业的过高收入，取缔非法收入"。第五，"以共同富裕为目标，扩大中等收入者比重，提高低收入者收入水平"。[①] 这样，十六大在十五大按要素分配的基础上进一步明确了按什么要素进行分配的问题，明确提出了"确立劳动、资本、技术和管理等生产要素按贡献参与分配的原则"。

4.1.2 中国居民收入分配制度演进的特点

我国居民收入分配制度的改革与所有制的改革紧密联系，因而其制度变迁也具有所有制改革的特点。主要表现为以下七个方面。

（1）由体制外向体制内逐步渗透。在旧制度安排的边缘以试点方式发展新的制度安排，在保持制度稳定的基础上作出一定的、局部的突破。如农村家庭联产承包责任制不对土地所有制做彻底的改革，农民不具有土地的所有权；将"按劳分配"与"按生产要素分配"并提，而不是断然否定"按劳分配"等。

（2）改革是多元力量的组合。随着市场机制逐渐占据优势地位，

---

① 中共中央文献研究室主编：《中共十三届四中全会以来历次全国代表大会中央全会主要文献总编》中央文献出版社 2004 年版，430 页。

改革的推进将越来越成为多元化社会力量的合力和结果，鉴于这些力量都要求在制度创新方面有所突破，改革的进程将不可逆转。30 年的改革中，农村改革家庭联产承包制率先起步，企业改革扩大自主权，建立现代企业制度继之铺开，允许发展私营经济，积极吸引外国投资者，引入新的竞争者，打破垄断，鼓励公平竞争。城乡之间、行业之间、不同所有制之间越来越主动参与到改革进程中。

（3）收入分配改革是一个不断学习与实践的过程。制度变迁是一个学习过程，或者说是一个"边干边学"的过程。学习可以提高制度变迁的预期回报率，或者降低制度变迁的风险。制度变迁的速度是学习能力的一个函数。学习能力包括获取外国经验的能力，总结本国经验的能力，以及自我创新的能力。制度创新的规模速度取决于现有的知识存量和知识质量。

如果知识存量增长、知识质量改善，那么制度变迁的速度有可能加快，制度变迁的收益有可能提高，制度变迁的风险有可能降低。因此制度变迁不仅是一个选择过程，而且也是一个学习过程，遵循"实践——认识——再实践——再认识"的认识过程。早期改革的经验与知识基础越多，对后来的改革推进越有利。我国收入分配制度改革就是一个不断探索、不断学习的"试错法"和"边干边学"的过程。

（4）个人收入分配制度从非正式安排转变为正式安排，不是政府单纯命令的结果，也不是个人努力的成果，而是两者互相作用的结果。根据制度经济学理论，我国家庭联产承包责任制的确立过程是一个诱致性变迁过程，最初农村家庭联产承包责任制是在基层农民中自发产生的，但这种自发的诱致性变迁的大规模发生还必须得到政府的许可与支持，否则不可能从非正式的、局部性的制度安排变为正式的、全国性的制度安排。从成本—收益来看，自发性的变迁与政府的支持降低了制度变迁的成本，有利于制度创新的实现。

（5）制度变迁存在一定的不彻底性，容易产生"路径依赖"问题。如农民不拥有土地所有权等，这一特点在降低短期制度变迁成本的同时，却阻碍了制度长期有效性的发挥，制约了长期资源最优配置的实现。

（6）我国个人收入分配制度最重要的变迁特点就是市场化程度越来越高。中国改革开放的所有经验表明，改革的过程就是市场机制在经济中对资源配置所发挥的作用持续地增大、经济对市场机制的依赖程度不断加深和增强的过程。从收入分配制度的角度看，个人收入开始更多地按市场中的生产要素分配，而不仅仅是个人所拥有的劳动，还有资金、知识、天赋、管理等要素，而且这些非劳动的要素在个人收入分配中所发挥的作用越来越大。

（7）收入分配制度改革涉及全体民众的利益问题，新时期的改革是以利益的全面调整为重点，使得改革的难度越来越大。

4.2 影响中国收入分配制度演进的因素

中国经济体制改革的目标模式是建立社会主义市场经济体制。综观中国经济体制改革的历程，实质上就是制度创新和制度结构的变迁过程。面向市场化的制度安排和制度结构的持续演进，成为改革中推动经济发展的主要力量。中国收入分配制度的变革是伴随经济体制改革逐步展开的。从传统体制下的单一的分配形式到转型期的多元格局并存，这是一个制度变迁的过程。制度变迁是一种效率更高的制度对另一种制度的替代过程。制度变迁本质上是由于社会基本矛盾运动而引起的一个不同利益集团相互博弈从而调整变革利益关系的动态发展过程。

4.2.1 国民经济发展水平是制度变迁的最终决定因素

考察中国收入分配制度的变迁，离不开生产力发展的基本现实。马克思主义经济学原理告诉我们，生产力决定生产关系，生产关系反作用于生产力。我国改革前后的实践已经充分证明了这一点。

1. 分配原则的重新确立和分配制度的变革，必须从国情出发，从国民经济发展水平和社会主义市场经济要求出发，这是加速生产力发展的客观必然要求

新华社 2007 年 2 月 26 日全文转发温家宝总理《关于社会主义初级阶段的历史任务和我国对外政策的几个问题》的文章。温总理在文中讲道："我国正处在并将长期处在社会主义初级阶段。初级阶段就是不发达的阶段。这个'不发达'首先当然是指生产力的不发达。因此，我们一定要毫不动摇地坚持以经济建设为中心，大力发展生产力。""我国在进入社会主义的时候，就生产力发展水平而言，远远落后于发达国家。我国必须经历一个相当长的历史阶段，去实现工业化和现代化。新中国成立以来特别是改革开放以来，我国社会生产力有了巨大发展，综合国力大幅增强，人民生活显著改善，实现了由解决温饱到总体上达到小康的历史性跨越。但是，我国人口多、底子薄，城乡发展和地区发展很不平衡，生产力不发达的状况并没有根本改变。"[①] 这是对我国现阶段生产力发展状况作出的符合实际的评价。因此，贯彻什么样的分配原则，选择什么样的分配制度，必须从这一实际出发。改革前后分配制度上的变迁也正是体现了这一指导思想。

我国在 50 多年来，特别是改革开放 30 年来，经济社会的增长速度也有所加快，我们的六个五年计划，是以年均 10.7% 速度增长；"七五"计划是 7.9%，"八五"计划是 11.6%，"九五"计划是 8.3%，"十五"计划是 9.5%。也就是说，在 25 年间是以 9.5% 的速度在增长。这在当今世界中，是很少的。但是，我国仍处于社

---

① 温家宝：《关于社会主义初级阶段的历史任务和我国对外政策的几个问题》，新华社 2007 年 2 月 26 日。

会主义初级阶段，虽然取得长足发展，但是我们人均实力还是相当落后的。2006 年世界人均 GDP 最高的国家是列支敦士登 82094 美元，其次是卢森堡 81393 美元，挪威 66061 美元、阿联酋 54948 美元、冰岛 54803 美元、爱尔兰 52022 美元、瑞士 50297 美元、丹麦 49070 美元、美国 43978 美元、卡塔尔 41539 美元。我国排在第 69 位，人均 GDP 是 2039 美元。中国香港 27116 美元、中国澳门 19278 美元、中国台湾 15686 美元。可见，社会主义初级阶段其生产力的特征是不发达的，所以我们研究分配问题，必须从这样一个基本的国情出发。

党的十六大着眼于我国今后发展大局，从激活和促进生产力发展的角度，按照全面建设小康社会的奋斗目标，确立了我国现阶段的分配原则，它体现了生产力发展规律的内在要求，符合我国现阶段生产力的发展状况。

2. 生产力的地位、特性要求建立适合自身发展的分配制度

在生产力与生产关系的矛盾中，生产力始终是最活跃最革命的因素，它始终处于不断发展变化中，而且具有先导性、科技创新性、高效性等特性。先导性侧重于生产工具的角度而言。生产工具是生产力中根本性的组成要素，创造和使用工具是人类劳动过程中所独有的特征，是生产力发展水平的标志。当一种新生产工具被发明、使用而大大提高了生产效率时，这一新生产工具就表现为先进的生产力，它很快会取代落后生产工具，并在社会上普遍推广。人类社会生产的进步无一不与生产工具的改进有关。青铜器取代石器，铁器取代青铜器，手工工具和机器生产代替人手和人力，电脑代替人脑对生产过程实行自动控制和信息化处理，这一系列变革都记载了生产力在社会生产中发挥的重要作用。由此可见，每个时代对提高生产效率起决定性作用的新生产工具一旦被发明和推广应用，生产力就具有先导性。它对整个社会发展起着主导和带动作用。科技创新性是从科技进步引发生产力各要素的变化导致生产力

的快速发展角度而言。科学技术是第一生产力。在当代，原子能等新能源的发现和利用，由电子计算机、控制论带来的生产高度自动化，新材料的合成与利用等，创造出前所未有的、效率强大的生产工具和技术装备，一系列新技术、新工艺、新材料的使用大大提高了社会生产力。特别是计算机的应用，成为准确组织生产与工艺流程，合理组织劳动力和其他生产要素，精确计划和核算的重要手段。生产力的科技创新性不仅从根本上变革了生产工具，而且变革了劳动对象、劳动者自身和生产组织。高效性则是从生产力进步的结果上分析。生产力的高效性集中体现在当代先进生产力的高科技及其产业上，它促进了劳动生产率大幅度提高。据资料表明：我国手工业人均年产值为 2000 元，传统工业人均年产值约为 2 万元，而高科技产业人均年产值可达 10 万~20 万元甚至更高。生产力的高效性表现为先进的生产力能够大幅度提高生产效率和经济效益，推动社会的不断进步，改变了世界的面貌和人们的生活方式以及社会关系。

因此，我们要想实现国富民强，缩小与发达国家之间的差距，必须要通过改革和发展，不断调整和改革不适合生产力发展的生产关系，建立适合先进生产力自身发展的科学的生产关系与上层建筑，促使生产力的先导性、科技创造性、高效性和革命性长期不懈地发挥其应有的主导作用。党的十一届三中全会以来的分配改革实践正是从改革分配制度入手，调整不适合生产力发展的分配制度。

4.2.2　产权因素、所有制结构的变动是收入分配制度变迁的基础

对一个国家社会而言，所有制结构决定其基本分配制度。党的十一届三中全会以来，我们在对所有制结构进行改革的同时，对分配制度也进行了改革与调整。我国的基本经济制度是公有制为主体、多种所有制经济共同发展，由此决定了在分配制度上，必须以按劳分配为主体、多种分配方式并存，把按劳分配和按生产要素分

配结合起来，坚持效率优先、兼顾公平，允许一部分地区、一部分人先富起来，带动和帮助后富，逐步实现共同富裕。

这里有必要梳理我国 50 年来所有制结构和要素产权调整的过程。

改革以前我国之所以实行单一的按劳分配制度，根本的原因就在于当时的所有制结构与要素产权制度。

新中国是建立在旧中国"一穷二白"的经济基础之上的。通过社会主义改造和人民公社化运动，形成了"一大二公"的所有制结构，在分配制度上形成了分配形式的单一化及"平均主义"分配方式的泛滥。

1956 年，在国民收入中，社会主义公有制经济已达 93%；在工业总产值中，社会主义公有制工业已达 98.8%；在商业领域，社会主义公有制经济已达 92.4%。① 这表明此时我国所有制结构已成为公有制经济占绝对优势。此后，在"左"的思想指导下，对非公有制经济进行限制、排斥，搞所有制的"升级"、"穷过渡"和"合并"运动，将"一大二公"作为判断所有制形式先进与否的标准，盲目追求"一大二公三纯"的所有制结构，否定市场机制的作用，到"文革"结束时，非公有制经济基本消失。在这种所有制关系中，除了劳动力要素归劳动者个人所有，其劳动生产要素都由国家或集体所有。所有制结构的单一，表现在要素产权关系上也是单一的。

有什么样的所有制结构和要素产权制度，就会有什么样的分配制度。在这种单一的所有制结构和要素产权制度中，劳动者只能凭借劳动贡献参与社会收入的分配，因为劳动者不占有其他任何非劳动要素，也就不能通过其他形式参与分配。但是，当时我们的按劳分配制度是狭隘的、很不充分的，除了"单一的"按劳分配形式外，几乎没有其他分配形式。排斥其他一切分配方式，过分强调公平，不讲效率，不考虑生产要素等因素的"唯一的"分配制度，愈

---

① 陈文辉：《中国经济结构概论》，山西经济出版社 1994 年版，第 30 页。

来愈不适应经济的发展要求了，不可避免地阻碍着生产力的发展。要改变这一局面，改革所有制结构和要素产权制度就成为一种现实的迫切需要。

改革开放以来逐步形成公有制为主体、多种所有制经济共同发展的所有制格局与以公有产权和非公有产权并存的多元产权制度。

党的十一届三中全会以来，为了打破长期以来束缚生产力发展的单一公有制经济模式，中国共产党恢复了解放思想，实事求是的思想路线，在认真总结历史的经验教训，特别是汲取了盲目追求"一大二公三纯"所有制结构教训的基础上，坚持以生产力为标准，对我国的所有制结构问题进行了大胆和艰苦的探索，取得了可喜的成就，基本上形成了适合中国国情的所有制结构。党的十一届六中全会通过的《关于建国以来党的若干历史问题的决议》指出："一定范围内的劳动者个体经济是公有制经济的必要的补充。"党的十二届三中全会通过了《中共中央关于经济体制改革的决定》，把外资经济定位为"社会主义经济的有益的补充"。至此，以公有制为主体，多种经济成分并存的理论初具雏形。党的十三大把私营经济作为社会主义经济的补充写进党的文件。党的十四大明确提出了"公有制经济为主体，多种经济成分共同发展"的多种经济成分论。党的十五大对我国的所有制结构和理论的认识有了新的突破，指出"公有制为主体，多种所有制经济共同发展是我国社会主义初级阶段的一项基本经济制度。"党的十六大进一步指出："根据解放和发展生产力的要求，坚持和完善公有制为主体、各种所有制经济共同发展的基本经济制度。第一，必须毫不动摇地巩固和发展公有制经济。……第二，必须毫不动摇地鼓励、支持和引导非公有制经济发展。"至此，公有制为主体，多种经济成分共同发展的所有制格局不但已经形成，而且两个"必须毫不动摇"，表明了我们党坚定不移的信心和决心。

据国家统计局测算，我国非公有制经济（个体、私营、外资经济）占 GDP 比重、从业人数、上缴税收等逐年增加。这里仅以个体私营经济为例说明。"十五"期间，个体私营经济在中国社会与经济中的地位和作用发生了历史性变化，已经成为国民经济的基本组成部分，成为增加就业的主要渠道，成为国家税收的重要来源，成为对外贸易的生力军。主要表现在：个体私营经济成为国民经济的重要组成部分，经济增长的主要动力。首先是个体私营经济在GDP 中的比重明显提高。根据国家统计局数据及我们推算："九五"末期的 2000 年，中国个体私营经济在国内生产总值（GDP）中所占比重约为 42.8%，外商和港澳台投资经济的比重约为12.6%，二者之和约占 GDP 的 55%。到"十五"末期的 2005 年，个体私营经济在 GDP 中的比重约为 50%，外商和港澳台经济比重约为 15% ~ 16%，两者相加约占 65% 左右。[①] 其次从就业的角度看，非公有制经济已经成为我国的就业主渠道，当前我国绝大多数就业都是由非公有制经济创造的。

在所有制结构调整的同时，要素产权制度也发生了深刻变化。随着居民个人收入的快速增加和非公有制经济的迅猛发展，居民个人拥有的金融资产、非劳动要素产权等也在不断增长。《中国财富报告》一书的作者、著名经济学家樊纲教授 2003 年 1 月 13 日在"长安论坛"上为国人解读财富状况时说，私人财产已成为中国财富结构的主要组成部分。研究表明，在资本结构的总量中，国有及国有控股企业占 31%，个体私营企业占 38%；而在资本所有权结构比例中，国有资产占 26%，国内居民拥有 57% 的资本额，集体、港澳台商人和外商占有量不到一成。在金融资产结构中，以手持现金、储蓄存款、有价证券为研究对象，政府占 18.6%，企业占31.7%，住户占 49.7%。目前我国民间储蓄存款已达 8.7 万亿元，加上居民手持现金、国债、外汇等，民间资本实际超过 10 万亿元。[②]

---

① 陈永杰（主笔）、于丁柱：《中国民营经济发展报告 No. 3（2005 ~ 2006）》，社科文献出版社 2006 年版。
② 谢惠深：《财富和资本重闪光 学习十六大精神的心得体会》，载《揭阳日报》2003 年 4 月 3 日。

　　所有制结构上的重大调整和要素产权制度的变化，必然会对分配领域的调整和改革提出新的要求，一方面，非公有制经济的迅猛发展和私人要素产权制度的确立，要求改变单一的分配方式，实行按要素贡献制度。另一方面，在公有制经济中，随着公司化的推进，各种社会资本被吸纳进来，逐渐形成了以公有资本为主体、多种资本形式并存的产权结构，这就决定了公有制经济中必须在坚持按劳分配为主的基础上，同时实行按要素贡献进行分配的制度。中国共产党人审时度势，顺应历史发展的要求，在所有制结构发生重大变革的同时，不失时机地推进了分配制度的变革。党的十二届三中全会通过了《中共中央关于经济体制改革的决定》，其中第七节提出了"建立多种形式的经济责任制，认真贯彻按劳分配原则"、"平均主义思想是贯彻按劳分配原则的一个严重障碍"、"平均主义的泛滥必然会破坏生产力"的观点，主张拉开差距，同时保证共同富裕。党的十三大报告指出："社会主义初级阶段的分配方式不可能是单一的，我们必须坚持的原则是，以按劳分配为主体，其他分配方式为补充"，"合理拉开收入差距，又要防止贫富悬殊，坚持共同富裕的方向，在促进效率提高的前提下体现社会公平。"我们认为，这个阐述仍然是不彻底的，因为它把其他的分配形式仅仅看作"补充"的地位。1993年11月14日，《中共中央关于建立社会主义市场经济体制若干问题的决议》对收入分配问题又有了新的提法："个人收入分配要坚持按劳分配为主体，多种分配方式并存的制度"，体现效率优先，兼顾公平的原则。这就把其他分配方式提高到与"主体"并存的地位。党的十五大报告对收入分配理论的阐述更加精辟："坚持以按劳分配为主体，多种分配方式并存的制度，把按劳分配和按要素分配结合起来，坚持效率优先，兼顾公平，依法保护合法收入，允许和鼓励一部分人通过诚实劳动和合法经营先富起来，允许和鼓励资本、技术等生产要素参与收入分配。"这样，把生产要素参与分配写进党的文献，为多种分配形式的发展提供了强有力的制度保证。党的十六大报告进而提出初次分配与再分配的不同注重点，对调整分配关系，规范分配秩序，作出了既原则又具体的规定："调整和规范国家、企业和个人的分配关系。确立劳动、资本、技术和管理等生产要素按贡献参与分配的原则，完善按劳分配为主体、多种分配方式并存的分配制度。坚持效率优先、兼顾公平，既要提倡奉献精神，又要落实分配政策，既要反对平均主义，又要防止收入悬殊。初次分配注重效率，发挥市场的作用，鼓励一部分人通过诚实劳动、合法经营先富起来。再分配注重公平，加强政府对收入分配的调节职能，调节差距过大的收入。规范分配秩序，合理调节少数垄断性行业的过高收入，取缔非法收入。以共同富裕为目标，扩大中等收入者比重，提高低收者收入水平。"这些规定，极大丰富和发展了马克思主义的按劳分配理论，促进了我国社会主义初级阶段分配制度的合理与完善。

4.2.3 市场化改革是收入分配制度变迁的动力

30 年经济体制改革的过程，是从传统的计划经济体制向市场经济体制转轨的过程，也是经济市场化程度不断提高的过程，同时也是市场在资源配置中的作用越来越大的过程。与此相适应，我国的分配制度也明显地呈现市场化的特征。

什么是经济的市场化？经济市场化应如何度量？对此，国内外学术界存在一定的争议。

美国商业部所指的非市场经济国家是指不按市场成本和价格规律进行运作的国家。它对市场经济有六个法定要求或说具体标准：一是货币的可兑换程度；二是劳资双方进行工资谈判的自由程度；三是设立合资企业或外资企业的自由程度；四是政府对生产方式的所有和控制程度；五是政府对资源分配、企业的产出和价格决策的控制程度；六是商业部认为合适的其他判断因素。此外，美国商务部还特别关心出口国的出口管理：一是在法律上，政府是否对该企业的出口活动进行控制。包括：（1）对各个企业的经营和出口许可有关的限制规定；（2）任何对企业减少控制的立法；（3）政府其他任何减少对企业控制的措施。二是在事实上，政府是否对该企业的出口活动进行控制，商务部通常要考虑以下因素：（1）出口价格是否由政府确定或须由政府同意；（2）出口商是否有权协商合同条款并签订合同或其他协议；（3）出口商在选择管理层时是否不受政府限制而有自治权；（4）出口商在分配利润和弥补亏损上是否有独立的决定权。

欧盟在 1998 年颁布了 905.98 号法令，允许中国应诉企业在反倾销调查中申请市场经济地位，同时规定了五条判定市场经济地位的标准：一是市场经济决定价格、成本、投入等；二是企业有符合国际财会标准的基础会计账簿；三是企业生产成本与金融状况，不受前非市场经济体制的歪曲，企业有向国外转移利润或资本的自由，有决定出口价格和出口数量的自由，有开展商业活动的自由；四是确保破产法及资产法适用于企业；五是汇率变化由市场供求决定。加拿大在对非市场经济问题的调查中，明确包括五方面：一是政府部门在经济政策、经济管理活动中发挥的作用是否不干扰市场经济正常运行。这包括政府定价的比重、结构、产品分布和报价程度的影响判断，国内产品及服务的定价机制，产品生产和提供服务的计划管理和市场限制的情况，对国内及国际贸易管理的情况，以及政府机构和职能进一步改革情况等。二是政府部门对企业在生产、销售、采购等方面是如何管理和管制的，对企业融资方面是如何管理或管制的。三是在国际贸易方面，政府决定外贸企业可进行对外贸易的条件、程序，政府对进出口产品配额、价格的指导和管制等。四是国有企业的市场化程度，包括企业所有制形式，国有企业改制的时间与完成方式；政府控制的国有企业中，要素价格包括原材料、能源、劳动力成本以及产品数量、价格是如何确定的；企业的资金管理、业绩管理、利润分配、劳资关系以及贷款的获取方式等情况。五是利率在不同企业、不同产业和内外贸不同部门中是否有差异，汇率对出口商而言是否市场形成，企业换汇及存汇方式是否有自主权等。

可以看出，欧美国家对市场经济标准的法律规定，是根据反倾销中影响公平贸易因素而归纳的，具有很强的针对性。虽然美国与欧盟以及加拿大提出的市场经济标准有一定的区别，美国直接提出国家的市场经济标准问题，而欧盟和加拿大主要是讲企业和行业的市场经济标准问题。但可以看出，这种区别只是表面上的，就其内容而言，涉及的问题是相同和相近的，实质上是一样的。这些标准构成了一个体系，不是单独使用的。欧美国家不是只根据某一条来下判断，而是将围绕所有这些标准的调查结果综合起来，判断企业或产业是否达到市场经济的临界水平，得出和认定该国或该行业、企业是否已经具有市场经济的条件的结论。当然，在具体处理反倾销案件时，与哪一国家打官司还是要针对当事国标准来抗辩。

我国学术界根据现代经济理论对市场经济的主要概括，从国内外市场经济发展的历史和现实出发，借鉴美国、欧盟、加拿大反倾销对市场经济标准的法律规定，认为在对什么是市场经济国家上，有五方面特别重要，也可从中概括出五条带共性的标准。[①]（1）政府作用问题。主要是资源由政府配置还是市场配置？资源的使用和定价是市场决定还是政府决定？政府是否尊重和保护经济主体在经营方面的自主权利，是否对企业有不公平的对待？这些问题用一句话讲，是政府作用问题，或更准确地讲，是市场经济中的政府作用及政府与企业的关系问题，又可概括为"政府行为规范化"。（2）企业权利与行为问题。美国商务部关心企业的产出数量和价格决策有没有政府介入，企业有没有自主的经营和出口权，有没有选择管理层、分配利润和弥补亏损上独立的决定权，有没有协商合同条款并签订合同的自主权，尤其关心出口企业的这些权利。欧盟同样关心企业决定出口价格和出口数量的权利，关心企业有没有符合国际财会标准的

① 北京师范大学经济与资源管理研究所编：《2003 中国市场经济发展报告》，中国对外贸易出版社 2003 年版，第 4、5、6 页。

基础会计账簿，关心企业是否有融资和向国外转移利润的权利，有没有开展商业活动的自由权。加拿大政府有关机构除关心上述方面外，还关心企业所有制形式及国有企业改制情况等。归根到底，他们关心企业在产销活动中，行为是市场化的还是行政化的？概括地讲，这一条要害是讲企业权利和行为，可以概括为"经济主体自由化"。（3）投入要素的成本与价格问题。美国商务部关心一国政府对资源分配的控制程度，关心产品投入是否以市场价格支付；欧盟关心市场能否决定投入要素的价格，关心企业成本的真实性；加拿大政府有关机构关心国有企业要素价格包括原材料、能源、劳动力成本以及产品数量、价格是如何确定的。总之，欧美等国对企业投入方面的生产要素如原材料价格、劳动力工资等是否是市场价格，都是很关心的。这完全是可以理解的，因为投入品价格关系到产出品成本，直接影响产品价格，这与反倾销是直接相关的。因此，任何进口国，对出口国的产品，都会特别关注其成本的真实性和其价格形成的规则。这可归结为"生产要素市场化"。（4）贸易问题。欧美国家关心贸易活动包括国际贸易和国内贸易中，交易活动是自由的还是被压制的？市场基础设施和市场立法及司法是否健全？市场中介是否具独立性？起什么样的作用？贸易政策中的企业定价是否是自主的？政府是如何管理出口和出口企业的？企业是否有商业活动的自由？总之，关心贸易环境与条件，可以概括为"贸易环境公平化"。（5）金融参数问题。欧美国家特别关注反倾销的被调查国利率和汇率是否由市场形成？本币是否可兑换或可兑换程度？利率在不同企业、内贸、外贸部门、不同产业中是否有差异？企业金融状况是否不受非市场经济体制的歪曲？企业是否有向国外转移利润或资本的自由？企业换汇及存汇方式是否有自主权？等等。概括地讲，他们关心利率和汇率这两大金融参数的形成和适用范围中的公平性，进而涉及这些参数形成基础即金融体制的合理性问题，这里将归纳为"金融参数合理化"。

根据上述五条标准，北京师范大学经济与资源管理研究所承担的《2005 中国市场经济发展报告》显示，中国经济市场化的深度与广度都在不断增强。研究显示，加入世界贸易组织以来，中国各种生产要素市场化程度显著提高，贸易环境更加公平，金融业更加开放。2003 年，中国招标、拍卖、挂牌出让土地占出让总面积的比重由 2001 年的 7.3% 增加到 28%，进口许可证管理的商品种类从 26 种减少到 8 种。2001～2003 年间，资本项目中完全可兑换和基本可兑换的项目增长 58%，严格管制项目减少 60%。2003 年中国经济市场化程度为 73.8%，而 2001 年为 69%。中国经济市场化程度已超过市场经济临界水平（60%），毫无疑问地属于发展中的市场经济国家。[①] 中国经济自由度指数已超过许多被欧美承认为市场经济国家的转型国家或发展中国家。

随着市场机制的引入和市场制度的生成、发展，中国的收入分配制度也发生了调整和演变。一方面是按劳分配的变化；另一方面是生产要素越来越多地通过市场力量参与社会产出的分配。就按劳分配来说，按劳分配逐渐摆脱了按照传统集中计划体制模式而设置的机制，转向市场经济型的按劳分配机制，市场的力量在解决分配问题中起着举足轻重的作用。总体而言，改革开放以来的按劳分配与传统体制中按劳分配有几个重要差别。一是传统模式中的按劳分配的劳动贡献率度量，主要是事先由计划中心根据全国情况，按计划配置要求而设定好的，工资等级、差别都是国家统一制定、调整的。改革开放以来的按劳分配的劳动贡献率度量，逐渐是由市场机制根据市场变动来确定的，劳动者付出的劳动努力应获多少收入，是由市场事后调节的。二是传统模式中的按劳分配中个人按劳分配份额，是由统一的计划中心（国家计划、劳动工资等部门）直接规定的，各企业、各基层经济组织只能参照执行。改革开放以来，按劳分配逐渐溢出国家单一层次的

---

① 刘铮：《中国经济市场化程度 73.8%，超出市场经济临界水平》，载《国际金融报》，2005 年 8 月 15 日。

决策轨道，更多地由企业、基层组织自主分配，形成两层分配、企业为主体的分配格局。三是传统模式中的按劳分配，国家通过集中的指令性计划和利润全额上缴的办法，可以尽可能减少生产要素或资源占有差别以及需求变动对按劳分配的影响。改革开放以来，随着集中计划体制松动、企业与个人自由支配的剩余扩大、按劳分配同按生产要素分配逐渐交织在一起，不同地区、部门、企业占有生产要素或资源的差异，对按劳分配的份额有相当影响。就生产要素参与分配而言，在我国是经历了一个较长的认识过程。直至党的十六大报告中清楚地写道，生产要素按贡献参与分配，是指按生产要素在生产财富即使用价值中的贡献分配。报告中讲道"放手让一切劳动、知识、技术、管理和资本的活力竞相迸发，让一切创造财富的源泉充分涌流"时，是把生产要素与"创造财富"联系在一起的。党的十六大报告提出"确立劳动、资本、技术和管理等生产要素按贡献参与分配的原则"，这是重要的理论突破，对于实践具有重要的指导意义。所谓按生产要素分配，简单地说，就是根据各个生产要素在商品、劳务的生产和流通中的投入比例及贡献大小来分配国民收入。由此，有必要弄清楚什么是生产要素、生产要素参与分配的是什么以及按生产要素的什么来分配等问题。什么是生产要素？生产要素包括劳动、资本和土地三大类。按生产要素分配，就是不仅凸显劳动作用，同时也给资本、技术和管理等生产要素以足够的重视，使它们也合理合法地得到回报。这其中特别要强调两种要素的作用和回报。一是人力资本。资本包括物质资本和人力资本两种形式。各国的经济发展实践表明，人力资本的作用越来越大，教育对于国民收入增长率的贡献正在大幅攀升，人的素质和知识、才能等对经济发展越来越具有决定性意义。因此，如何使人力资本得到足够的回报，对于经济的持续发展以及国民收入的分配变得非常重要。二是土地以及资源性财产。它们对于财富生产的作用早已为人们所认识，但对于它们参与收入分配的必要性却一直存在模糊认识，这表现在我国的土地和自然资源在很多情况下是被免费或低价使用的。在我国，土地和自然资源属于国有或集体所有，它们的免费或低价使用，意味着它们的收益被少数人侵占了。

理论进步的同时，社会实践也在实施。主要是随着市场化改革的推进，要素市场不断发育成长，特别是资本市场、劳动力市场、土地市场、技术市场、信息市场的不断发展，生产要素通过市场配置的比重不断提高，资本、劳动、技术、信息、土地等生产要素越来越多地通过市场机制来定价并参与社会产出的分配，按要素贡献进行分配制度逐渐形成。

总之，中国目前按劳分配和按要素分配结合的分配制度的形成离不开市场化改革的推动。

4.3 收入分配制度变革的绩效评价

效率和公平是社会发展中的两大目标。社会发展首先是生产力的发展。提高生产效率、增加物质财富，是我们所追求的一个目标。社会发展归根到底又表现为人自身的发展，保障人的权利、增进社会公平，是我们追求的另一个目标。收入分配制度的不断变革归根到底是为了更好地解决好"公平"与"效率"的关系问题。因而，评价收入分配制度变革的成效就从这里入手。

4.3.1 经济效率评价

制度是一个社会的游戏规则，是为决定人们的相互关系而人为设定的"契约"。它构造了人们在政治、社会或经济方面发生的激励（或者说利益）结构，从而决定社会演进的方式。因此，制度本身构成理解历史变迁的关键要素。正如诺斯所言："制度的主要功能在于向人们提供一个与日常生活相互作用的稳定结构，提供激励与约束，来减少因人的行为及环境复杂性引起的不确定性，降低交易成本。"①

关于制度的魅力还是从一个故事说起。有七个人曾经住在一起，每天分一大桶粥。要命的是，粥每天都是不够的。一开始，他们抓阄决定谁来分粥，每天轮一个。于是乎每周下来，他们只有一天是饱的，就是自己分粥的那一天。后来他们开始推选出一个道德高尚的人出来分粥。强权就会产生腐败。大家开始挖空心思去讨好他，贿赂他，搞得整个小团体乌烟瘴气。然后大家开始组成三人的分粥委员会及四人的评选委员会，但他们常常互相攻击，扯皮下来，粥吃到嘴里全是凉的。最后想出来一个方法：轮流分粥，但分粥的人要等其他人都挑完后拿剩下的最后一碗。为了不让自己吃到最少的，每人都尽量分得平均，就算不平均，也只能认了。大家快快乐乐，和和气气，日子越过越好。

一个好的制度是效率的最好保证！制定好的制度，是一个值得深思熟虑的问题。新制度经济学很多学者认为制度变迁本身就是一个效率的改进过程。西方新制度经济学大多从三方面来判定一种制度是否有效率：一是制度结构能否在建立社会交易基本规则的基础上，通过信息和资源的可获得性拓展人类选择的空间；二是制度结构能否获得一个正确价格，在存在公共物品、外部性、不充分信息、信息的不对称和高交易费用的前提下，制度能够克服市场失灵的负面影响；三是由制度结构所决定的收入和财产分配的规则是否公平。

考察分配制度变革的效率主要从以下三个方面进行：分配制度与生产效率；分配制度与资源配置效率；分配制度与经济增长率。

1. 分配制度与生产效率

回首改革开放的 30 年，我国经济改革与经济发展的历史也是

---

① 赵生章：《制度对效率的贡献》，载《经济观察报》，2006 年 3 月 25 日。

一部收入分配制度的变迁史。从一定意义上说，我国经济改革正是以改革收入分配机制、调整利益结构、强化对经济主体和个人的物质激励为切入点，有效地促进了经济发展和生产效率的提高。合理的工资水平和内部分配制度，一方面提高生产效率，促进生产；另一方面能够保持相当的消费水平，避免经济出现大幅度的波动。

在我国改革开放之前的较长时期里，虽然城市和农村居民收入差距较大，但在城市居民内部和农村居民内部，收入差距并不大，平均主义、"大锅饭"盛行，按劳分配原则淡化，结果是生产效率低下，生产发展缓慢，人民生活水平长期得不到应有的提高。这是一种均等优先、忽视效率的分配制度。

例如，改革开放前，企业生产的产品由国家统购统销，只要质量达到要求，即使品种单一，产品也不愁销路。当时企业生产更多的是从国家计划和企业特长出发。企业只管完成国家的招工任务，还要求企业办商店、娱乐场所、学校、幼儿园等，至于工厂的劳动生产率，在当年"大跃进"、"文革"这样的历史时期中，几乎无人关心，致使企业生产效率低下，浪费现象十分严重。

30 年来的收入分配制度改革，以工资制度改革为突破口，由点及面逐步从微观向宏观拓展，打破平均主义分配方式，引入激励机制，对生产效率和企业绩效产生了积极影响。比如，工资制度改革。1985 年以后，国有企业实行工资总额和经济效益挂钩，1993 年开始逐步推行经营者年薪制，使企业家经营管理能力得到充分发挥。

在农村，随着"大包干"性质的农村生产方式的普及，农村收入分配不再以生产队为基础，而是以农户为分配主体，在收入分配制度上实行"交足国家的、留够集体的、剩下全是自己的"。这对于提高农村生产效率、促进经济发展等方面发挥了推动作用。

总之，收入分配从利益导向出发，为经济利益主体实现利益最大化提供了动力。通过利益分配和再分配，为生产者、消费者以及政府主体提供了巨大的物质刺激，以激励利益主体的最大积极性和创造性，从而提高经济活动的活力和效率。

2. 分配制度与资源配置效率

从经济学的角度分析，以产权和分配制度为核心的改革对中国经济改革的意义十分重要，因为产权安排对资源配置来说极为重要。产权的明确界定有助于确定谁向谁支付费用，从而使得产权本身能够进入市场交易，获得市场价格。

改革前实行的高度集中的计划管理体制，使生产要素的配置严格控制在中央政府手里，不仅劳动者个人没有择业和流动的自由，甚至农村公社、企业也没有自主转产和决定工资的自由。同时高度集中的决策系统和责、权、利分离的决策机制，使得重大经济决策的科学程度大大降低，大量的人力物力投入被浪费，尤其是"大跃进"和"文革"期间，由于消除了市场机制的作用，资源配置效率十分低下。

改革以来，实行按劳分配与按要素分配结合的方式，引入市场机制，价格引导资源的流动，进而实现合理配置。比如，建立现代企业制度，合理安排国有企业的产权结构，在防止国有资产流失的情况下，改变国有资源的配置方式，最终可直接带来经济效率的提高和经济的发展，并为整个社会的前进提供良好的经济基础。

3. 分配制度与经济增长率

对经济增长的认识，库兹涅茨 1971 年获得诺贝尔奖是在《现代经济增长的现实与思考》讲演中说道：一个国家的国民增长能力，主要表现为向该国人民提供品种日益丰富的商品的长期上升能力，它基于技术的革新、制度的调整和意识形态的改变。[①] 可见，制度选择是经济增长的重要因素。关于收入分配制度与经济增长的关系，许多中外学者都从不同角度进行研究。诺斯通过对经济增长

---

① 柳适：《诺贝尔经济学奖得主演讲集》，内蒙古人民出版社 1998 年版，第 66 页。

现象的思考和对美国经济增长的实证分析，提出了制度因素对经济增长的巨大影响，他认为：在技术没有发生变化的情况下，通过制度创新也可以提高生产效率，实现经济增长。关于制度与经济增长的关系，马克思主义经济学原理中也做过阐述。从一定意义上讲，生产关系就是一种广义的制度安排，现代制度经济学关于"制度"的经济学分析同马克思关于生产力和生产关系的辩证分析是符合的。从辩证法的角度来看，由于生产关系的从属性和生产力的第一性，可以认为："生产关系，或者说，经济（或社会）制度本身也是一种生产力"，其对生产效率的提高和经济发展具有直接的作用和影响。在历史的转折时期，制度因素对社会经济的增长与发展尤其具有至关重要的决定作用。

通过考察我国收入分配制度的变革过程和经济增长速度的变化趋势，可以清楚地发现，两者之间存在着比较显著的正相关关系，并且每次制度变革初期都能极大地促进经济增长速度的提高。比如，在1978年党的十一届三中全会以前，我国基本上是单一的公有制经济，只有微不足道的城镇个体经济。因此从收入分配方面讲，农民除国家允许有限的家庭副业外，以工分为主要收入来源；而城镇职工，其收入来源则是工资和国家及单位提供的福利和隐性补贴。但是，这种单一的按劳分配格局，在改革开放以后很快就被打破了。首先是城乡个体经济如雨后春笋般迅速成长，他们的收入包含了劳动、经营和资本三个要素收入。这个阶段收入分配制度的变革，不仅带来了居民收入的大幅度增长，而且出现了与前后历史阶段相比的居民收入差距缩小的独特景观。单一公有制保证了高积累却抑制微观经济活力，造成收入长期停滞、人民生活贫困，因此在实行"开放搞活"和"放权让利"之后，就使得"脱贫致富"成为整个20世纪80年代经济高速增长的最大动力。1978年以来收入分配制度的变化首先从农村开始。正如邓小平所说："我们的改革是从农村开始的，在农村先见成效，但发展不平衡。……改革首先要打破平均主义，打破'大锅饭'，现在看来这个路子是对的。"① 再如，1992年以来，我国的GDP增长率和人均GDP增长率基本上维持在稳定的状态，并且在此间的初期，由于进行分配制度的新的变革，即在分配制度上，以按劳分配为主体，其他分配方式为补充，兼顾效率与公平，我国的经济增长速度显著提高；党的十五大提出把按劳分配与按生产要素分配结合起来，允许和鼓励资本、技术等生产要素参与收益分配；到了党的十六大明确提出："确立劳动、资本、技术和管理等生产要素按贡献参与分配的原则，完善按劳分配为主体、多种分配方式并存的分配制度"，更加明确了生产要素参与分配的原则，应该说此时的收入分配制度与我国的经济体制改革是相互适应的，因此我国的经济增长速度又有显著的提高。

4.3.2　社会公平评价

社会公平，从来就是贯穿社会发展过程的一个主题词。关于什么才是"社会公平"，可以有无数种观点。但分歧之中还是会有某种共识。2006年世界银行综合学界各方观点后，把社会公平确立为两项原则：第一项是"机会公平"，即一个人一生中的成就应主要取决于其本人的才能和努力，而且这种才能与努力是可控的，不是被种族、性别、社会及家庭背景或出生国等其他不可控的因素所限制的。第二项原则是"避免剥夺享受成果的权利"，尤其是享受基本健康、教育、消费水平的权利。我们可以据此原则，对中国收入分配制度改革影响社会公平状况进行审视。

生产发展与利益关系存在深刻的联系，制度变迁之所以有争议，最为直接的原因在于利益调整。因此，社会对于收入分配的公平及合理性命题的认识，从某种意义上说，就是如何认识和评价改革的得失。就实践而言，收入分配问题处理得怎样，也会从根本上

① 邓小平：《邓小平文选》第3卷，人民出版社1993年版，第155页。

影响经济发展。改革促进了发展，尤其是提高了经济发展水平及效率，这一点人们能够取得共识，也可以被中国 30 年来的实践证实。但伴随着改革开放的进展，我国收入分配的差距在扩大同样是不争的事实，在促进发展和提升效率的同时，社会收入分配公平目标的受损，成为人们对改革的价值取向有所怀疑、有所争论的主要原因。

1. 分配制度改革促进公平的实现

收入分配中的公平是指对国民收入依据合理的规则进行分配。党的十七大报告中明确指出："合理的收入分配制度是社会公平的重要体现。"综观我国收入分配制度的变迁历程，可以发现，从单一的按劳分配到多种分配方式并存，其实就是体现分配不断趋于公平的过程。

按劳分配是我国社会主义初级阶段收入分配的主要方式。按劳分配就其形式来说，是一项平等的权利，而就其所造成的不同劳动者收入不均来说，又是一种事实上的不平等。在社会主义初级阶段，生产力水平比较低，社会财富没有达到极大丰富，劳动仅仅是谋生的手段，不是生活的第一需要。因此，按劳分配所体现的结果不平等，在现阶段是不可避免的，也是符合公平原则的。同时，在市场经济下，按劳分配中"劳"的尺度必须以商品实现的价值量所反映的劳动量为尺度。如果劳动者提供的产品得不到市场的承认，不能在市场上进行交换，则不能实现其价值，劳动者也不能获得相应的报酬。长期以来，我国在贯彻"按劳分配"原则的过程中片面地强调"等量劳动领取等量报酬，不劳动者不得食"这一原则，造成劳动者认为只要付出一定的劳动就理应得到相应的报酬。这种被曲解的"按劳分配"忽视了市场机制的作用，本质上是一种平均主义的分配方式，它无法调动生产者的积极性，阻碍了经济效率的提高。

在发展社会主义市场经济条件下，价值创造需要借助诸如资本、知识、技术等各种生产要素，因此必须允许其参与分配，给予合理报酬。这在分配制度改革中，是对原有分配理论的突破，具有深远的意义。按生产要素分配实际上就是指根据人们所提供的生产要素的数量和质量分配收入，即由生产要素的市场价格决定其报酬，这样做提高了资源配置的效率，体现了市场经济条件下收入分配公平的新内涵。

改革以来我国机关、事业单位的工资制度先后经历了以下三次比较大的改革：1985 年建立了以职务工资为主的结构工资制。1993年，党中央、国务院决定同年 10 月起改革机关和事业单位工作人员的工资制度。机关工作人员实行以职务和级别为主的职级工资制。在事业单位建立不同类型、不同行业自身特点的分类工资制度，与国家机关的工资制度脱钩。事业单位工资制包括专业技术职务等级工资制、专业技术职务岗位工资制、艺术结构工资制、体育津贴与奖金制和工人工资制五种类型。根据事业单位特点和经费来源的不同，对全额拨款、差额拨款、自收自支三种不同类型的事业单位，实行不同的管理办法。2006 年，党中央、国务院决定同年 7月起改革公务员工资制度，规范公务员收入分配秩序；同时，改革和完善事业单位工作人员收入分配制度，合理调整机关事业单位离退休人员待遇。根据 2006 年 1 月起施行的公务员法，公务员实行国家统一的职务与级别相结合的工资制度。事业单位工作人员收入分配制度的改革，旨在建立符合事业单位特点、体现岗位绩效和分级分类管理的收入分配制度，完善工资正常调整机制，逐步实现事业单位收入分配的科学化和规范化。

历次工资制度的改革都对于增强激励作用、改善分配格局等作用明显。尤其是最近新一轮收入分配制度改革将会使中国逾亿人受益。其中包括 5000 万离退休人员，3000 多万事业单位人员，2400多万低保和优抚对象，600 多万公务员及部分军队有关人员。此次改革将会从一定程度上缓解现阶段收入分配中的一些矛盾，解决一些不合理的现象，让更多的人分享改革和经济发展的成果。这次收入分配制度改革更加注重社会公平，将有利于建立科学合理的工资制度，遏制收入分配混乱现象，逐步缩小地区间、部门间的收入差距，构建科学合理、公平公正的社会收入分配体系。

2. 分配制度不完善阻碍公平的推进

随着构建社会主义"和谐社会"提高到执政党的主要政治议程，收入分配成为人们普遍关注的对象。主要原因在于当前收入分配领域存在着极为突出的矛盾和问题。主要表现在：人们收入差异过大（无论是社会群体之间的还是地区之间的），并且也没有任何改善的迹象，这已经成为中国社会不和谐的一个重要根源。

收入差距拉大的原因是多方面的，仅从制度本身衡量，主要在于分配制度的不完善。比如，垄断行业高收入突出表现在扩大收入差距、引发社会不公平两个方面，进而整个社会资源配置效率降低。垄断行业的高收入，根源在于垄断经营体制本身以及其不合理的内部收入分配制度。电力、电信、石油、金融、保险等垄断行业，均由国家授权某些企业经营，由此造成了这些企业的高额垄断利润，这些垄断利润并没有如数地交给国家，而是留给了企业，由此导致这些企业员工的收入水平远远高于那些竞争性行业。分配关系扭曲的重要表现还表现在人们参与市场竞争的机会不平等以及竞争过程中的不平等。

没有哪一个国家，也没有哪一个社会在失去社会公平后还能平稳发展。美国经济哲学家罗纳德·德沃金明确提出财富的公平分配是人类社会至高无上之美德。在其著作的开篇，他就明确提出，平等的关切是政治社会至上的美德；而宣称对全体公民拥有统治权并要求他们忠诚的政府，它必须对于全体公民的命运表现出平等的关切，否则其合法性值得怀疑。在解释其观点时，德沃金用的是法哲学的观点。他认为，财富分配的公平与否，实质是法律制度的产物。也就是说，是不公平的法律制度导致不公平的财富分配结果。而法律制度又是政治的最集中体现。法律制度不公平，政治当然缺乏合法性。由此，可以导出另外一套相关的逻辑：一个追求财富公平分配的政治，当然会导致好的法律制度，因而也具备合法性。所以，平等具有至上的美德。

但是，结合上述的两个原则，审视我国社会公平的状况，可以发现无论是"机会公平"还是"避免剥夺享受成果的权利"，都与构建"和谐社会"相去甚远。拿前者来说，城乡二元体制的分割导致机会对于出生地不同的人们是无法实现公平的。先天的不公平是客观存在的，人们的禀赋、出身家庭的贫富、所处地区的自然条件有差别。但是后天的起点不公平就有关社会政策的选择。人们主要的不满是受教育的机会、健康的机会、迁徙的机会等的不公平。布坎南认为，真正的"机会公平"就不能让人们"带着出身进行市场比赛"，因为"当这样的参赛者以平等条件与相对较少有利条件而又必须参加这场比赛的人比赛时，我们寻常的'公正'的概念就被破坏了"。所以，只有社会政策使得"公平的权利分配优先于竞争"，这才是"机会平等"的真正实现途径。依靠累进的个人所得税以及遗产税等手段，对富人拥有的资源进行适当的控制，通过社会的各种援助政策对拥有资源少的穷人进行适当补偿，以此来进行资源分配，致力于使有利条件在不同境况的人们之间实现均等化。而且，"避免剥夺享受成果的权利"这条原则的具体化，就是世界银行早已提出的，首先社会中不能有绝对贫困，每个公民都应该享有"免于饥饿权、身心健康权与受教育权"；其次，社会中不能出现过度财富分化，否则可能导致公民共同体分裂。然而，现实社会中我国地区之间、行业之间、不同社会阶层之间收入的巨大差距表明，我国公共政策存在巨大的改进空间。

在过去的 30 年里，中国的贫富差距逐渐拉大，目前我国反映收入分配差异的基尼系数为 0.46，收入分配相当不均。对待收入差距也要具体分析。市场竞争产生的收入差距与权力因素、违法犯罪所产生的贫富分化在性质和效果以及对社会意识形成的作用上是截然不同的。由市场竞争所产生的收入差别是正常的，尤其是一部分社会成员通过为社会、他人提供较大的福利从而得到更多的收入，这样的收入差别是广大社会成员认可的，不仅不是收入分配不公而恰恰是公平的体现。这一点，在我国已经开始并将会越来越成为共识。所谓收入分配不公，主要是指由机会不均、竞争规则不平等产生的非正常收入差别，集中表现为特权收入和违法收入，这是当前真正引起人民群众强烈不满的分配不公。也就是说，群众的不满情绪主要针对的是权力经济和违法经济，是针对"起点的不平等"和"过程的不平等"。这种基于机会和条件的不平等而产生的收入差别既违背了公平原则，又不符合效率原则，直接损害了市场公平竞争的机制，是与市场经济背道而驰、水火不容的。这种差距固然是在改革开放取得巨大成功之下的差距，但倘若只谈成功，不言教训，不切实采取措施缓解差距，国人对改革开放的认识将会出现鲜明的阶层差别，进而势必影响到和谐社会大局的构建，未来中国的发展蓝图甚至会因此而受困。因此，缩小收入差距，体现公平原则，关键在于完善分配制度。

第5章 中国现阶段收入
分配状况分析

改革开放以来，我国收入分配制度改革逐步推进，按劳分配为主体、多种分配方式并存的分配制度基本建立，收入分配调节政策体系和调控机制基本形成，城乡居民总体收入水平和生活质量不断提高。但是近年来居民收入差距不断扩大，部分社会成员收入差距悬殊，收入分配秩序混乱的问题也日趋突出，已经成为社会各界普遍关注的社会问题之一。本章着重于从总体上分析我国居民收入分配状况及其原因，从而为进一步深入研究收入分配差距、改革收入分配制度和规范收入分配秩序提供分析背景和理论依据。

5.1 中国现阶段收入分配概况

5.1.1 中国现阶段收入分配的总体格局

改革以来，国民收入分配格局发生了显著变化。一方面，从分配总量上看，随着我国经济的迅速发展，政府、企业、个人三者的收入都有较大幅度提高；另一方面，从分配结构上看，伴随着国家收入分配政策的调整变化以及个人收入渠道的多元化，三者之间的分配结构也发生了相应的变化（见表 5-1）。

表 5 - 1　　　　　政府、企业、居民可支配收入分配比例　　　单位：%

年份	政府	企业	居民
1978	33.9	11.1	55.0
1980	28.2	9.8	62.0
1985	25.4	7.7	66.9
1988	21.2	8.3	70.5
1990	21.5	9.1	69.4
1994	18.0	16.0	66.0
1995	16.5	16.7	66.8
1996	17.1	13.6	69.3
1997	17.4	14.7	67.9
1998	17.5	14.4	68.1
1999	18.6	14.3	67.1
2000	19.5	15.6	64.9
2001	20.9	15.1	64.0
2002	20.5	14.9	64.6
2003	20.2	15.0	64.8

　　资料来源：《中国居民收入分配年度报告（2005）》，经济科学出版社 2005 年版。

　　这种变化具体表现在以下三个阶段：

　　第一阶段，1978～1990 年。三者收入分配比例变化明显，政府占国民总收入的比重持续下降，居民个人所占比重持续上升，企业所占比重稳中有降。1978 年，政府、企业和居民三者之间的分配比例为 33.9%、11.1% 和 55.0%，到 1990 年，三者之间的分配比例变为 21.5%、9.1% 和 69.4%。12 年间，居民收入所占比重上升了 14.4 个百分点；政府所占比重下降了 12.4 个百分点，企业的比重稳中有降，下降了 2 个百分点。这时期收入分配的主要特点是向居民个人倾斜，特别是在 20 世纪 80 年代后期，一度出现了收入向居民个人倾斜过快的倾向，1988 年，居民个人收入所占比重曾达到了 70.5%。

第二阶段，1990～1999 年。以 1995 年为界，20 世纪 90 年代前半期，政府收入比重下降幅度明显减小，而企业收入比重稳步上升，宏观收入分配过快向居民倾斜的状况得到一定矫正。1990 年，政府、企业和居民三部门之间的分配关系为 21.5%：9.1%：69.4%；到 1994 年，政府、企业和居民三部门之间的分配关系变为 18%：16%：66%。其中，政府收入比重比 1990 年下降 3.5 个百分点，；居民收入比重下降 3.4 个百分点；企业收入比重上升 6.9 个百分点。20 世纪 90 年代后半期，政府收入比重小幅上升，企业和居民收入比重小幅回落。从总体上看，政府收入比重基本稳定在 17% 左右，企业和居民收入比重分别稳定在 14% 和 69% 左右。

第三阶段，1999～2003 年。居民的份额明显下降，企业的份额进一步上升，政府的份额大幅度上升，到 2003 年发展为 64.8%：15.0%：20.2%，政府最终可支配收入的规模迅速扩大，相应居民可支配收入明显削弱。

从国际经验看，我国三者分配关系的变化是符合规律的。各国经验表明，在由低收入向中等收入国家迈进的过程中，国民收入的分配格局一般表现为居民和企业所得比重略有上升，政府所得比重有所下降。从实践角度看，我国三者分配关系的变化也是基本合理的，是符合改革方向的。收入分配在一定阶段向企业和居民个人倾斜，首先是纠正改革前长期不重视人民生活水平提高的需要，有补还"欠账"的因素，有利于解放和发展生产力，为经济快速增长带来活力；其次是增加消费，适应改善投资与消费比例关系的需要。收入分配格局的调整不仅激发了企业、居民的生产积极性，也有力地促进了微观主体内部收入分配自我约束机制的建立健全和宏观层次上新的积累机制的形成，为经济的长远发展打下了坚实的基础。

同时也应当看到，改革开放以来，尤其是近年来，在政府、企业、居民收入分配关系变动过程中，三者之间及各自内部的不平衡、不协调问题也相当突出。

首先，国民收入初次分配向政府和企业倾斜的势头较为明显。

主要表现在以下几个方面。

（1）劳动报酬在 GDP 和国民收入分配中所占比重过低而且持续下降。初次分配主要解决资本所有者和人力资本所有者的利益分配问题，衡量一国国民收入初次分配是否公正的主要指标是分配比率，即劳动报酬总额占国内生产总值的比重。如果劳动者的报酬总额占 GDP 的比重越高，则说明国民收入的初次分配越公正。发达国家的实践经验证明，在人均 GDP 达到 1000 美元的水平后，经济结构将出现较大的变动，经济发展往往进入高速增长的"起飞"阶段，GDP 中劳动报酬部分的增长将明显加速，工资水平相应会有一个较大幅度的上升。这是经济发展达到一定水平的必然反映。在 30 年的改革开放进程中，我国经济一直保持持续快速增长的势头，据统计，从 1978 ~ 2006 年，我国 GDP 年均增长速度为 9.7%。至 2006 年 GDP 总量达 210871 亿元，人均 GDP 接近 2000 美元；东部沿海省市的人均 GDP 已超过了 3500 美元。例如：广东省 1980 ~ 2006 年 GDP 年均增长 19.6%，至 2006 年底，全省人均 GDP 达 3509 美元。① 这标志着，我国社会经济发展进入了工业化、城镇化和现代化快速发展的重要阶段。在这样一个阶段，工资水平应当有一个较大幅度的增长。但是，从工资变动情况来看，多年来我国职工工资水平上升幅度不大，一直低于经济增长速度。从分配总量上看，改革开放以来，我国国内生产总值从 1978 年的 3645.2 亿元增加到 2006 年的 210871.0 亿元，28 年间增长了 57 倍，而年均工资则由 1978 年的 615 元增加到 2006 年的 21001 元，28 年间仅增长了 34 倍。从工资总额占国内生产总值的比例（即分配率）来看（见图 5 - 1），我国职工工资总额占 GDP 的比重从 1978 年的 15.7%，下降为 2006 年的 11%，如果再加上工资额 30% 的福利，20 多年来，分配率则约在 15% ~ 20% 之间，而成熟的市场经济国家分配率

---

① 陈思毅：《使工资收入随经济发展而合理增长》，载《南方日报》2007 年 5 月 22 日。

普遍都在 54% ~ 65% 之间。[①] 除了总量之外，还应考虑 1980 年以来工资的结构性变化：一是 1980 年机关事业单位与企业工资差别不大，企业经营者与普通职工工资差别不大，且那时企业职工基本不缴纳社会保障费；二是 1998 年以来机关事业单位多次增长工资，而企业中经营职位和一般职位间收入差距目前普遍在 20 倍以上；三是 20 世纪 90 年代中期以来国有行政性垄断行业职工工资增长过快；四是 2003 年企业职工工资总额中还包括要缴纳约 10% 基本工资的养老、医疗、失业保险费。这就可以断定，与改革初期相比，企业普通职工的实际收入占 GDP 的比重大幅度下降了。

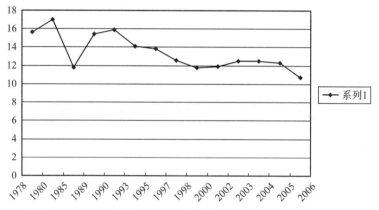

图 5 − 1　1978 ~ 2006 年职工工资总额占 GDP 比重变化情况（%）
资料来源：相关年份《中国统计年鉴》。

　　而与工资占 GDP 的比重一路走低相对比的是：近几年，我国中央和地方政府预算内收入增速较快，2001 ~ 2006 年增速分别高达 22.3%、15.4%、14.9%、21.6%、19.9% 和 22.5%，要快于名义 GDP 增速。这使得这些年财政收入占名义 GDP 比重呈逐年上升之

---

　　① 辜胜阻：《高速增长需要与财富积累同步》，载《中华工商时报》2006 年 12 月 20 日。

势（见图5-2），由2001年的14.9%上升到2006年的18.4%，六年内上升了3.5个百分点。① 尽管随着GDP的增长，财政收入水涨船高很自然，但就居民收入和财政收入而言，两者有一个此消彼长的关系。财政收入的提高是以一般居民收入的增幅放缓为代价的。

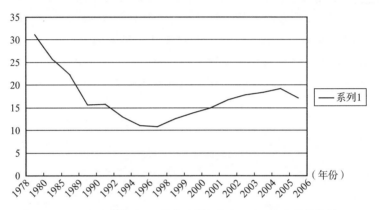

图5-2 1978～2006年国家财政收入占名义GDP比重变化情况

资料来源：相关年份《中国统计年鉴》。

（2）劳动与资本的收入结构不合理，分配中出现强资本弱劳动的趋势。2002年以来，随着国有企业改革成效的逐步显现、我国经济进入新一轮增长周期带来的能源原材料价格大幅上升，我国规模以上工业企业利润总额增速大大上升，2002～2005年增速分别高达22.21%、44.14%、43.09%和20.4%，分别要比同期名义GDP增速高出12.47、31.27、25.38和6.36个百分点。与企业利润持续大幅增长形成明显对照的是，企业职工工资增长缓慢，甚至几年没有增长。据全国总工会2005年对10个省份中的20个市（区）1000个各种所有制企业以及1万名职工的问卷调查，2002～2004

---

① 中华人民共和国国家统计局编：《中国统计年鉴2007》，中国统计出版社2007年版。

年三年中，职工工资低于当地社会平均工资的人数占 81.8%，比上一个三年增加了 28 个百分点；只有当地社会平均工资一半的占 34.2%，比上一个三年增加了 14.6 个百分点；更有甚者，还有 12.7% 的职工工资低于当地最低工资标准；这次调查还发现，2002～2004 年三年中，港澳台企业年均效益增长 33%，而职工工资增长为零，企业巨大的经济效益，在职工收入上没有一点体现。另据中国财贸、轻纺、烟草工会对天津等 5 个城市的纺织企业调查，90% 的企业职工工资三年分文未涨。① 另外，现实中存在着大量对劳动者合法劳动收入的侵害现象，如工资标准过低、拖欠职工工资、滥用合同试用期、剥夺职工分享利润的权利等。

（3）制度内与制度外收入结构不合理，工资作为制度内收入的主要部分仅占城乡居民全部收入的 21.4%，占城市居民全部可支配收入的 33%，居民收入的大部分来自制度外。以 2002 年为例，居民工资总额大约在 1.2 万亿元左右，占当年 10 万亿元 GDP 的 12% 和城市居民 3.7 万亿元全部可支配收入的 33%。② 换言之，在城镇还有 2.4 万亿元是通过非工资的方式分配的。这非工资的方式除了经营、技术等收入外，很大一部分属于非法非规范收入。在现实中，偷逃税收入和以非法生产经营方式为手段牟取的收入等非法收入普遍存在。

（4）在工资分配领域"平均主义"并没有彻底根除。据调查，许多企业基本工资最高与最低标准相比，仅为 3 倍左右；机关单位最高工资仅是最低工资的 4.28 倍（不含工龄工资）；事业单位基本工资最高与最低标准相比只有 2.81 倍。③ 按行政职务的收入分配差距过小，按技术职务（技术要素）的收入分配差距更小。另外，按生产要素分配也没有真正调整到位。主要表现为土地、资源等重要

---

① 徐平生：《居民实际可支配收入占 GDP 比重何以持续下降》，载新华网 2006 年 8 月 14 日。

② 邓聿文：《工资收入占 GDP 比重过低说明什么》，载《中国青年报》2005 年 6 月 21 日。

③ 夏兴园：《论我国当前收入分配格局》，载《当代财经》2002 年第 5 期。

的生产要素还没有真正参与到分配中来，所获得的要素报酬也不充分。

其次，国民收入再分配后居民可支配收入比重持续下降。1992年以来，居民在再分配中，总体上处于净得益地位。但1998年以来，居民净得到的份额在逐渐缩小。2002年居民已由再分配中的净得益方变为净损失方。具体表现为居民占国民初次分配收入的比例高于占可支配总收入的比例，但两者差距在逐渐缩小，由1992年的2.3%下降到2002年的－0.1%。收入再分配过多向政府倾斜的现象说明：居民获得的社会补助等转移支付要少于缴纳收入税和社会保险付款的支出。收支相抵，总体上没有通过国民收入再分配（主要是通过政府转移支付、社会保障支出等）获得收益，反而成为损失方。也就是说，政府在经常转移中获得的收入税和社会保险交款等转移收入大于社会补助等转移支出。1998年到2005年，我国财政社会保障经费年支出由598亿元增长到3600亿元左右，年均增长29.4%；占财政总支出的比重也从5.5%增长到11%。尽管社会保障财政支出增长很快，但与发达国家和发展中国家相比，我国政府用于社会保障的比例还是比较低的。2006年，我国财政社会保障经费占财政总支出的比重为11%，不仅远远低于发达国家30%~50%的比例，甚至低于印度、泰国等发展中国家的水平。①

从1998年起，国家推进了养老、医疗和教育体制改革，取消了福利分房、推行教育产业化、医疗市场化，企业职工的养老也由企业负担而转向社会统筹，而以上改革的结果，却减少了政府对社会公共服务品的供给。也就是说，近年来，在国民可支配收入中，尽管政府财政收入大幅度增加，但是社会福利支出的占比并没有提高，甚至呈下滑之势。政府在社会公共服务方面的缺位，导致城乡居民不得不自行考虑医疗、养老、教育等诸多方面的支出，这无疑

①　李若愚：《我国国民收入分配正向政府倾斜》，载《上海证券报》2006年6月19日。

会进一步恶化城乡居民收入分配状况。

最后，国民收入最终分配后居民实际可支配收入比重急剧下降。从表 5-1 可以看出，近年来政府占国民可支配收入的比重由 1998 年的 17.5% 上升到 2003 年的 20.2%，而居民所占比重则由 1998 年的 68.1% 下降到 2003 年的 64.8%。此外，2004 年、2005 年两年，国家财政收入增速一直保持在 20% 左右，远高于同期 GDP 增速。相关统计数据显示，2006 年我国财政总收入达到 39373.2 亿元，比 2005 年增长了 24.4%。但农民人均纯收入和城镇居民人均可支配收入的实际增速则要低于同期 GDP 增速。20 世纪 80 年代 GDP 年均增长率，城镇居民人均可支配收入年均增长率，农村居民人均纯收入年均增长率和按城乡人口比重加权平均的城乡居民人均收入年均增长率分别为：9.3%、4.5%、8.4%、7.5%；20 世纪 90 年代这四项增长率分别为：10.1%、6.8%、4.5%、5.2%。可以看出，无论是城乡居民分别计算还是总体计算，居民收入增长都明显低于经济增长，而且二者的差距呈扩大趋势，近年来这一差距虽有缩小但仍然明显存在。[①] 考虑到政府的预算外收入，政府收入所占的比例应该更高。由此推断，最近两年政府占国民可支配收入的比重仍保持扩大之势，国民收入分配向政府倾斜的现象并没有改变。收入分配格局过度偏向于政府所带来的负面影响是显而易见的。一方面，政府财政收入的快速增长挤压了居民收入增长的空间；另一方面，政府转移支付和社会保障支出的滞后，又导致居民消费倾向下降，储蓄倾向上升。内需的不足反过来又使得我们对外需的依赖加强，我们需要更多的贸易顺差来带动经济的增长，对外的依赖加强又加剧了经济结构的失衡和居民收入受抑，这就形成了一个恶性循环。另外政府占有资源太多不利于提高资源配置效率。从统计数据来看，这些年来政府投资占 GDP 的比

[①] 汪同三、张涛：《从收入分配角度促进经济结构调整》，载《人民日报》2003 年 10 月 9 日。

重，即政府投资率上升得比较快，而非政府投资占 GDP 的比重非
常平稳，上升的幅度很小，中国近年来的几轮投资过热大多是政府
主导的。因此我们可以说过多向政府倾斜的收入格局既是经济结构
失衡和制度扭曲的结果，同时也加剧了当前宏观经济形势的恶化和
政府调控的无力。外汇储备的居高不下、居民消费的不振以及收入
分配格局的变动都是一个问题的不同侧面，反映了经济结构和制度
层面的许多深层次问题。

5.1.2 居民收入增长与收入差距扩大化：从共同富裕到结构分化

1. 居民总体收入持续增长

改革开放以来，我国居民收入水平从总体上看有了大幅度提高
（见表 5-2）。1978~2007 年，按现价计算，城镇居民家庭人均可支
配收入从 343 元增长到 13786 元，29 年间增长了 40.2 倍。农村居民
家庭人均纯收入 134 元增长到 4140 元，29 年间增长了 30.9 倍。

由于收入水平的提高，全国城乡居民储蓄存款大幅增加，1978
年城乡居民储蓄总额为 211 亿元，人均不到 22 元，而到 2006 年底
储蓄总额为 161587.3 亿元，人均近 12372 元。[1] 财产性收入的比重
明显提高，1995~2002 年间，全国居民的财产增长速度是相当快
的。首先，人均财产总额增长迅速。按照当年价格计算，1995 年居
民人均财产总额为 11082 元，按照 2002 年的价格计算为 12102 元。
到 2002 年，以当年价格计，全国居民的人均财产总额上升为 25897
元。由此可以计算出，1995~2002 年全国居民人均财产的实际增长
率为 114%，即增加了 1.14 倍，实际年均增长率为 11.5%，高出

---

[1] 中华人民共和国国家统计局编：《中国统计年鉴 2007》，中国统计出版社 2007
年版。

了同期人均 GDP 的增长速度，也高出了同期城乡居民人均可支配收入（或纯收入）的增长速度。

表 5 – 2　　　　中国居民家庭人均收入及增长率　　　单位：%

年份	城镇居民人均可支配收入		农村居民人均可支配收入	
	金额	年增长率	金额	年增长率
1978	343		134	
1985	739.1		397.6	
1989	1373.9		601.5	
1990	1510.2	9.92	686.31	14.10
1991	1700.6	12.16	708.6	3.25
1992	2026.6	19.17	784	10.64
1993	2577.4	27.18	921.6	17.55
1994	3496.2	35.65	1221	32.49
1995	4283	22.50	1577.74	29.22
1996	4838.9	12.98	1926.1	22.08
1997	5160.3	6.64	2090.1	8.51
1998	5425.1	5.13	2162	3.44
1999	5854	7.91	2210.3	2.23
2001	6859.6	9.23	2366.42	5.02
2002	7702.8	12.29	2475.6	4.61
2003	8472.2	9.99	2622.24	5.92
2004	9421.6	11.21	2936.4	11.98
2005	10493	11.37	3255	10.85
2006	11759	12.06	3587	10.19
2007	13786	17.23	4140	15.42

资料来源：根据历年中国统计年鉴整理。

2. 居民总体收入差距逐步扩大

在城镇居民和农村居民人均收入水平不断提高的基础上，居民内部收入分配格局失衡的问题也日益突出，集中表现为居民收入差距的持续扩大。

改革开放以来我国由基尼系数所反映出来的收入差距，总的来说呈现一种上升的趋势（如表 5 - 3 和图 5 - 3 所示）。具体来说，我国居民收入分配差距的变动大体经历了三个阶段。

表 5 - 3　　　　1978～2005 年中国居民收入分配的基尼系数

年份	全国居民基尼系数 1	农村居民基尼系数 2	城镇居民基尼系数 2
1978		0.21	0.16
1985	0.30	0.23	0.19
1990	0.31	0.31	0.23
1991	0.33	0.31	0.24
1992	0.35	0.31	0.25
1993	0.36	0.32	0.27
1994	0.36	0.33	0.3
1995	0.37	0.34	0.28
1996	0.32	0.32	0.28
1997	0.362	0.33	0.29
1998	0.363	0.34	0.3
1999	0.377	0.34	0.3
2000	0.394	0.35	0.32
2001	0.404	0.36	0.32
2002	0.434	0.37	0.32
2003	0.438	0.37	0.33
2004	0.439	0.33	0.325
2005	0.45	0.37	0.32

资料来源：1. 周文兴著：《中国：收入分配不平等与经济增长》，北京大学出版社 2005 年版。

2. 孔泾源主编：《中国居民收入分配年度报告（2005）》，经济科学出版社 2005 年版。

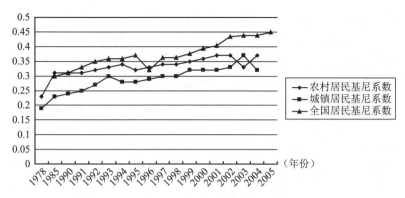

图 5 - 3　1978 ~ 2005 年中国居民基尼系数变动趋势

　　第一阶段，1978 ~ 1990 年先降后升的小幅波动。20 世纪 80 年代前半期，居民基尼系数略有增加，农村居民基尼系数从 1978 年的 0.21 上升到 1985 年的 0.23，城镇居民基尼系数从 1978 年的 0.16 上升到 1985 年的 0.19。按国家统计局的测算，从 1978 ~ 1984 年，我国城镇居民的基尼系数一直保持在 0.16 左右，而农村居民的基尼系数则由 0.21 上升到 0.26。按世界银行的测算，从 1981 ~ 1984 年，我国居民总体的基尼系数从 0.29 上升到 0.30，增长不到 1 个百分点。1985 年全国居民基尼系数为 0.30。这说明在这一时期内，我国农村居民收入分配差距扩大的程度比城镇居民大。居民总体收入差距扩大的程度要大于农村和城市内部各自的收入差距扩大的程度。20 世纪 80 年代后半期，居民基尼系数逐步上升，农村居民基尼系数从 1985 年的 0.23 上升到 1990 年的 0.31，城市居民基尼系数从 1985 年的 0.19 上升到 1990 年的 0.23。全国居民基尼系数由 0.3 上升到 0.31。按照世界银行的测算，这一时期我国居民收入的年平均增长率不足 1%，而居民总体的基尼系数却由 1984 年的 0.30 增长到 1989 年的 0.35。按国家统计局的测算，这一时期我国城镇居民的基尼系数从 1984 年的 0.16 增长到 1989 年的 0.23，农村居民的基尼系数由 1984 年的 0.26 上升到 0.30。说明在这一时期内，我国城镇居民收入分配差距扩大的程度比农村居民大。

第二阶段，1991～1998 年先升后降的显著波动。20 世纪 90 年代前半期居民基尼系数显著上升，农村居民基尼系数从 1991 年的 0.31 上升到 1994 年的 0.33，城市居民基尼系数从 1991 年的 0.24 上升到 1994 年的 0.3。全国居民基尼系数由 0.33 上升到 0.36。根据国家统计局公布的数据，1990 年以来，我国城镇居民基尼系数和农村居民基尼系数均在波动中呈现扩大的趋势。1990 年、1995 年城镇居民基尼系数分别是 0.24、0.28；农村居民基尼系数分别是 0.309、0.341。就全国总体而言，1990 年、1995 年全国居民基尼系数分别是 0.343、0.389。根据世界银行的测算，1995 年我国居民总体的基尼系数达到 0.415。按照中国人民大学社会学系测算，1994 年我国居民总体的基尼系数达到 0.445。虽然在数字上存在差异，但都可以说明居民收入差距在扩大。20 世纪 90 年代后半期，在 1995 年收入差距扩大到达峰值之后，全国居民基尼系数小幅调整后基本趋于稳定。

第三阶段，1999 年至今的持续增大以致超出合理界限。农村居民基尼系数 1999～2004 年分别为 0.34、0.35、0.36、0.37、0.37，2004 年略有下降，为 0.33，2005 年又升至 0.37。城镇居民的基尼系数从 1999 年的 0.3 上升到 2004 年的 0.325，2005 年稍有下降，为 0.32。全国居民基尼系数从 1999 年的 0.377 上升到 2005 年的 0.45。按照中国社会科学院经济研究所课题组的调查，包括各种集体福利和非正常收入的差距在内，我国目前的基尼系数为 0.445。根据国家统计局公布的数据，2000 年全国居民基尼系数为 0.417，2005 年达到 0.45。而根据世界银行的测算，我国基尼系数 2001 年为 0.45，2005 年升至 0.47。世界银行 2003 年《中国经济报告：推动公平的经济增长》指出，如果中国任由当前城乡差距和省际人均收入增长速度的差距继续不断扩大，到 2020 年基尼系数将会上升到 0.474。虽然各方对全国基尼系数的判断存在一定的差异，但都可以说明，当前我国居民总体收入差距过大，已经超过了合理界限。这一点已成为绝大多数学者和国际研究机构的共识。

我国居民收入差距的扩大不仅反映在基尼系数这个总量指标上，而且也体现在不同群体收入水平的变动上（见表5-4）。从高、中、低三组人群收入分配状况看，1980～2004年不同阶层的收入水平都显著提高。其中最高收入水平的20%人群收入增长速度最快，其次是中等收入阶层。这从图5-4中以明显的剪刀状反映出来。1992年是1980～2004年收入增长速度快慢的分水岭。1992年以前，各组群体收入增长速度都较缓慢，1992年以后，高收入阶层的收入增长急剧上升，增长幅度明显高于中低阶层。1996年以后，中低收入阶层收入增长缓慢，社会贫富差距愈益扩大。

以上分析表明，20世纪80年代和90年代前期居民收入差距的扩大，基本上是在绝大多数居民收入水平或多或少普遍提高基础上的差距扩大；但20世纪90年代后期特别是1999年以来的很多情况显示，收入差距扩大已开始伴随"两极化"的特点，富者越来越富，穷者越来越穷，马太效应明显。需要指出的是，"两极化"基础上的差距扩大与收入分配普遍提高基础上的差距扩大有着非常不同的含义。如果不尽快解决，有可能会导致制度性收入分配不均的后果。

尤其值得注意的是，尽管近年来政府为缓解收入差距过大采取了诸多积极措施，但目前收入差距扩大的趋势仍在持续。突出表现为城乡、地区、行业以及阶层之间收入差距的全面扩大。仅以城乡收入差距为例，城镇居民收入与农村居民收入之间的差距近三年一直保持在3.2倍左右；2005年城镇最高10%与最低10%收入户的人均收入之比为9.2倍，比上年扩大了0.3倍。2005年农村高收入户人均纯收入与低收入户人均纯收入之比为7.3倍，比上年扩大了0.4倍。① 合理适度的收入差距是贯彻党和国家尊重劳动、尊重知识、尊重人才、尊重创造重大方针的必然要求，是市场经济的必然要求。但如果居民收入差距过分扩大且长期得不到有效的调节，就

① 《2006年中国居民收入分配年度报告》，载国家发改委网站2007年2月1日。

会直接或间接引发许多经济和社会问题，甚至会影响经济的健康发展和社会稳定。

表 5 - 4　　1980～2004 年高、中、低三组人群收入分配状况

年份	收入水平最高的 20% 人口年均收入水平	收入水平均中间 60% 人口年均收入水平	收入水平最低 20% 人口年均收入水平
1980	215.34	207.23	113.57
1981	529.56	253.92	132.72
1982	573.72	309.36	145.32
1983	593.40	343.56	169.32
1984	647.88	387.12	196.32
1985	933.48	424.08	198.24
1986	1065.00	469.44	203.64
1987	1197.60	530.64	216.00
1988	1429.44	619.68	259.92
1989	1575.6	703.68	275.28
1990	1702.56	819.12	433.32
1991	1910.64	859.68	332.16
1992	2235.96	940.92	351.96
1993	2837.52	1160.88	412.08
1994	3734.76	1509.72	543.24
1995	4939.2	1988.52	703.56
1996	5331.48	2427.00	921.48
1997	6585.00	2757.68	958.68
1998	6997.20	2904.00	1023.00
1999	7683.12	3063.36	1025.16
2000	8455.20	3225.96	999.60
2001	9447.96	3474.84	1038.96
2002	15460.00	4738.62	3032.47
2003	17472.00	5038.47	3295.68
2004	29634.00	6142.53	3875.42

资料来源：《中国统计年鉴》历年相关数据整理。

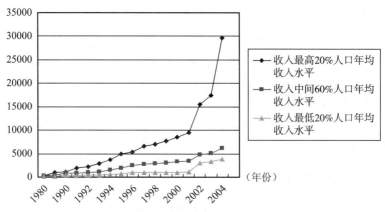

图 5 - 4 1980 ~ 2004 年不同人群组的人均年收入状况变化趋势

5.2 现阶段收入分配不合理状况的制度性成因分析

5.2.1 社会保障体系不健全

自 20 世纪 80 年代中期开始的社会保障制度改革是以养老保险、失业保险、医疗保险改革为重点进行的，在社会救济方面，主要是建立最低生活保障制度。到目前为止，以养老、失业、医疗和最低生活保障为主要内容的城镇社会保障体系框架初步形成。截至 2006 年 7 月，养老、失业、医疗保险参保人数分别达到 1.7993 亿人、1.0892 亿人和 1.4683 亿人，全国共有 2000 多万城镇居民得到最低生活保障救济，已实现应保尽保。农村社会保障体系也在积极探索中。至 2005 年底，全国有 1900 个县市开展了农村养老保险工作，5442 万农民参保，400 多万被征地农民纳入基本生活或养老保障制度。截至 2006 年 6 月底，新型农村合作医疗试点已扩大到

1399 个县市，覆盖农业人口 4.95 亿人，参入人口 3.96 亿。① 部分地区还建立了农村最低生活保障制度。总之，社会保障作为市场经济条件下维护公民权利、调节贫富差距和促进社会与经济协调发展的公共政策，在我国正逐步得到认可和更多实践。社会保障落后于经济增长的情况正在改变，但随着社会统筹协调发展的战略进一步走向深入，这一旨在实现公平的社会政策内部，不公平的问题却日渐凸显。

1. 基本养老保险不公平

第一，机会不均等。基本养老保险制度的建立需具备两个基础条件：一是经济发展到一定程度、职工收入达到一定水平；二是生产组织的社会化。改革开放以来，乡镇企业生产的社会化程度与职工收入水平大大提高，具备建立养老保险制度的基础条件，职工参保意愿强，但由于保险制度上的缺失无法参保，造成机会上的不均等，在年老时无法享受养老待遇。基本养老保险制度原则上规定其适用范围为机关事业单位的正式工、城镇各类企业职工个体劳动者。到目前为止，还没有建立起针对机关事业单位的临时工与进城务工的农民工等灵活就业人员的养老保险制度，制度上的缺失，造成这两类人员在参保机会上的不均等。

第二，过程不均等。在城镇养老保险制度体系内，源于单位间制度设计上的分割，造成机关、事业、企业单位参保过程上的不均等；在企业养老保险制度内，源于对转轨成本的回避，一方面造成了代际间参保过程的不均等，另一方面又造成不同企业间参保过程上的不均等；由于社会经济环境的变化，源于养老保险制度参数调整的滞后，更加深了职工参保过程上的不均等。一是机关、事业、企业单位参保过程不均等。在城镇基本养老保险制度体系内，由于

---

① 尹艳林：《加强收入分配制度建设　促进社会和谐》，载《宏观经济管理》，2006 年第 11 期。

制度在设计上的分割，未把机关、事业单位纳入其中，造成三类人群的参保过程上的不均等。比如在缴费义务上，除参加企业基本养老保险的机关与事业单位职工外，大部分机关事业单位及职工并不像企业职工那样缴费。又如在养老金待遇上，由于仅改革了企业职工养老金计发办法，现行的机关事业单位职工养老金计发水平与调整办法均高于企业，两者差距较大并在延续。企业退休职工与机关、事业单位退休干部职工退休金比较，三者在 1990 年时年差距分别是 1607 元、1715 元、1771 元，到 2005 年时，三者年差距分别为 8565 元、17633 元、16147 元；从待遇提升的幅度看，从 2000 年到 2005 年的 6 年间，机关、事业单位的退休金年均增长 13.07% 和 11.48%，但是，同期企业退休职工的收入年均增长仅有 6.92%。[①]　差距扩大除了职工中工人比例、女性比例、人力资源水平与工资等因素外，不同的制度是主要原因。有这么一对夫妻，丈夫退休前是某公司的总工程师、经理，职称是高级工程师，工龄近 40 年，他退休后的月收入是 1008 元；其妻子，原为农村妇女，后受惠于落实知识分子政策，随丈夫进城，在环卫局工作做环卫工人，后又转正并提前退休，工龄 12 年，她退休的月收入是每月 1300 元左右。工龄 40 年的高级工程师丈夫，退休金却不及做清洁工、且工龄仅有 12 年的妻子，原因何在？很简单，因为丈夫是从企业退休的，而妻子是从事业单位退休的。二是企业养老保险制度内，参保人员过程不均等。企业养老保险制度由"现收现付制"向"部分积累制"改革过程中，没有提供资金支付职工改革前的养老金权益——转轨成本，加重当代职工负担，既造成了代际间参保过程的不均等，又造成了单位间参保过程上的不均等。制度转轨中，当代劳动者除了要为自己积累一个"个人账户"之外，还必须拿出另外的缴费比例来养活退休的老年一代，以偿还几十年现收现付制

[①]　王红茹：《2010 年企业退休人员月养老金将超 1200 元》，载《中国经济周刊》2007 年第 32 期。

留下的养老金欠债，与上一代及下一代相比，养老保险负担加重和福利减少，造成了代际间参保过程上的不公平。制度转轨中，由于统筹基金收不抵支，通过扩大覆盖面将其他企业职工纳入参保与缴费过程，逐步消化转轨成本。传统企业养老保险制度下，国有企业职工的养老金权益都已转化为过去的政府收入，并凝固在国有资产当中，真正对老职工的养老负有责任的是政府和公有制经济体系本身，而不是以非公有制为主体的其他企业。在单位统一费率的条件下，其他企业一参保就承担了过重的负担，从义务与权利角度看，不同企业在参保过程中存在不均等。三是养老保险制度有关参数未随社会经济环境的变化而调整，造成了职工参保过程上的不均等。首先，人口增长模式转变，预期寿命增加，资本回报率降低，个人账户养老金领取系数未及时下调，造成了职工参保过程上的不均等。企业养老保险制度改革中，设立个人账户的初衷是，激励职工缴费，保持个人账户积累额与其退休时的支付额基本平衡。根据20世纪90年代初期城镇人口预期寿命、工资增长率与银行利率精算出的个人账户领取系数为1/120。制度运行中，个人账户领取系数未随着预期寿命增加、银行利率下调而下调，退休职工个人账户将产生大量向统筹转嫁的赤字，当代职工的个人账户赤字通过这环节向下一代转移，产生了过程中的不均等。其次，养老保险制度中建立了个人缴费年限与养老金待遇水平相关的激励机制，但由于法定退休年龄政策规定了男女职工、就业、缴费年限上的差别，造成了不同性别、不同工种职工间在参保过程中的不公平。由于养老金计发待遇改革，缴费年限的长短影响养老金水平，国发［1997］26号文中能否取得占职工平均工资20%的基础养老金的资格条件是缴费年限是否满15年，月个人账户养老金水平为退休时个人账户积累额除以120，它的高低与缴费率、工资水平、投资回报率、缴费年限成正比。国发［2000］42号文增加缴费年限激励，基础养老金为在缴费年限满15年的基础上每增加1年缴费，其占上一年职工平均工资的比率在20%的基础上增加0.6%，缴费年限越高，则基础性养老金与个人账户养老金越高。传统的养老保险制度中，养老水平规定为其标准工资的一定比例，高低与工龄成正比，最高为75%且所要求的年限为满25年工龄。在退休年龄政策规定下，由于男女职工均能取得25年工龄，男女职工的养老金水平较公平。根据法定退休年龄规定，男职工退休年龄分别比女工人、干部高10或5年，因而其就业及缴费年限均可高于5年以上。在新的养老保险制度规定下，男职工较女职工能领取更高的养老金，产生了男女职工在参保的过程上的不均等。特殊工种比普通工种职工早5年退休，缴费年限短，养老金水平低，造成了不同工种间的职工在参保过程中的不公平。最后，收入分配制度改革滞后，收入不透明，工资外收入与非货币性工资的存在，导致缴费工资基数核实困难。理论上仅能以统计工资作为缴费基数，但实际上各地参保企业的平均缴费工资基数低于职工平均工资。非国有部门的名义工资在很大程度上已经货币化，非国有部门的缴费基数更高，但只能得到同样的退休待遇（即职工平均工资），造成了参保过程上的不公平。

第三，结果不均等。养老保险制度建设中既存在机会上的不均等，也存在过程上的不均等，已经或将造成结果上的不均等，一方面是大量的农村老人与部分城镇老年人没有养老金；另一方面是个体条件相同的职工由于出生日期、就业单位类型、性别不同，领取的养老金水平不同，养老保险制度没有充分发挥调节收入再分配、职工跨时延期消费的功能。

2. 失业保险制度的运行状况与面临的问题

第一，现行的失业保险制度未能实现广覆盖，最需要帮助的人难以得到该制度的援助和服务。1993年发布的《国有企业职工待业保险规定》把失业保险所实施的对象分为七类，基本上限于国有企业职工，大多数非国有企业的员工还没有纳入失业保险的范畴之内。加上一些地方出于政绩考虑，掩盖失业率，夸大就业率，实际上只有少数人能够拿到失业救济。以2005年的数据为例，该年我国城镇登记失业率为 4.2%，而同期的欧盟失业率为 8.5%，加拿大为 6.5%。① 我国对失业率的定义使一部分失业的人被排除在救济范围以外。

第二，待遇水平低，难以保障失业家庭的基本生活需求。国际上，被救济人员平均领取的失业救济金一般为在职职工工资的 50%以上，像德国达到了 69%，而我国远远低于这一水平，只有 20%左右，有的地方甚至还不到 10%。失业救济金过高，容易使失业者产生依赖和惰性心理，而过低，则无法解决失业人员基本的生活问题，更谈不上通过教育、培训来实现再就业。

第三，资金滚存结余数量不断增加，但现行失业保险体系的就业促进功能不足。近年来，我国失业保险基金收入的增长远远快于支出，资金结余越来越大。2004 年末全国失业保险基金累计结存386 亿元，到 2005 年末结存达到 511 亿元，而到了 2006 年末，这一数字变成了 708 亿元。② 由于大量资金处于闲置状态，我国失业保险基金的应有作用远没有完全发挥出来。

第四，失业保险统筹层次过低，基金的整体承受能力弱，从而造成一些地区失业保险基金严重不足，而另一些地区则存有大量的结余，导致地区之间调剂没有充分发挥出来。如在一些经济欠发达的地区，失业保险基金征集困难，一旦出现问题很难调剂使用，而地方政府往往没有财政能力对匮乏的救济金予以补足，致使一些地区不能按期支付失业人员的保险金。以城市为单位各自为政的失业保险制度，在一定程度上不利于促进全国统一劳动力市场的发展。

3. 医疗保障制度不合理

改革开放后，为更好解决医疗卫生领域问题，政府在医疗卫生体制方面进行了一些尝试，但这些制度性设计存在诸多问题，主要

---

① 商务部政研室：《世界经济贸易 2006 年 1 月份大事记》，载世贸人才网 2006 年 9 月 5 日。
② 《失业保险基金有钱难花》，载《经济参考报》2006 年 11 月 28 日第 1 版。

表现为以下几个方面。

（1）城镇医疗保险制度本身存在明显缺陷。

第一，在医疗保险制度中引入积累制的个人账户，不符合医疗保险制度设计的基本原则。其一，医疗保险所依据的基本原则是社会共济，个人账户的设立显然降低了医疗保险的互济功能。其二，个人的医疗卫生服务需求是随机性的，不可能先积累后消费；引入积累制并不符合医疗需求规律。"大病统筹，小病自费"的制度设计，违背了"预防为主"的医学规律。

第二，现行城镇医疗保险制度的目标人群只包括就业人员及符合条件的退休人员，将绝大部分少年儿童、相当一部分老人以及其他无法就业的人员排除在外。这样的制度设计必然导致如下结果：一是上述人群的医疗需求难以得到制度化的保障，个人及家庭面临的医疗风险难以化解，从而带来经济、社会方面的消极后果。二是在一部分人有医疗保障而另外一部分人没有医疗保障的情况下，无法避免体制外人员以各种方式侵蚀体制内医疗资源的问题。

第三，现行医疗保险制度设计及相关配套措施没有解决对医疗服务提供者的行为约束问题，以至于医疗服务费用仍无法控制。在这种情况下，维持资金平衡就成为医疗保险自身的难题。另外，现行医疗保险设定的统筹层次过低，以至于无法在较大范围内实现风险共担。在参加医疗保险的不同类型人群中，也存在保障标准上的差异，影响到制度的公平性。上述问题的存在，影响到城镇医疗保险制度自身的可持续性和实际效果，继续推行下去的难度很大。

（2）新型农村合作医疗制度的缺陷。

在农村医疗卫生状况急剧恶化，恢复传统合作医疗制度努力普遍失败的情况下，中央政府的有关部门于 2003 年出台了新型农村合作医疗制度的改革思路，明确提出了政府增加投入的责任，这一点值得充分肯定。问题在于制度设计原则上依然存在明显的缺陷，覆盖率不高，保障水平有限，很难发挥保障广大农村居民基本医疗需求的作用。截至 2006 年 9 月底，全国已有 1433 个县（市、区）

开展了新型农村合作医疗试点，有 4.06 亿农民参加了新型农村合作医疗。2006 年 1 ~ 9 月，全国有 1.4 亿农民从新型农村合作医疗中受益，共得到医疗费用补偿 95.8 亿元。① 但是，相对于农村的巨大人口基数，这种发展应该说还无法根本改变格局。

（3）医疗救助制度建设问题。

近年来，经济困难群体的医疗问题日益得到关注，一些部门开始探索建立针对经济困难群体的医疗救助制度。这种探索的出发点值得充分肯定。问题在于，针对经济困难群体的医疗救助制度必须与整个医疗保障体系的建设同步推进，单独推进医疗救助体系很难达到良好的效果。原因之一是在大部分社会成员都享受不到制度化医疗保障的情况下，只针对部分经济困难群体提供医疗救助，医疗资源侵蚀问题难以避免。原因之二是无法回避的贫困陷阱及群体矛盾问题。对最贫困的群体实施医疗救助后，贴近贫困线的家庭和个人就有可能因为疾病问题而沦为最贫困者而自然产生救助要求。因此，救助范围不得不逐步扩大，直至制度无法支撑。否则，就必然出现群体间的矛盾和冲突。

（4）政府在医疗卫生改革中的失灵及其表现。

公共卫生投入等保证社会安全和公平的措施严重不足。根据世界卫生组织的报告，中国医疗的公平系数排在全球的倒数第四位，属严重失衡国家。在卫生医疗总费用的构成中，政府投入的比例由 1990 年的 25.1% 降至 2003 年的 17%，社会投入比例由 39.2% 降为 27%，而个人医疗支出由 36% 上升至 56%，个人医疗费用从 1990 年 267.0 亿元增至 2003 年的 3679 亿元，13 年中增长了 12.8 倍，同期政府投入只增长 5 倍，社会投入增长 5.1 倍。据卫生部第三次卫生服务调查，目前 50% 以上的城市人口、87% 的农村人口无任何医疗保障。②

---

① 中改院：《2007 改革评估报告》。

② 朱庆芳：《从指标体系看构建和谐社会亟待解决的问题》，载《领导参阅》2005 年第 11 期。

　　另外，医疗资源的城乡分配严重不公平。据卫生部调查统计，医疗卫生资源约有 80% 集中在城市，其中 2/3 又集中在大医院，用于农村卫生经费的比例，从 1991 年的 20% 降至 2000 年的 10%，其中专项的农村卫生经费只有 1.3%，农民人均卫生事业费只有 12 元，仅为城市居民的 28%。乡镇卫生院只有 1/3 正常运转，2004 年每千人口医生数，农村只有 0.85 人，仅为城市 2.32 人的 1/3，农村中还有 10% 的村没有医疗点，新的农村合作医疗覆盖面和医疗费水平均很低，在 2004 年底召开的新闻发布会上，卫生部副部长朱庆生说，近几年中央财政支出中卫生支出仅占 1.6%～1.7%，其中有 70% 的医疗费用于占 30% 的城镇人口，在农村约有 40%～60% 的人因看不起病而因病致贫、返贫，中西部地区因病无钱医疗而死亡的比例高达 60%～80%。近十几年医疗费猛涨，至今未得到有效遏制，全国综合医院每一诊疗人次的医疗费，从 1990 年的 10.9 元上涨至 2003 年的 108.2 元，上涨了 8.9 倍，同期平均每一出院者住院医疗费由 473 元升至 3911 元，上涨了 7.3 倍。[①] 很显然，在医疗改革成果的分享上，存在着严重的不公平现象，必须进行制度性的矫正。

4. 贫困救助制度有待完善

　　第一，城乡救助制度发展不平衡。由于长期的城乡分割的典型的二元社会经济结构的影响，我国在构筑社会救助体系中没有遵循国民待遇原则，造成城乡之间的非均衡化，农村社会救助制度的建设明显地滞后于城市。1999 年国务院发布了《城市居民最低社会保障条例》，城市最低社会保障制度在全国大多数地区已经普遍建立起来。而在农村，除了少数比较发达的省市，如浙江、广东等率先建立了农村最低社会保障制度之外，绝大多数地区最低社会保障制度，正在建设之中事实上，由于农业比较收益的持续下降，农村

---

　　① 《人民日报》，2005 年 6 月 24 日第 13 版。

社会经济的持续市场化和城乡差距的持续扩大，土地和家庭对于农民的保障作用已经明显衰减，对于农村贫困居民提供制度化的社会救助变得日益重要。但由于观念、资金和体制等方面的原因，最低社会保障制度的改革进程在城乡之间出现了很严重的不平衡。从目前农村居民最低生活保障制度试点的情况看，保障资金一般由各级财政和村集体负担，仍然带有集体救助的性质，其覆盖面和保障力度很大程度上受地方经济发展水平和地方财政状况的限制，地区差别非常明显。

第二，救助方式较为单一。主要表现在两个方面：一是除了现金和物品的救助，其他救助很少，对困难群众精神慰藉更少；二是即时性救助较多，发展性救助较少。比如医疗救助、教育救助、住房救助等，许多困难群众尽管得到了现金和物品救助，暂时解决了困难，但很少得到精神关怀，对生活缺乏信心；还有一些困难群众没有发展后劲，一旦政府部门救助的钱物用完后，马上又因种种原因返贫甚至形成"救助—脱贫—返贫"的恶性循环。

第三，应救未救问题较为突出。由于受经济发展状况和体制制约，社会救助资金长期总量不足，视钱定量、以钱定人的问题长期存在，应救未救在所难免，容易产生新的社会不公。如很多因重大疾病和子女教育而入不敷出的困难家庭还没有得到特殊救助。即使在低保范围内的家庭，其未成年子女也未必能得到教育救助。根据孙莹等人 2003 年在全国十个城市所作的抽样调查，城市低保家庭子女的教育经费得到政府补贴的只占 7.6%（孙莹、周晓春，2004）。

另外，社会救助实施中还存在许多不公的表现，如有些地方随意降低救助标准、盲目扩大救助范围，使得社会救助人人都有一点，应保的人却远未救助到位，社会救助的滥用和社会救助的剥夺同时存在等。

5.2.2　税收制度不合理

中国现行税制对收入分配的影响主要体现在以下几个方面。

1. 税制结构不合理限制了税收公平调节功能的发挥，并存在强化收入不均等的趋向

不同的税制结构对收入分配的调节以及收入公平的实现有很大差异。以所得税为主的税制结构，其基本特征是以所得税为主体税种和主要税收收入来源，所得税收入一般占税收总收入的60%以上，流转税收入一般不超过总收入的20%，此税制结构有利于体现税收的社会公平，对调节收入分配具有良好的效果。在所得税为主的前提下，整个税收制度具有累进性，所得税比重越大，收入分配差距就越小；以流转税为主的税收结构其基本特征是以流转税为主体税种和主要税收收入来源，流转税一般占税收总收入的60%以上，所得税收入一般不超过总收入的20%。此税收结构适应较低征管水平，有利于体现收入原则，但对经济运行的纠正能力较差，不利于收入分配的调节和社会公平的体现。因为，在流转税为主的前提下，整个税收制度具有累退性，流转税比重越大，收入分配的差距就越大。

我国现行税制结构是以流转税为主体的。流转税占税收总收入的比重近几年一直维持在近60%的高水平，而所得税收入近几年仅维持在16%的低水平，两者收入比重相差50个百分点。以流转税为主体的税制在充分发挥收入功能，保障税收大幅度增长的同时，也弱化了所得课税调节收入分配的功能。

2. 税收调节体系不健全，各税种之间缺乏整合力，影响了税收公平调节功能的发挥

我国目前利用税收调节收入分配主要依靠个人所得税，社会保障税、遗产税和赠与税等没有建立，消费税和财产税等既不完善，功能也不够。如刚刚修改的消费税只对14种应税消费品征税，税目仍偏少、征收范围仍偏窄，一些带有明显奢侈性消费特点的商品和劳务被排除在外。而财产税则主要着眼于筹集财政收入，没有重视调节功能，各税种几乎都是针对经营性的纳税人，很少顾及个人纳税人。我国实行的个别财产税主要局限于对不动产、土地、车船等征收的房产税、土地使用税和车船税，很大程度上仍带有计划经济的痕迹，纳税人通常都是企事业单位，不适用于个人。

3. 个人所得税制度设计不规范，制约了税收公平调节功能的发挥

税收特别是个人收入所得税是调节贫富差距的一个重要杠杆。在有的国家中，人们在税前收入的差距可能会很大，但经过个人收入所得税的调节，这种差距会大大缩小。如在美国，仅累进所得税一项，就使最低收入者群体和最高收入者群体的收入差距，税后比税前缩小了好几倍。但在我国，个人收入所得税在有效缓解贫富差距方面的作用非常有限，有时甚至起反向的调节作用，这主要是由于现行个人所得税本身的设计缺乏科学性和合理性。具体表现为：第一，费用扣除的单一标准难以体现量能课税原则。现行 2000 元的免征额相对于以前的 1600 元来说，很大一部分中低收入者退出了"个税"纳税队伍，有力地纠正了"穷人多纳税"的不合理现象，有利于发挥税收调节收入分配的功能。但是，费用扣除没有考虑纳税人的婚姻状况、赡养人口的多少、年龄大小与健康状况等具体情况，而进行整齐划一的扣除。第二，税率结构复杂，且最高边际税率偏高。我国个人所得税制对工薪阶层所得规定了九级超额累进税率，级距显得过多。其实，我国大部分纳税人只适用于 5% ~ 15% 三级税率，第五至九级税率设计形同虚设。20 世纪 80 年代以来，许多发达国家出现了降税潮流，如 1994 年美国个人所得税最高边际税率为 39.6%，而我国 45% 的最高边际税率有点过高。[①] 第

---

① 刘乐山：《财政调节收入分配差距的现状分析》，经济科学出版社 2006 年版，第96 页。

三，分类所得税制设计不合理。我国现行个人所得税实行分类所得税，这种税制容易产生两种不良后果。对纳税人来说，收入总额一定时，收入种类越多，应纳税额则越少。随着我国个人收入来源的多样化，一些高收入者非工资收入所占比重不断扩大，造成"富人越来越富，穷人越来越穷"现象，不能全面反映纳税人的真实纳税能力。有数据显示，尽管人数不足 20% 的富人们占有 80% 的金融资产或储蓄，但其所缴的个人所得税却仅占总量的不到 10%。在广东，高收入人群缴纳的个人所得税仅占总额的 2.33%。从上面的数字可以看出，个税征收上"逆向调节"的现象是存在的。

4. 税收征管措施的不到位弱化了税收公平调节功能的发挥

我国现行个人所得税实行以代扣代缴为主、个人申报为辅的征收方法，自行申报面极窄，扣缴责任几乎全部归结到扣缴义务人身上，放松了对纳税人的监控，而对扣缴义务人应承担的法律责任又没有明确的规定，处罚力度不够，缺乏自觉纳税意识，逃税现象严重。征管中还存在有法不依、执法不严的现象，以补代罚，以罚代刑，致使法律威慑力不强。配套措施不健全，缺乏一套控制个人收入和财产的制度，不能及时、准确掌握纳税人收入财产的增减变化情况。由于没有建立全面的个人收入监控体系，征管手段不科学，对偷逃税者的惩罚力度不够，所以部分纳税人恣意偷逃国家税收。目前全国个人所得税中，80% 来自工薪阶层，占有 40% 以上社会财富的富人们多年来逃税、漏税等早已成不争的事实，我国个人所得税漏收率为 200%。[1] 根据有关研究，近年来全国平均每年流失的各类税收为 5700 亿 ~ 6800 亿元，占国民生产总值的 7.6% ~ 9.1%。国家税收的严重流失，一方面使一部分人的财富迅速扩大；另一方面削弱了国家必要的再分配能力，难以有效地援助弱势群

---

[1]　杨海文、何莉：《我国居民收入分配现状分析及政策建议》，载湖北就业与再就业研究中心网 2005 年 1 月。

体，从而加大了贫富差距。

5.2.3　财政转移制度不合理

我国现行的财政转移支付制度是 1994 年实行分税制改革时建立起来的，虽然历经多次演变，但至今仍没有完全摆脱传统体制下统收统支的形式，不足以阻止地区间差距不断拉大的趋势。具体可从以下两方面分析。

首先，从转移支付制度的设计环节上看，转移支付是为了实现均等化目标，而我国的转移支付制度推行的结果却与均等化的目标形成了冲突。受财政收入规模、制度安排制约以及具体操作技术限制，我国目前的政府间转移支付基本是一种纯纵向的方式，主要有税收返还、体制补助、结算补助、专项拨款和增量转移支付五种形式。在这五种形式里，真正可以发挥平衡地区间财力差距且能使用因素分析法的只有增量转移支付这一种形式（前身为 1995 年开始执行的对困难地区和少数民族地区实施的过渡期转移支付办法，2002 年国家实施所得税收入分享改革后，"过渡期"的提法不再使用），其余四种要么是定向补助，要么是制定用途、专款专用，不能发挥平衡区域发展的作用。从分配的资金总额来看，（1）增量转移支付只占很少部分，1995～2000 年，分别为当年中央补助地方支出总额的 0.82%、1.27%、1.76%、1.81%、1.83% 和 1.83%，形成了极不合理的结构。[①]（2）专项转移支付比重较大，虽然根据国际经验，专项转移支付具有使用方向明确、见效快、便于监督等特点，但是中央和地方政府事权划分尚不明晰的状况影响了专项转移支付应有功能的充分发挥，并带来一系列问题。专项转移支付种类繁多，几乎涵盖了所有预算支出科目，由各个部门负责安排，这样

[①]　杨聪杰：《论协调区域发展的财政转移支付制度创新》，载《新疆财经》，2006年第 1 期。

不利于资金的统筹安排和合理使用，并且造成各地区"跑部"要钱、争资金、争项目等情况。

除此之外，其中的税收返还和体制补助沿用了财政包干体制的内容，采用 1993 年为基数，进行环比递增方案，返还的结果是税收额度多的地方返还多，税收额度少的地方返还少，致使富的地方更富，穷的地方更穷。地区差距的存在导致基层政府收入来源的不平等；在转移支付制度不规范的条件下，基层政府收入的不平等反过来又加剧了地区间的差距，而且导致了教育、公共卫生、基础设施等公共产品供给的区域间不平等，这样就使得财政转移支付的最终目标难以实现。

其次，从转移支付制度的执行和监督环节上看，现行转移支付工作由各级财政部门负责，但目前的情况是：一方面，专项拨款和结算补助的分配缺乏规范科学的法规依据和合理的分配标准，在实际操作中受人为因素的影响很大，带有很大的随意性。至于财政转移支付资金能否按时按量到位，能否专款专用，还没有专门的机构对此进行检测和评价，也没有相关法律作为准绳。另一方面，转移支付资金一旦到了作为接受方的地方政府手中，地方政府如何分配和使用这些资金仍是一个比较复杂的问题。

在财政转移支付环节上，"权力寻租"行为普遍存在，资金被挤占、挪用、截留、沉淀等现象导致部门获利而国家受损。2002 年底，129 个中央预算单位财政拨款结余 646.03 亿元，财政部在核定 2003 年部门预算时，仅将其中 56.65 亿元纳入部门预算，其余的 589.38 亿元发生资金沉淀。

5.2.4　教育制度不合理

在导致收入差距扩大的因素中，教育机会的不平等是最重要的因素，对基尼系数的影响高达 14.1 个百分点。导致教育机会不平等的制度性原因，主要表现在两个方面：

1. 教育资源配置不公

首先，教育投入总量不足。国际上通常用公共教育支出占 GDP 的比重来衡量一国的教育投入状况，目前国外公共教育支出占 GDP 的均值为 5% 左右。相比之下，中国的财政性教育支出占 GDP 的比重却长期低于国际平均水平。早在 20 世纪 80 年代末，有关部门就提出我国财政预算内教育拨款占 GDP 的比重到 20 世纪 90 年代中期或到 2000 年应达到 4% 的水平。遗憾的是，时至今日，这个目标也没有完全实现。教育部、国家统计局、财政部发布的《2005 年全国教育经费执行情况统计公告》显示，2005 年政府教育投入总量继续增加，国家财政性教育经费占 GDP 的比例为 2.82%，比上年增加了 0.03 个百分点。但是，预算内教育经费占财政支出比例为 14.58%，比上年下降了 0.32 个百分点。全国有 23 个省份这项指标比上年有所下降。[①]

其次，教育投入结构性失衡明显。现行教育投入体制存在很大的缺陷，也就是说，本来应该由公共财政负担的教育投入，却在很大程度上让居民自行承担，导致教育投入在城乡之间、地区之间，以及基础教育和高等教育之间均不同程度地出现了结构失衡的问题。主要表现：一是在教育经费投入的层次上呈现"倒金字塔"型，即教育经费投入在基础教育和高等教育分配上出现了"倒挂"。公共教育资源向高等教育过分倾斜，而基础教育的公共投入严重不足。高等教育占教育经费的比重 2003 年上升到 24%（通常为 20% 左右），而基础教育特别是农村基础教育却面临危机。二是在教育投入的城乡差距上，根据《国家教育督导报告（2005）》的调查数字，以生均教育经费为例，2004 年我国城乡小学、初中生均预算内事业费的城乡之比为 1.2 : 1。在生均预算内公用经费上，城乡差距也很明显，2004 年小学、初中生均预算内公用经费之比分别为 1.4 : 1

---

① 　新华网 2006 年 12 月 31 日。

和 1.3∶1。目前，城镇高中、中专、大专、本科、研究生学历人口的比例分别是乡村的 3.4 倍、6.1 倍、13.3 倍、43.8 倍、68.1 倍。三是教育经费投入的地区差异明显。义务教育财政责任的低层化，地区之间经济发展和财力差距巨大，加之中央和省级政府义务教育财政转移支付力度不足，使我国地区之间义务教育财政资源不均等达到了惊人的程度。目前在全国义务教育投入中，乡镇负担 78% 左右，县级财政负担约 9%，省、地（市）负担约 11%，掌握全国财政收入 60% 的中央财政只负担 2% 左右。由于县以下财政普遍比较困难，致使大多数农村义务教育经费短缺，公用经费指出中的绝大部分靠收费等预算外资金解决。更令人吃惊的是，目前全国尚有 113 个县（区）的小学、142 个县（区）的初中生均预算内公用经费为零，其中 85% 以上集中在中、西部地区。① 教育经费和教学条件的巨大差距，使入学率特别是教育质量必然产生巨大差距。据一项义务教育质量研究的结果，西部地区教育质量显著低于东部地区。

最后，重点学校制度加剧了基础教育内部资源配置的失衡。层层设置的重点学校制度，加剧了基础教育领域内部资源配置的失衡，导致在地区内、区域内学校之间差距的拉大，甚至是人为地制造差距，造成了一大批基础薄弱的"差校"。

2. 教育政策和规则不公

表现之一是教育政策中的"城市取向"。长期以来，在城乡二元结构、高度集中的计划体制下，形成了一种忽视地区差别和城乡差别的"城市中心"的价值取向：国家的公共政策优先满足甚至只体现城市人的利益，例如过去的粮油供应政策，就业、医疗、住房、劳保等各项社会福利等。随着城市化的进程和市场经济体制的逐渐建立，这一思路显然已经不合时宜；但作为一种思维定式，它

① 中国证券网：《中国教育投入结构性偏差有误国之虞》，2006 年 5 月 22 日。

依然潜存于社会决策之中。

表现之二是高等教育入学机会。我国现行的统一高考制度，具备了形式上的公平——分数面前人人平等。但由于实际录取学生采取分省定额划线录取的办法，各省区市的录取定额并不是按照考生数量平均分布的，而是按计划体制下形成的优先照顾城市考生的准则，因此出现同一份考卷，各地录取分数线的极大差异，从而加剧了原本已经存在的城乡之间的教育不平等。

表现之三是教育腐败。集中表现在对公平竞争的升学考试制度的破坏上，通过权力和金钱的交易，换取短缺的教育资源。此外，一些政策、制度安排不当，也是造成地区之内、阶层之间教育差别的原因。例如，由于农村基础教育管理权限下放到县以下，致使乡际之间的教育差距拉大，部分贫困地区的乡级财政则无力支撑基础教育。又如教育收费问题，教育费用过高，成为制约农村教育发展和贫困家庭的孩子接受高等教育的严重问题。相关资料显示，2005年，全国普通高等学校生均预算内事业费支出为5375.94元，而同年全国农村人口人均纯收入仅3255元;① 农民家庭中能负担得起大学生的是少数。据抽样调查，有25%的高中应届毕业生因为交不起学费而不准备读大学。

5.2.5 政府行为不规范与收入分配系统的不透明

政府行为的不规范和收入分配系统不透明是导致收入差距扩大的重要因素，两项合计对城镇基尼系数的影响有5.2个百分点。现实中政府经济行为的不规范及其对收入分配的影响集中表现在以下三个方面。

1. 财政支出结构不合理，行政费用增长过快

政府机构膨胀，财政供养负担过重，导致我国财政支出中用于

---

① 《教育部、国家统计局、财政部2005年全国教育经费执行情况统计公告》。

基本民生方面的投入过小。一是行政经费投入多，社会保障投入少。从 1978～2003 年的 25 年间，我国的行政管理费增长了 87 倍，远远高于同期财政收入的增长和 GDP 的增长。行政管理费用占财政总支出的比重，1978 年仅为 4.71%，到 2003 年上升到 19.03%，将 2003 年行政管理费用同 2000 年相比，三年内增长 1923 亿元，平均每年增长 23%。尤其值得注意的是，近年来行政管理费用的增长还在上升。[①] 而一些特困群体的社保资金却难以全部到位。二是城市建设投入多，农村建设投入少。三是工业投入多，农业投入少。四是公务员工资增加多，农民增收少。周天勇研究员的研究结果表明，在 2004 年，我国用于行政公务支出的比例为 37.6%，美国为 12.5%；我国用于经济建设支出的比例为 11.6%，美国为 5.0%；我国用于公共服务和社会管理的支出总量为 25%，美国为 75%；用于其他支出的，我国和美国分别为 25.8% 和 7.5%。[②] 财政支出结构的不合理，削弱了国家对其他社会经济活动的调控，造成公共产品的短缺和基本社会保障的缺乏，使得在市场造成的收入差距不断扩大的情况下，再分配难以起到缓解贫富差距的作用，有时还加大这种差距。

2. 国有单位分配失控，导致收入分配秩序不规范

主要表现为分配规则的混乱、无序，资金渠道过多、过滥。垄断行业凭借行政垄断地位和准入管制，既享受国家政策扶持，又垄断市场，获取了高额垄断收益，并通过各种形式化为本行业的高工资和高福利，造成行业间收入差距过大。从行业收入统计分布看，人均收入排前 10 位的多是垄断行业，而排名在后的行业都是竞争较充分的行业。平均工资 7.2 万元，最低的是纺织业，平均工资 1.1 万元；[③] 国

---

①　王苗苗：《特别策划：消灭"亚腐败"行政成本亟待"瘦身"》，载人民网 2006 年 4 月 10 日。

②　孙立平：《中国为什么尚未共同富裕》，载新浪网 2007 年 2 月。

③　中央党校：《对国有企业收入分配改革的思考》，载中共中央党校网站 2007 年 3 月。

有企业分配秩序不规范，对企业工资总额、经营者收入水平和职务消费缺乏有效约束机制，工资外收入渠道多，有些企业在改制过程中化公为私的现象仍然存在；公务员工资制度外的各种津贴补助名目繁多，标准不规范；事业单位改革滞后，很多事业单位既享受行政机关的福利，又享受企业化管理的创收机制，收入分配随意性也比较大。有些部门甚至凭借特权，通过行政收费、罚款等形式获取大量预算外收入，并脱离"收支两条线"管理，搞小单位福利，或直接作为奖金发放给职工。多数工资外收入因与贡献无关，大都是平均发放，因而形成一种与市场经济很不相符的现象，即单位之间收入差距很大，单位内部平均主义严重。

造成收入分配秩序混乱的原因主要是，在加快经济发展的同时，一些领域特别是垄断行业的改革滞后，国有企业收入分配的约束机制没建起来，制度缺失导致收入分配的无序和监管不力；政府对企业收入分配缺乏有效的宏观指导和监督，国有资产管理体制不完善等。

3. 现行征地补偿政策不尽合理，土地征用中存在不规范和不公平现象

第一，征地补偿标准太低。在市场经济条件下，包括城市土地的其他生产要素的流转均按市场价格进行交换，而唯独农村集体土地的流转（征用转移了所有权，也属于流转范畴）还沿袭计划经济条件下的操作方法和思路，对农民集体和农民极不公平。很多失地农民生活水平急剧下降，沦为农村新的贫困群体。据有关专家测算，被征地农民人均获得的补偿，按照当地目前物价水平，仅能维持基本生活两年半左右。法定补偿标准过低属于制度不公平或规则不公平。规则不公平的必然后果是结果不公平，这应该是城乡差距持续拉大的重要原因之一。结果不公平又将成为农村新一轮发展进程的起点不公平，进而形成恶性循环。

第二，土地补偿费和土地收益分配不合理，使得原本就严重偏低的征地补偿款最后到了农民手中就少得可怜，这种分配格局难以体现农民的土地权益。据典型调查，在土地征用的利益分配中，县政府获得了 52% 的土地征用收益，县以上政府获得了 15% 的征用收益，而农民利益集团只获得了 32% 的土地征用收益。在农民利益集团中，农民个人只获得土地转让收益的 5% ~ 10%，其他被村集体拿走。这其中既有理论上的原因，也有操作层面问题的存在：理论上，物权化的农民个人的承包经营权完全没有被补偿，而代之以对失地农民的用工安置补助，因此只补偿了土地的就业效用，而忽视了其直接收益、继承等效用；实践中，农民对于征地费用的分配处于弱势地位，集体经济组织对征地补偿费的分配拥有支配权，往往以管理费、分成、提留等各种借口和名目截留农民应得征地补偿费。

第三，项目之间补偿不一致。实践中，因用地项目的不同，补偿价格差别很大。有些国家重点项目采取地方政府包干的形式，而地方政府为了节约成本，往往将补偿费用压低到法定标准以下。而对于工业用地、房地产项目而言，由于农民集体和个人可以同业主进行价格谈判，价格可以被抬高到接近市场转让价格的较高水平。因此现实中常常出现隶属于同一行政单位、土地生产条件相似的相邻两宗土地巨大的征地补偿差别，即"同地不同价"的现象。

第四，安置补助费计算上的地区不公平。在现行征地补偿费中，劳动力安置补助费占相当的比重。安置补助费的本意是让失地农民尽快实现就业转移，因此安置补助费的计算应以当地的劳动力平均转移成本为依据。但现行安置补助费的计算标准却过于注重各地区的资源禀赋，缺乏与当地实际的劳动力转移成本的有机联系。按照现行征地补偿标准，人均耕地越少者，土地征用时得到的安置补助费也会越多。这在经济发展水平不高，农民主要以农业收入为主要收入来源的阶段或地区具有一定的合理性。人均耕地越少，土地精耕细作，耕地对于农民的重要性越高。但是，在沿海发达地区，耕地越少的地方，工业越发达，种植业的经济重要性越低，就业机会更多，就业相对容易，因此仍然从耕地资源的稀缺性和人均耕地占有水平的角度来计算安置补助费用，将会给予就业容易的东部地区高标准的劳动力安置补助费，而对于耕地较多、劳动力转移相对困难的中西部落后地区，每一个失地农民所能得到的安置补助费反倒较少，形成就业容易、安置补助费高，就业困难、安置补助费低这种"倒挂"局面。

另外，由于我国土地征用的有关法律规定缺乏对公益性要件的实质限制，任由各级行政机关自行解释，代理人自由裁量权太大，不仅导致政府滥用征地权，而且容易出现权力腐败。同时，征地程序不透明、不公平，被征地农民知情权被剥夺，公民财产权利被侵犯。

4. "行政导向"的政府行为模式，导致非公有制企业待遇不公，融资困难

目前非公企业发展遇到的最大外部环境问题仍是市场准入问题。由于一些地方或部门的规章滞后以及在位利益主体的影响，在市场准入方面仍存在着许多看得见、进不去，一进就碰壁的"玻璃门"现象。主要是在一些行政垄断部门和行业、公用事业和基础设施领域，如通信、广电、邮政、电力、金融等表现更为突出"明放暗不放"。比较突出的是以资本实力、技术水平和从业资历等各种理由抬高行业准入门槛，使得非公企业实际上进不去。融资问题是中小企业发展"最大的瓶颈"，2004 年开始的宏观调控，政府提高了许多行业企业信贷时自有资金的条件和行业进入的技术标准，这些措施对宏观调控来讲是必要的，但是在这些条件和标准下，中小企业与国有企业相比，明显处于不利地位。另外，非公有制经济发展的政策环境不平等，与政府在资源配置和经济管理中的力量太大且随意性太强有极大关系，主要体现就是复杂烦琐的审批制度（包括重新登记、检查验收等各种制度）。复杂烦琐的审批制度对非公有制经济的制约比对公有制经济的制约要大得多，因为公有制经济在几

乎所有的领域都是"已进入者"，不需要再通过审批，而非公有制经济在许多领域是"未进入者"，需要通过审批；或者，在处理公有制经济的审批中出于社会稳定等政治需要而放宽尺度、实行倾斜政策。某些地方或部门的政府决策层和执行部门还存在"重国企轻民营"、"重大轻小"的现象，监管国有企业松，监管非公企业严。

5. 制度缺陷及政策不到位，导致部分领域非法非正常收入问题严重

目前制度缺陷主要表现在新旧体制并存、体制缺位、体制错位、法律政策缺位、法律政策本身的规制力度不够、政策规定有不周全的空隙、法律法规贯彻落实不力或受到干扰等。正是这些体制和政策缺陷为寻租活动设置了空间。应当说，在体制转轨期间制度缺陷的存在是很难避免的，因而在我国近期非法非正常收入的大量滋生有其制度根源。加上管理疏漏和一些现行法规政策不完善、不配套，非法收入与财产转移、灰色收入与灰色财产转移由此大量出现，特别是权钱交易、以权谋私等严重腐败问题以及利用制假售假、走私贩私、偷税漏税等各种非法手段获取高额收入的现象，造成居民收入差距迅速扩大。

5.3　现阶段产生收入分配问题的深层次原因分析

导致现阶段收入分配状况的深层次原因有很多，如市场化改革不到位、政府改革不到位等。

5.3.1　市场化改革不到位

1. 要素市场化改革不到位

在要素市场发育和形成过程中，劳动力是最早市场化的要素。

在 20 世纪 90 年代以前，农村改革使农民个体初步获得了具有基本生存保障功能的土地，为农民短期流动打工和劳动力市场发育提供了初始条件。20 世纪 90 年代以后，随着国有企业用工制度改革，以及非国有经济的迅速发展，社会就业结构发生了重大变化，农民的非农就业不再局限于短期流动，出现了长期性、职业化的城市化特征。在这种情况下，与传统"农民工"概念相联系的制度性安排已经明显滞后，劳动者的基本权利和社会保障成为劳动力要素市场化中的突出问题。除此以外，企业高层管理人员市场也没有形成，具体表现在两个方面，一方面是国有企业高管人员仍由政府指定，市场化程度非常低；另一方面是民营企业高管人员也没有市场化，企业仍带有浓厚的家族特征，所有者和经营者还没有完全分离。国有企业高管人员由政府任命，考虑问题就不是企业利润最大化、股东价值最大化，而是想最大化自己的提升机会，或者规模最大化，因为规模和个人的潜在好处连在一起。而民营企业家不能充分利用社会上的管理人才资源，企业的发展就受到了限制。

土地要素大规模市场化始于 1992 年，并且初步形成了以政府垄断出让为特征的一级市场，以土地使用权转让、出租、抵押等交易形式为特征的二级市场。在实际运行中，政府几乎排斥了土地使用权拥有者参与交易的权利，直接成为市场交易的主体。在土地市场化中，政府和土地开发商成为最大获利者，土地使用权拥有者的利益不同程度地受到损害。近年来，在城镇拆迁和农地征用环节发生大量民事纠纷，并非仅仅是利益补偿问题，而且深刻反映了政府垄断征用与市场化的矛盾，反映了政府在土地市场化中的功能定位和权力运行程序方面的缺陷。

资金要素市场化滞后集中反映在借贷市场和股权融资市场方面，是以服务于国有企业资金需求为主。这种状况不仅严重不适应市场主体多元化的现实，而且蕴藏着极大的系统风险。在国有银行垄断借贷市场的情况下，资本约束不足，难以形成有效的风险防范和效率激励机制，从而造成银行系统大量不良债权。股权融资市场问题一方面是层次单一，无法满足现实的融资需求；另一方面是全国性股票市场存在严重的体制性缺陷。特别是股票市场，政府监管机构与交易所、主力投资机构实际上是"主管部门"与管理对象的关系，这是大量劣质公司得以上市并难以被市场淘汰的一个主要原因。

2. 产权制度改革不到位

由于投资主体一元化或者国有资本"一股独大"的产权结构并没有根本改变，大型国有企业股份制改革以及垄断行业的管理体制改革进展缓慢，长期以来存在着一些难以解决的问题。一是在没有进行股份制改革的大型国有企业中，政企不分、政资不分的现象比较严重，政府仍然对企业进行不应有的干预。目前我国基础设施建设投资主要是政府财政投资，民间资本投资的空间和渠道尚未打通。投资主体的单一国有是我国行政垄断经营多集中于基础设施建设领域的主要原因。垄断性经营必然产生垄断利润，不利于提高投资效率和资产运作效率，也不利于公平分配制度的建立。基础设施领域单一国有投资体制的改变取决于国有产权制度的根本转变。二是在已经进行了股份制改造的企业中，法人治理结构也不完善，股东大会、董事会、监事会形同虚设，没有发挥它们应有的作用，导致存在公司管理层挪用企业资产、投资效率低下、分配不合理等现象。另外，非公有经济发展的体制性障碍尚未真正解决，各类所有制企业公平竞争的机制没有完全建立起来。

3. 金融体制改革不到位

国有商业银行股份制改革目前所取得的成效依然是初步的、阶段性的。从银行内部看，三家改制银行的公司治理尚需规范，经营机制转换不彻底；内部控制与风险管理体系尚需进一步完善，在各级分支机构的贯彻落实尚不到位；高素质的经营管理人才缺乏与员工总量过大的矛盾并存，创新不足，同质化、低水平竞争现象比较突出。从银行外部环境看，国有商业银行将面临更加严峻的市场竞争；同时，经济结构的不断调整，有可能增加商业银行信贷风险；与市场经济相适应的金融法制建设尚待完善，社会诚信体系建设刚刚起步。

农村金融体系的结构与运作机制还不适应市场需要。农村信用社仍然存在经营粗放、管理薄弱、盈利能力较低、人员素质较差、风险较大等问题，同时，改革中还出现了少数地区省级联社定位不准导致农村信用社信贷、资金等决策权上移问题。农业银行不良资产比例高、经营效益低，支持"三农"的商业金融主体作用发挥得不够充分。农村资金仍然存在外流现象，政策性支农贷款风险补偿、分担和转移机制不完善，农村担保机制不健全，农业保险尚未发展。适应农民生产与生活需求的金融产品与金融组织创新不够，农民贷款难的问题没有根本解决。

金融宏观调控面临的深层次矛盾还没有得到根本解决。一是经济结构性矛盾突出对金融宏观调控形成较大压力。消费率过低已经成为影响经济协调平稳发展的突出问题。二是国际收支不平衡导致的货币政策自主性下降。三是金融市场发展不平衡，金融市场体系不健全，导致金融运行的市场基础不稳固，直接融资比例低，资源配置效率不高，货币政策传导不畅。

5.3.2　政府改革不到位

1. 政府职能转变滞后

我国在走向社会主义市场经济的过程中，政府职能已经发生了重要转变，但相对于经济市场化进程而言，这种转变还仅仅是初步的，甚至在主要方面是滞后的。集中表现为政府职能的缺位、错位和越位。

我国在由计划经济向市场经济转型中，新体制因素主要是通过传统体制外的"增量"方式发展起来的,计划体制内的变动相对要滞后,特别是大量的国有企业如何转型尚在探索之中。一方面,"体制外增量"的长足发展奠定了市场化资源配置的基础,并日益向"体制内"渗透和拓展;另一方面,"体制内"国有企业、国有银行和政府之间的关系盘根错节,政府还难以"超然"于市场之外。这种情况意味着,体制转型中的市场主体"身份"在一些领域常常是模糊的,市场主体地位不平等以及交易过程中非经济因素的影响,往往对竞争结果具有重要的甚至是决定性的因素。

就收入分配关系而言,在政府依然介入市场较深的情况下,必然制约政府在维护市场主体平等权利、保证公平竞争方面职能的发挥;同时也影响到政府再分配职能和公共政策对社会收入分配的有效调节。

2. 各级政府事权、财权责任划分不清

各级政府事权分配不合理,一是中央与地方政府之间职责范围界定不够明确,含糊不清的支出大多被分配给下级政府,最基本的公共产品职能往往由供给能力比较低的基层政府承担。能力比较强的省市政府没有提供基本公共产品,而是试图提供一些促进市场发育的中级功能。能力最高的中央政府虽然全面介入各个层次的公共产品提供,但存在轻基本、重高端的特点,甚至国防、外交、海关等部分事权也分解给不同的地方和基层政府。中央政府过多承担了本应由地方政府承担的基础建设和经济发展方面的支出责任。二是上下级政府之间事权范围的划分随意性很大,在垂直体制下,上级的法律事权往往成为下级的当然事权,现实中上级通过考核、一票否决等程序将本级责任分解成了下级的责任,出现所谓"上级请客、下级埋单"的状况。三是省以下各级政府事权划分不统一、不规范,省与市县政府间事权错位。较高级政府集中了过多的基础建设和经济建设支出份额,对农村的扶助支出主要落在县乡政府身上,基础教育和公共卫生这类区域性外溢效应较强的公共品过多地

由县乡政府承担，主要的社会保障支出落在地县两级政府。

财权分配的主要特点是：（1）财权逐渐上移。分税制改革后，地方各级政府之间新体制的确立由各省、地市独立进行，于是上级政府将数额较大、较稳定的税种划归本级或作为共享税的情况十分普遍。（2）税收立法权集中于中央。在新的体制下，地方各级政府都成为上级政府制定的税收分享规则的被动接受者，对本级财政的预算内收入，特别是税收收入基本没有调节能力。（3）分税制导致东、西部地区实际税收负担不均等。在分税制下，国税局、地税局两套机构在征管行为准则、程序等方面不一致。一方面导致征收成本增加，协调难度加大，税收流失，征管效率下降。另一方面导致东西部地区税收负担的不均等，东部地区因自身财力相对充裕，对某些企业或税种给予减免；而西部地区由于自身财力不足，只能征收"过头税"。不健全的转移支付制度，拉大了地区间财力差距。

由于我国现阶段各级政府之间事权、财权划分不合理，以及财权、事权配置不对称，在一定程度上影响了公共服务的有效和稳定供给。主要表现在以下两个方面：一是基础性公共服务良性机制没有形成，供给水平不充分、不稳定，缺乏制度化保障。各级政府事权、财权划分不合理的另一个结果，基层政府提供基础性公共服务的能力极其脆弱。其中诸如义务教育等基础性公共服务的供给并没有形成良性稳定的供给机制，而是建立在地方政府负债基础上的带有一定"临时"或"应付差事"性质的特殊供给。二是公共服务的范围、顺序、水平或标准出现了一定程度的扭曲。由于事权和财权划分的不合理、不匹配，有能力的高层级政府承担的责任比较小，而承担责任比较多的低层级政府财力十分有限，政府应提供公共服务的范围、顺序与水准出现了一定程度的人为扭曲。

3. 权力运行缺乏有效的体制性制约机制

我国在体制转轨中虽然大幅度减少了行政性资源配置，但行政性资源配置不仅在国有经济部门依然普遍存在，而且近年来已经出现向非国有部门渗透的迹象。在市场机制发挥作用的条件下，行政性资源配置的权力具有"价格"意义，因而"客观上"存在着权力市场化的可能。从20世纪80年代中期利用产品"双轨"价差牟利，到20世纪90年代要素市场化中的"寻租"，人们不难观察到大量权力市场化的现象。近年来，在城市改造拆迁和土地转让、资金信贷以及资本市场"圈钱"等领域，权力市场化的现象依然没有止步的迹象。

行政性资源配置中的权力市场化是社会财富占有和分配不公的最主要因素，其负面影响要远远大于市场调节机制本身的缺陷和社会调节机制的不完善，而且还使后者产生严重扭曲。权力市场化导致了许多领域仍然是血缘和裙带关系盛行，抑制了基于企业素质和个人能力的公平竞争，市场运行中的优胜劣汰机制往往演变为逆向淘汰。权力市场化现象的根源，是对权力运行缺乏有效的体制性制约机制，特别是在经济转型期体制不完善的情况下，少部分掌握公共资源配置权力的人甚至可以左右逢源，很容易地利用权力来交换、攫取自身利益。如在政策制定和执行上向强势群体倾斜；在劳资关系中偏向资方一边；对于能够惠及广泛社会群体的公共服务的忽视；社会公正和正义受到损害等。

5.3.3 经济转型和经济增长中各种矛盾凸现

1. 社会分化趋向严重

就当前我国社会所面临的发展形势而言，一方面是国民经济的持续、高速增长，社会主义市场经济的发展正处在一个黄金发展时期和复兴崛起的战略机遇期。另一方面则是存在和累积了大量的、且已日益成为进一步改革障碍的经济社会问题，以及其所体现的社会矛盾。目前中国社会存在的经济社会问题本身是多方面的和多样化的，但就其总体性质而言，则基本属于分配性问题。其核心在于当前中国社会现存的不平衡、不平等、甚至不公平的利益分配格局及作为其结果的迅速拉大、且已超过社会稳定底线的社会收入分配差距。更为重要的是，这种经济分化仍在继续扩大，并呈现出两极化和固定化的发展态势。在此基础上，中国社会逐渐在经济上开始、进而在社会意识和政治要求上相继进行、并大致完成了重新结构化。在这一重新结构化的社会分化过程中，利益群体形态由隐变显，利益需求和获得途径逐渐多样化和复杂化；群体利益冲突由暗变明，利益差距和矛盾明朗化；利益群体的社会影响和作用由小变大，群体意识和利益观念强化。

在此背景下，以利益格局的调整为实质的改革必然导致不同阶层之间以利益损益为内容和基础的矛盾，而这些矛盾则有可能在某些特定情况下趋于尖锐化和冲突化。更重要的是，由于新的社会结构先于市场经济体制形成，使强势阶层有可能以自身的利害为导向，影响、扭曲、甚至在某种程度上主导某些领域的改革，直接塑造于其有利的社会结构。这一切都直接或间接地表现在社会生活和社会问题的各个方面：从悬殊的收入差距到弱势群体艰难的生存困境及其强烈的被剥夺感；从以不断上升的一般治安案件发案率为低级表现形式，到以日益增多的上访、群体性事件为中级表现形式，再到以全社会对改革的自发的反思和大讨论为高级表现形式的不稳定趋向；从人民群众对腐败现象，对民生困难，对涉及其基本生活保障的社会问题的强烈不满，到对和谐社会的强烈渴望。种种现象都明确地反映了中国社会矛盾日益尖锐化的现实。

2. 劳资关系日趋复杂

资本与劳动的关系问题是市场经济中普遍存在的问题。市场机制并不能"自然地"实现资本和劳动的平衡，市场相关利益主体之间的谈判协调机制是实现这一平衡的基础。这一点已经为国内外实行传统体制的历史所证明。

我国在走向市场经济的过程中，经济关系发生了本质变化，资本与劳动的矛盾必然会通过一定形式表现出来。转轨中国外资本和国内私人资本的发展，本身就蕴涵了资本和劳动的矛盾。即使是国有资本，由于在代理链条的"下端"代理人几乎获得了与私人资本同样的权力，并且在若干方面模拟私人资本的经营方式，客观上存在劳动要素被侵害的可能性。而在转型经济体制中，虽然按劳分配依然被强调为主体地位，但相应的体制设计还很不完善，甚至有些方面存在严重"缺位"现象。特别是劳动集体谈判的权利没有得到应有的重视，使得劳动要素在参与分配过程中始终处于弱势地位。国有企业工会组织基本作为企业"职能部门"存在，在维护职工利益方面往往受到企业管理层的掣肘；大量的非国有企业还没有工会组织或徒具形式，劳资矛盾协调机制严重缺位，劳资关系冲突难以有效协调。如雇主可以任意延长劳动时间、拖欠工资现象甚至具有普遍性、许多劳动者没有必要的劳动保护、许多非国有单位不参加社会保险，等等，都反映了强资本弱劳工格局在我国已经形成。劳资矛盾、劳资利益的失衡影响了社会稳定，也阻碍了经济发展。劳动者收入偏低直接遏制了内需的增长，同时收入偏低、劳动强度过大、劳动环境恶劣直接影响到劳动者的身心健康，职业病导致劳动力过早丧失，疲劳、超长时间劳动和低收入导致劳动者没有多余的时间、金钱、精力进行技能培训和钻研技术。

3. 就业形势更为严峻

第一，城镇劳动者整体失业率上升。从全国来看，在改革开放初期，失业率呈下降趋势，而随着改革开放的深入，虽然经济保持快速增长，但是城镇登记失业率自 1985 年以来持续上升，2004 年第一季度曾经达到 4.5%，2004 年以后城镇登记失业率上升趋势有所放缓，但仍居于较高水平，2005 年末城镇登记失业率为 4.2%，仅和 2004 年末持平[1]。

---

[1] 徐朝晖：《浙江省城镇失业影响因素分析》，载《浙江统计》，2005 年第 6 期。

　　第二，就业增长率与 GDP 增长率不匹配。据国家统计局的数据显示，我国经济从 20 世纪 80 年代以来保持了较高速度的增长率，年平均达到 9.6%，但并没有带来就业的相应增长。1985～1990 年，全国 GDP 年平均增长率为 7.89%，同期就业人口平均增长率为 2.61%；1991～1995 年，全国 GDP 平均增长率为 11.56%，同期就业人口年增长率为 1.23%；1996～1999 年，全国 GDP 年平均增长率为 8.30%，同期就业人口年平均增长率为 0.96%。[①] 可见，就业增长率呈现一直走低的趋势。总的来看，1980 年的就业弹性系数（即就业人数增长率与 GDP 增长率的比值）是 0.4 左右，2005 年下降到了 0.08，也就是说，在 20 世纪 80 年代，GDP 每增长一个百分点，就业人数可增长 300 万人左右，而自 2005 年以来，只能增加就业人数 63 万左右，经济"高增长、低就业"的尴尬显露无遗。

　　第三，就业缺口很大。一方面，长期存在的劳动力供需缺口难以得到弥补。今后几年，我国城镇劳动力每年供求缺口在 1000 万人以上。专家指出："尚有亟待转移的大量农村富余劳动力未列入其中，如果算入恐怕数字还会大幅上升。"在长期就业供大于求的压力下，20 世纪开始的企业改制所造成历史遗留问题进一步加剧了就业问题的严峻形势。虽然国家在解决下岗职工就业方面做出了许多努力，但是至今仍有部分职工未就业，破产企业所造成的失业人员还需要安置，再就业工程仍然具有一定的难度。中国社科院发布的 2007 年经济蓝皮书指出，目前国有企业下岗职工未就业的仍有一百余万人，集体企业下岗职工达四百多万人，今后三年国企政策性破产关闭还需安置三百六十万人。另一方面，新的就业问题不断出现，尤其是城镇新成长劳动力的产生给我国的就业形势造成新的压力。近年来，这个问题已逐渐上升到我国就业问题的首要地位。

---

　　① 童大焕：《必须重新审视经济增长的正当性》，载《中国经济时报》2005 年 9 月 8 日。

以高校毕业生为例，2007 年全国普通高校毕业生达 495 万人，比上年增加 82 万人，就业压力进一步加大。① 从地区分布看，东部沿海发达地区和大中城市劳动力需求相对旺盛，而西部地区需求不足。从学历层次看，就业困难者主要集中在大专和高职毕业生，重点院校、热线专业供不应求。多数新增毕业生的就业岗位层次趋于下降，薪酬、福利减少。由于劳动力总体供大于求，劳动者充分就业的需求与劳动力总量过大，致使失业和就业方面的矛盾日益突出。

第四，就业的增长在不同产业不同行业之间存在显著差异。以北京市为例，第三产业是就业增长的主力，而第一和第二产业甚至出现负的就业增长。另外，在就业难的重压下，非正规就业规模日益扩大。据有关专家统计，仅仅在 1996～2001 年期间，非正规就业与单位就业的从业人员数量之比就从大约 1:4 提高到接近 1:2 的水平，这种扩大的趋势依然还在继续。

随着我国经济的发展，劳动者的素质问题越来越突出，劳动力素质与岗位不适应的状况加重。在一些地区和行业，甚至出现了技能劳动者供不应求甚至严重短缺的现象。

对劳动力资源严重过剩的中国而言，如果上述诸多矛盾不能有效缓解，失业率必会持续攀升，正规就业岗位必然更加紧俏，非正规就业或者不充分就业将更加泛滥，劳动者地位将进一步弱势化，贫困现象将加剧，社会矛盾会激化。

5.3.4　全球化进程中资本和知识空前联合使劳动者处于弱势

经济全球化和知识经济时代的到来，标志着社会生产力发展开始实现由体力型劳动为主向智力型劳动为主的重大转变，在现代生产力系统中作为劳动者的人才及其所具有的知识、智力，不再仅仅

---

① 《北京日报》2007 年 9 月 7 日。

是一种生产性要素，而且是一种具有内在增值功能和内在价值追求
的资本性要素。以智力资源的占有、配置、知识的生产、分配、使
用和消费为内容的社会运作模式将逐步确立，而这一切又都以人为
载体。市场经济的竞争，综合国力的竞争，归根到底是人才的竞
争，劳动者素质的竞争。人的素质已成为决定一个城市和一个国家
未来兴衰的核心要素和决定力量。而事实上，经济全球化和知识经
济的基本特征告诉我们，经济一体化的首要条件是资本国际化，而
资本的无国界特别是跨国公司的发展和崛起，致使资本贸易已在全
球自由活动，世界各国资本的联合、合作已经成为各国资产所有者
自觉的认识和行动。在资本地位不断上升的情况下，全球的劳工地
位则在不断地下降。劳动者由于受到国籍、地域的限制而难以自由
流动，少数拥有稀缺的智力资源和拥有资本资源、技术资源的人们
成为劳动力市场的买方，相对大量过剩的劳动力资源，特别是第三
世界国家的低素质的劳动者在劳动力市场中处于明显的劣势，成为
全球化的受损者或受害者。

在全球性的强资本弱劳动背景下，中国的劳资关系也处在一个
资本的势力越来越强势，劳动者的地位不断趋于下降这样一种态
势。具体表现在：（1）农民的"弱势"特征在全球化背景下逐步
显露。改革开放的前10多年，农民的总体生活状况得到了巨大改
善，但到改革开放步入中期以后，农村改革成就的能量已基本释放
完毕，尤其是乡镇企业似乎已到了强弩之末。加上进入WTO之后，
我国农副产品市场逐步放开，粮食等农副产品的全球竞争力十分有
限，农民的农业收入大大降低，农民的"弱势"特征显露出来。据
专家估算，在20世纪90年代的最后几年中，粮食的价格下降了
30%多。这意味着，对于绝大多数以种植业为主的农民来说，近年
来实际收入是在下降。而且从发展前景来看，至少到现在还没有迹
象表明，农民相对"弱势"的趋势会在未来的一段时间里得到遏
止。（2）城镇新生贫困群体有进一步扩大趋势。除了原有的城镇
"三无人员"以外，其主要包括城镇新的失业人员、下岗人员、效

益欠佳企业的职工及部分离退休职工和他们的赡养人口。在全球化趋势下，我国企业将面临更加严峻的挑战，尤其是传统的制造业和金融、贸易等服务性行业将被迫参与到全球性的竞争中去，这对长期以来习惯于在有限市场竞争中生存的中国企业来说，无疑是一次巨大的考验，许多企业由于经验不足和准备不够将陷入倒闭的危险。失业下岗人员的数量将会进一步上升，而传统行业的就业空间会进一步压缩，如何适应全球化的挑战，可能是每一个企业和城市居民今后不得不考虑的重点，尤其是那些长期生活在"单位"体制内的人群，生活随时都可能发生变故。与失业下岗相伴随的是，城镇部分居民的贫困问题日益突出，失业意味着失去全部的生活来源，加上城市相对较高的生活支出，其结果只能沦为新的贫困群体，其社会地位也将从一个原来比较高的层面急剧下降。（3）处于边缘状态的城市农民工生活状况日益令人担忧。数量较多的城市农民工是一个具有"城市人"与"农村人"双重身份的特殊群体，他们既是农民向工人的"过渡人"，也是村民和市民的"中介人"，同时又是一个既难被传统农民认同，又难被城市居民接纳的"边缘人"。在他们身上最鲜明地体现了中国城乡差别和工农差别。他们主要分布在采矿业、建筑业和服务业，从事城市职工不愿干的那些又脏又累的工作，却享受不到或不能完全享受所在单位正式职工和城市居民应有的福利待遇和其他权益，所获报酬也比较低。

　　造成这种状况的主要原因有以下几个方面。

　　第一，适应全球化的需要，我国较高层次的劳动力需求大幅度增长，但相对较低层次的就业空间进一步压缩，致使本身处于资源短缺和发展潜能有限的弱势群体的就业将更加困难。不仅如此，随着技术的进步和资本有机构成的提高，大量隐性失业也会逐步显性化，使失业人数会大大增加。而且，他们事实上还要与来自不同国家的劳动力进行公开的竞争。因为生产和经营的全球化，会促使资本在选择投资地上具有更大的灵活性和主动性，资本会不断地在全球范围内寻求最佳的结合。而资本的全球化扩张将造成全球失业的增多和劳工力量的削弱，尤其是高技术的运用将促使弱势群体面临着更大的失业威胁。弱势群体在没有应对好国内竞争的情况下，就被迫参与到全球性的竞争环境中去了，他们的生存能力无疑将受到更加严峻的考验。

第二，生产能力无限性与消费能力有限性之间的矛盾将迫使许多企业用低工资的手段来降低劳动力成本以提高竞争力，这将在很大程度上导致本身消费能力就十分有限的弱势群体家庭预算支出急剧下降，其生活状况在短期内也将进一步恶化。一般来说，在劳动力廉价的全球经济中，短期内生产增长的过程主要是通过削减工资、解雇工人和支付低工资来实现的。这一过程势必会影响家庭对日常必需品和服务的需要水平。

第三，全球化对我国农业发展将构成新的威胁，农民群体在逐渐产生分化的同时，相当一部分传统农民将陷入边缘化的危险。由于工业化、城市化和市场化的无情推进，农村已被极大地分化了。因为在全球化进程中，几乎没有农民完全是为了生计，或者完全是为地方市场而进行生产的，相反，大多数农业生产和全球市场已结合在一起。

第四，城市无业者、新移民、贫民的数量在短期内将有进一步上升的可能。许多地区的农村难以维持一种自给自足的生活，尽管在城市找一份长久的工作希望也不大，但毕竟进入了某种生活圈子、得到更好发展的机会要比在农村多。由此而引发趋向城市的迁移。这些新来的城市移民从事各种各样的职业和活动，与城市原有的居民竞争本来就不多的发展资源，其结果是他们共同的生存空间进一步压缩，成为城市新的弱势群体。

第6章 中国居民收入分配差距分析

改革开放以来，随着国民经济的持续快速健康发展，我国城乡居民的整体收入水平有了显著提高，人民生活总体上达到了小康水平，社会各个阶层都程度不同地得到了改革开放带来的实惠。但是，在居民整体收入水平大幅度提高的同时，居民收入差距扩大问题日益突出。改革开放以来我国由基尼系数所反映出来的居民收入差距，总的来说呈现一种上升的趋势。根据世界银行的测算，1978 年我国居民收入差距的基尼系数为 0.3，1988 年为 0.382，1995 年达到 0.445，2003 年为 0.458，2005 年升至 0.47。我国居民收入差距的基尼系数已超过了 0.4 这一国际上公认的警戒线。收入分配差距是市场经济的常态，适度的收入分配差距有利于促进社会经济的发展，但收入分配差距过大而且不断扩大，就会对社会经济持续协调发展产生明显的制约，甚至影响到社会稳定。居民收入差距不断拉大已成为我国不容忽视的一个突出矛盾和问题，必须予以高度重视和妥善解决。居民收入差距可从多个方面、不同角度进行分析，本章重点探讨我国区域之间、城乡之间、社会阶层之间、行业之间的收入差距。

6.1 中国区域之间收入差距分析

改革开放以来，我国各地经济都取得了前所未有的发展。但

是，由于各地的自然条件、资源禀赋、经济社会发展基础等方面存
在较大差异，我国的区域经济发展很不平衡，各地的经济发展速度
和水平不同，由此导致不同区域之间的居民收入存在明显差距。无
论是城镇居民收入还是农村居民收入，我国不同区域之间的差距非
常明显。总的来说，东部地区居民收入增长较快，中西部地区居民
收入增长相对缓慢，区域之间的居民收入差距不断扩大。

6.1.1 中国区域之间人均 GDP 差距

经济发展水平的差距是我国区域间居民收入差距形成的根本因
素。改革开放以来，我国经济发展空间格局发生了重大变化，区域
间均衡发展战略被东部指向的非均衡梯度区域发展战略所取代，形
成以优先发展的东南沿海经济区域、承东启西与互补合作发展的中
部经济区域和以开发资源为主的西部资源型经济区域的东、中、西
三大经济地带。东、中、西三大经济地带之间和全国各省（自治
区、市）之间，在经济增长速度和人均经济总量上具有明显的差
异，区域之间经济发展不平衡问题突出。

1. 中国三大经济地带之间的人均 GDP 差距

我国区域划分三分法中的东部地区包括辽宁、河北、北京、天
津、山东、江苏、上海、浙江、福建、广东和海南，中部地区包括
黑龙江、吉林、河南、安徽、山西、江西、湖北和湖南，西部地区
包括陕西、甘肃、宁夏、内蒙古、青海、新疆、西藏、四川、重
庆、广西、云南、贵州。

1980~2005 年，我国经济保持了快速增长态势，GDP 年均增
速达到 15.9%。三大经济地带经济增长速度有明显差距，东部地区
GDP 年均增速为 17.3%，高于全国平均水平；中部和西部地区
GDP 年均增速分别为 15.4%、15.6%，均低于全国平均水平。分
阶段来看，1980~1995 年，全国 GDP 年均增速为 18.6%，东部、

中部、西部地区 GDP 年均增速分别为 19.5% 、17.7% 、17.8%；1995～2005 年，全国 GDP 年均增速为 12.1%，东部、中部、西部地区 GDP 年均增速分别为 13.9% 、11.9% 、12.3% 。总的来说，改革开放以来我国东部地区经济增长速度明显高于中部和西部，西部地区经济增长速度又略高于中部地区。

从三大经济地带的人均 GDP 看，1980～2005 年东部、中部、西部地区人均 GDP 年均增长速度分别为 15.8% 、14.3% 、14.5%，同期全国人均 GDP 年均增长速度为 14.6% 。1980 年，东部、中部、西部地区人均 GDP 分别为 597.3 元、390.5 元、318.5 元，全国人均 GDP 为 463 元；2005 年，东部、中部、西部地区人均 GDP 分别为 23302.9 元、11107.9 元、9310.2 元，全国人均 GDP 为 14040 元。1980 年东部地区人均 GDP 分别是中部地区、西部地区的 1.53 倍、1.88 倍，2005 年东部地区人均 GDP 分别是中部地区、西部地区的 2.1 倍、2.5 倍，可见，我国三大经济地带人均 GDP 差距在不断扩大。我国东部与西部之间的人均 GDP 绝对差由 1980 年的 278.8 元扩大到 2005 年的 13992.7 元，绝对差年均拉大 548.556 元，2005 年东西部人均 GDP 的绝对差距是 1980 年的 50.19 倍。

2. 省际的人均 GDP 差距

2005 年我国人均 GDP 达到 14040 元，按目前汇率折算接近 1800 美元，比上年增长 9.6% 。但是，不同省份人均地区生产总值水平差距显著（表 6-1）。人均地区生产总值最高的省份是上海，2005 年为 51474 元人民币（约 6600 美元），已达到上中等国家的经济发展水平（人均 GDP5340 美元）；而最低的贵州省 2005 年仅为 5052 元人民币（约 650 美元），仍处于世界上低收入国家的水平（人均 GDP450 美元），还不到下中等收入国家平均水平（人均 GDP1480 美元）的一半。1980～2005 年，人均地区生产总值最高的上海市和最低的贵州省的相对差距由 1980 年的 12.5 倍缩小到 2005 年的 10.2 倍，但绝对差距由 1980 年的 2519 元扩大到 2005 年的 46422 元。2005 年人均地区生产总值排在前九位的均位于我国东部地区，依次是上海、北京、天津、浙江、江苏、广东、山东、辽宁和福建，其人均地区生产总值为全国人均 GDP 的 1.33～3.67 倍。这显示，我国东部省份的经济发展水平明显领先于中、西部省（自治区、市）。

表 6 - 1 　　　我国各省份人均 GDP 及其年均增长速度

省、自治区、市	人均 GDP（当年价）（元）				年均名义增长率（%）	
	1980 年	1995 年	2000 年	2005 年	1980～2005 年	1995～2005 年
辽宁	811	6880	11226	18983	13.44	10.68
北京	1582	13073	22460	45444	14.37	13.27
天津	1392	10308	17993	35783	13.87	13.25
河北	427	4444	7663	14782	15.23	12.71
山东	402	5758	9555	20096	16.94	13.31
上海	2738	18943	34547	51474	12.45	10.51
江苏	541	7299	11773	24560	16.49	12.90
浙江	470	8074	13461	27703	17.71	13.12
福建	350	6965	11601	18646	17.24	10.35
广东	473	7973	12885	24435	17.09	11.85
海南	354	5225	6894	10871	14.68	7.60
山西	442	3569	5137	12495	14.30	13.35
吉林	445	4414	6847	13348	14.57	11.70
黑龙江	694	5466	8562	14434	12.91	10.20
安徽	291	3357	4867	8675	14.54	9.96
江西	342	3080	4851	9440	14.19	11.85
河南	317	3313	5444	11346	15.39	13.10
湖北	428	4162	7188	11431	14.04	10.63
湖南	365	3456	5639	10426	14.35	11.67
广西	278	3543	4319	8788	14.81	9.51
重庆	—	—	5157	10982	—	—

续表

省、自治区、市	人均 GDP（当年价）（元）				年均名义增长率（%）	
	1980 年	1995 年	2000 年	2005 年	1980 ~ 2005 年	1995 ~ 2005 年
四川	329	3201	4784	9060	14.18	10.96
贵州	219	1853	2662	5052	13.38	10.55
云南	267	3044	4637	7835	14.47	9.92
西藏	471	2392	4559	9114	12.58	14.31
陕西	338	2843	4549	9899	14.46	13.29
甘肃	388	2288	3838	7477	12.56	12.57
青海	473	3430	5087	10045	13.00	11.34
宁夏	433	3328	4839	10239	13.49	11.89
新疆	410	4819	7470	13108	14.87	10.52
内蒙古	361	3013	5872	16331	16.47	18.41

资料来源：根据相应年份的《中国统计年鉴》计算整理。

从各省（自治区、市）1980 ~ 2005 年、1995 ~ 2005 年两个不同时间段人均 GDP 的年均增长速度看，绝大多数省市区近十年人均 GDP 的年均增长速度低于 1980 ~ 2005 年的年均增长速度，这主要是因为两个不同时间段的基数有较大差异所致。1980 ~ 2005 年，人均 GDP 增速排在前 8 位的是浙江、福建、广东、山东、江苏、内蒙古、河南、河北，其中，6 个属于东部地区，中部、西部各 1 个；1995 ~ 2005 年，人均 GDP 增速排在前 8 位的是内蒙古、西藏、山西、山东、陕西、北京、天津、浙江，4 个属东部地区，中部 1 个，西部 3 个，这说明我国的西部大开发战略已见成效，在东部地区仍保持强劲发展势头的同时，西部地区经济发展明显加快。

将 31 个省（自治区、市）2005 年的人均 GDP 进行排序，并按照 1/4 划分法，将高于全国平均水平 25% 以上的划为高收入等级省

（自治区、市）、在全国平均水平±25%范围内的划为中等收入省（自治区、市），将低于全国平均水平75%的划为低收入省（自治区、市），① 可得出以下结果：9 个高收入省市有上海、北京、天津、浙江、江苏、广东、山东、辽宁、福建，均分布在我国东部地区；10 个中等收入省（自治区、市）包括内蒙古、河北、黑龙江、吉林、新疆、山西、湖北、河南、重庆、海南，西部只有 3 个省（自治区、市）在其中；12 个低收入省（自治区、市）中，除湖南、安徽、江西外，其余均在我国西部地区。

6.1.2 中国区域之间城镇居民收入差距

改革开放以来，我国各地区城市居民收入水平均有显著提高，但收入增长速度不同，导致地区间收入差距扩大。我国区域之间城镇居民收入差距既体现在东、中、西部三大区域之间，更体现在各省（自治区、市）之间。

1. 三大经济地带之间的城镇居民收入差距

从东部、中部、西部三大地带的城镇居民人均可支配收入差距来看，主要是东部地区与中西部地区之间的差距，中部与西部之间的差距不大。2005 年，东部地区城镇居民收入最高，为 12884 元；其次为西部地区，为 9633 元，最低是中部地区，为 8691 元，东部地区明显高于中西部地区，西部比中部略高。② 东部地区与中部地区的收入差距由 2004 年的 3731 元扩大到 2005 年的 4193 元，差距拉大了 462 元；东部地区与西部地区的收入差距由 2004 年的 2706 元扩大到 2005 年的 3251 元，差距拉大了 545 元（表 6－2）。

---

① 李晓西等编著，《新世纪中国经济报告》，人民出版社 2006 年版，第 438 页。
② 国家发改委：《中国居民收入分配年度报告［2006］之四：2005 年地区间居民收入分配状况》，载国家发改委网站，2007 年 1 月 31 日。

表 6 – 2			三大地带城镇居民人均可支配收入		单位：元/人
地区	2003 年	2004 年	2005 年	2005 年增加额	2005 年增速%
东部地区	10365.8	11522.9	12884	1361.1	11.8
中部地区	7010.8	7791.4	8691	899.6	11.5
西部地区	7917.0	8817.2	9633	815.8	9.25
全国	8472	9422	10493	1071	11.4

资料来源：根据相应年份的《中国统计年鉴》和《中国居民收入分配报告》整理。

改革开放初期，三大经济地带的城镇居民人均可支配收入无论从相对数还是绝对数看，差距都很小。1978 年，我国东、中、西部城镇居民人均可支配收入分别为 309.5 元、281.4 元、284.2 元。1978 年后，三大经济地带之间城镇居民收入差距，特别是东部地区与中西部地区之间的城镇居民收入差距逐步拉大。1978 ~ 2005 年，东部、中部、西部三大地带的城镇居民人均可支配收入分别增长了 41.6 倍、30.9 倍、33.9 倍，年均增长速度分别为 14.8%、13.5%、13.9%。东部、中部、西部城镇居民人均可支配收入之比 1978 年为 1.09∶0.99∶1，1980 年升为 1.21∶1.02∶1，1990 年上升为 1.27∶0.92∶1，2002 年上升为 1.40∶0.98∶1，2005 年为 1.34∶0.90∶1。虽然"十五"以来中西部地区城镇居民人均可支配收入增长速度明显加快，但东部地区城镇居民收入增长仍高于中部和西部地区，同时由于东、中、西部城镇居民人均可支配收入的基数不同，东部地区与中西部地区之间城镇居民收入的绝对差距仍持续扩大。

2. 各省（自治区、市）之间的城镇居民收入差距

2005 年，我国城镇居民人均年可支配收入首次突破万元大关，达到 10493 元，但各省（自治区、市）之间差距明显，最高的上海市达 18645.03 元，最低的新疆维吾尔自治区只有 7990.15 元，二者之比为 2.33∶1，二者之间的绝对差距高达 10654.88 元。收入高的省（自治区、市）集中在东部地区，收入低的省（自治区、市）

集中在西部地区。2005 年，城镇居民人均可支配收入超过万元的 9
个省市为上海、北京、浙江、广东、天津、福建、江苏、山东、重
庆，除重庆外，其余 8 个全部集中在东部地区；城镇居民人均可支
配收入位于后 10 位的省、自治区包括新疆、青海、甘肃、宁夏、
海南、贵州、陕西、黑龙江、四川、安徽，除海南、黑龙江外，其
余 8 个均位于西部地区（表 6 - 3）。从 2005 年各省（自治区、市）
城镇居民人均可支配收入增长情况看，在 31 个省（自治区、市）
中，有 16 个省（自治区、市）的实际增长达到两位数，收入增长
速度排在前 5 位的分别是江苏、河北、辽宁、山东、江西，居后 5
位的分别是新疆、广西、海南、云南、西藏。

从 1980 ~ 2005 年城镇居民人均可支配收入年均增长速度看，
东部沿海省份明显高于中、西部内陆省（自治区、市），年均增长
速度超过 14% 的省（自治区、市）均在东部地区，包括浙江、北
京、上海、广东、福建、江苏。从城镇居民人均可支配收入的最高
省份和最低省份看，1980 年的最高省（市）和最低省分别是上海
和贵州，二者之比为 1.77 : 1，绝对差距为 243.67 元；1990 年最高
的省和最低的省（自治区）分别是广东和内蒙古，二者之比为
2.03 : 1，绝对差距为 1084.99 元；2000 年最高的省（市）和最低
的省分别是上海和山西，二者之比为 2.48 : 1，绝对差距为 6993.9
元；2005 年的最高省（市）和最低省（自治区）分别是上海和新
疆，二者之比为 2.33 : 1，绝对差距高达 10654.88 元。这表明，我
国各省（自治区、市）之间城镇居民人均可支配收入的相对差距在
改革开放初期不是很大，之后不断拉大，到“九五”末的 2000 年
达到高峰。“十五”以来，由于西部地区大开发、振兴东北老工业
基地、中部地区崛起战略的实施，各省（自治区、市）之间城镇居
民人均可支配收入相对差距扩大的趋势得到了一定程度的遏制。但
是，我国各省（自治区、市）之间城镇居民人均可支配收入的绝对
差距仍呈不断扩大之势。据国家统计局计算，我国城镇居民人均可支
配收入省际间差距的变异系数，1980 年为 0.13，1990 年扩大到 0.21，

扩大了 61.5%；2002 年扩大到 0.27，与 1990 年相比扩大了 28.6%；2005 年进一步扩大到 0.29，与 2002 年相比扩大了 7.41%。

表 6-3　　　　　1980～2005 年各省（市、自治区）城镇
居民人均可支配收入变化　　　　单位：元/人

省（自治区、市）	城镇居民人均可支配收入（当年价）				年均名义增长率（%）	
	1980 年	1990 年	2000 年	2005 年	1980～2005 年	1990～2005 年
辽宁	466.8	1398.91	5357.79	9107.55	12.6	13.3
北京	501.36	1787.08	10349.69	17652.95	15.3	16.50
天津	491.76	1522.22	8140.50	12638.55	13.9	15.2
河北	400.56	1397.75	5661.16	9107.09	13.3	13.3
山东	414.84	1408.08	6489.97	10744.79	13.9	14.5
上海	560.00	2050.00	11718.01	18645.03	15.1	15.9
江苏	433.00	1464.00	6800.23	12318.57	14.3	15.3
浙江	429.72	1769.16	9279.16	16293.77	15.7	16.0
福建	391.08	1566.61	7432.26	12321.31	14.8	14.7
广东	462.00	2135.00	9761.57	14769.94	14.9	13.8
海南	—	1575.00	5358.32	8123.94	—	11.6
山西	345.60	1145.40	4724.11	8913.91	13.9	14.7
吉林	—	1127.53	4810.00	8690.62	—	14.6
黑龙江	387.8	1090.00	4912.88	8272.51	13.0	14.5
安徽	—	1224.00	5293.55	8470.68	—	13.8
江西	365.00	1094.00	5103.58	8619.66	13.5	14.8
河南	—	1152.95	4766.26	8667.97	—	14.4
湖北	380.17	1294.56	5524.54	8785.94	13.4	13.6
湖南	437.60	1382.00	6218.73	9523.97	13.1	13.7
广西	371.00	1448.00	5834.43	9286.70	13.7	13.2
重庆	—	—	6275.98	10243.46	—	—
四川	360.00	1354.00	5894.27	8385.96	13.4	12.9
贵州	316.32	1217.44	5122.21	8151.13	13.9	13.5
云南	404.28	1367.37	6324.64	9265.90	13.3	13.6

省（自治区、市）	城镇居民人均可支配收入（当年价）				年均名义增长率（%）	
	1980 年	1990 年	2000 年	2005 年	1980 ~ 2005 年	1990 ~ 2005 年
西藏	—	1685.00	7426.32	9431.18	—	12.2
陕西	381.00	1263.00	5124.24	8272.02	13.1	13.3
甘肃	403.00	1197.00	4916.25	8086.82	12.7	13.6
青海	—	1199.10	5169.96	8057.85	—	13.5
宁夏	438.00	1271.00	4912.40	8093.64	12.4	13.1
新疆	427.00	1356.00	5644.86	7990.15	12.4	12.6
内蒙古	370.12	1050.01	5129.05	9136.79	13.7	15.5

资料来源：根据相应年份的《中国统计年鉴》计算整理。

6.1.3 中国区域之间农村居民收入差距

改革开放以来，我国农村经济得到了长足发展，农民收入有了大幅度提高，但农村经济发展水平具有明显的区域差异，区域间农民收入差距不断扩大的矛盾日益突出。

1. 三大地带之间的农村居民收入差距

与三大地带间的城镇居民人均可支配收入差距相比，三大地带间的农民人均纯收入差距更为显著。三大地带间农民人均纯收入差距的突出特点是，一方面，东部地区农民人均纯收入远高于中西部地区；另一方面，中部地区农民人均纯收入略高于西部地区，这与三大地带间城镇居民人均可支配收入差距的特征明显不同（表6-4）。2005 年，我国东部地区的农村居民人均纯收入达 5123 元，中部地区为 2815 元，西部地区仅为 2508 元。东部地区与中部地区农村居民人均纯收入的差距由 2004 年的 1999 元扩大到 2005 年的 2308 元，差距拉大了 309 元；东部地区与西部地区的差距由 2004 年的 2281 元扩大到 2615 元，差距拉大了 334 元；中部地区与西部地区的差距由 2004 年的 282.8 元扩大到 307 元，差距拉大了 24.2 元。

表 6 - 4　　　　　　　三大地带农村居民人均纯收入　　　　单位：元/人

地区	1978 年	2000 年	2005 年	年均名义增长率（%）		
				1978~2005 年	1978~2000 年	2000~2005 年
东部地区	172	3199.8	5123	13.4	14.2	9.9
中部地区	135	2070.8	2815	11.9	13.2	6.3
西部地区	119	1691	2508	12.0	12.8	8.2

资料来源：根据相应年份的《中国统计年鉴》计算整理。

　　改革开放以来，东、中、西部农村居民人均纯收入分别增长了 29.8 倍、20.9 倍、21.1 倍。1978~2005 年农村居民人均纯收入的年均增长速度，东部地区一直处于领先地位，为 13.4%；中部、西部比较接近，分别为 11.9%、12.0%。分阶段来看，1978~2000 年，三大地带农村居民人均纯收入的年均增长速度均超过两位数，东部最高，中部次之，西部最低，分别为 14.2%、13.2%、12.8%；"十五"期间，农村居民人均纯收入的年均增长速度明显下降，东、中、西部分别为 9.9%、6.3%、8.2%，一个明显特点是西部地区农村居民人均纯收入的年均增长速度超过了中部地区，中、西部之间的农村居民人均纯收入差距缩小，二者的绝对差距由 2000 年的 379.8 元减少到 2005 年的 307 元。

　　从三大地带农村居民人均纯收入的相对差距和绝对差距看，我国农村居民人均纯收入的区域差异程度在不断扩大，而且明显高于城镇居民人均可支配收入的区域差异程度，说明我国东西部居民收入差距很大的根源和症结在于西部农村地区的贫穷和落后。东、中、西三大地带农村居民人均纯收入的相对差距，1978 年为 1.45:1.13:1（西部为 1），2000 年扩大到 1.89:1.22:1，2005 年为 2.04:1.12:1，可以看出，东部地区与中西部地区农村居民人均纯收入的差距越来越大，中部地区与西部之间的差距经历了 1978~2000 年的缓慢扩大和"十五"期间的逐步缩小两个阶段。也就是说，东、中、西三大地带农村居民人均纯收入的差距主要表现为东部地区与中西部地区之间差距的日益扩大上。东部地区与中部地区农村居民人均纯收入的绝对差距，1978 年为 37 元，2000 年扩大到 1129 元，2005 年进一步扩大到 2308 元；东部地区与西部地区农村居民人均纯收入的绝对差距，1978 年为 53 元，2000 年扩大到 1508.8 元，2005 年进一步扩大到 2615 元。

2. 省（自治区、市）之间的农村居民收入差距

由于区位和农业自然资源条件、工业化和城市化进程的差异，我国各省（自治区、市）的农村居民人均纯收入存在相当明显的差距。2005 年，我国农村居民人均纯收入为 3255 元，比上年增加 319 元，增长 10.8%，低于城镇居民人均年可支配收入的增幅。2005 年，全国农民人均纯收入前十位的省（自治区、市）全部在东部地区，后十位全部在西部地区。农村居民人均纯收入超过 4000 元的有 7 个省（自治区、市），全部在东部地区，由高到低分别是上海、北京、浙江、天津、江苏、广东、福建；农村居民人均纯收入在 3000 ~ 4000 元范围内的省（自治区、市）有 9 个，包括东部地区的山东、辽宁、河北、海南，中部地区的吉林、黑龙江、湖南、江西、湖北；其余 15 个省（自治区、市）的农村居民人均纯收入均低于 3000 元，包括中部地区的山西、安徽、河南 3 个省和西部地区全部 12 个省（自治区、市），其中，甘肃、贵州两个省低于 2000 元（表 6 – 5）。

从 1980 ~ 2005 年农村居民人均纯收入的年均增长速度看，除青海外，其他省（自治区、市）都在两位数以上；年均增长速度居前五位的省（自治区、市）包括浙江、福建、江苏、北京、上海，均位于东部地区；年均增长速度居后五位的省（自治区、市）包括西部地区的青海、贵州、新疆、甘肃和东部地区的辽宁。2000 ~ 2005 年，各省（自治区、市）农村居民人均纯收入年均增长速度

比 1980～2000 年阶段明显回落，除吉林省外，其他省（自治区、市）的年均增速均低于 10%，年均增速超过 9% 的有 7 个省（自治区、市），包括东部地区的北京、辽宁、浙江、山东、天津，中部地区的吉林，西部地区的西藏。

表 6－5　　　　　　　1980～2005 年各省（自治区、市）

农村居民人均纯收入变化　　　　　单位：元/人

省（自治区、市）	农村居民人均纯收入			年均名义增长率（%）		
	1980 年	2000 年	2005 年	1980～2005 年	1980～2000 年	2000～2005 年
辽宁	299.4	2355.58	3690.21	10.6	10.9	9.4
北京	308	4604.55	7346.26	13.5	14.5	9.8
天津	278	3622.39	5579.87	12.7	13.7	9.0
河北	175.77	2478.86	3481.64	12.7	14.1	7.0
山东	210.23	2659.20	3930.55	12.4	13.5	9.3
上海	402	5596.37	8247.77	12.8	14.1	8.1
江苏	218	3595.09	5276.29	13.6	15.0	8.0
浙江	219.21	4253.67	6659.95	14.6	16.0	9.4
福建	171.75	3230.49	4450.36	13.9	15.8	6.6
广东	274.37	3654.48	4690.49	12.0	13.8	5.1
海南	—	2182.26	3004.03	—	—	6.6
山西	155.78	1905.61	2890.66	12.4	13.3	8.7
吉林	237.20	2022.50	3263.99	11.1	11.3	10.0
黑龙江	208.10	2148.22	3221.27	11.6	12.4	8.4
安徽	185	1934.57	2640.96	11.2	12.5	6.4
江西	181	2135.30	3128.89	12.1	13.1	7.9
河南	160.78	1985.82	2870.58	12.2	13.4	7.6
湖北	169.96	2268.59	3099.20	12.3	13.8	6.4
湖南	219.72	2197.16	3117.74	11.2	12.2	7.2
广西	174	1864.51	2494.67	11.2	12.6	6.0
重庆	—	1892.44	2809.32	—	—	8.2
四川	188	1903.60	2802.78	11.4	12.3	8.0
贵州	161.50	1374.16	1876.96	10.3	11.3	6.4

省（自治区、市）	农村居民人均纯收入			年均名义增长率（%）		
	1980 年	2000 年	2005 年	1980 ~ 2005 年	1980 ~ 2000 年	2000 ~ 2005 年
云南	147.70	1478.60	2041.79	11.1	12.2	6.7
西藏	—	1330.81	2077.90	—	—	9.3
陕西	142	1443.86	2052.63	11.3	12.3	7.3
甘肃	153	1428.68	1979.88	10.8	11.8	6.7
青海	204.31	1490.49	2151.46	9.9	10.4	7.6
宁夏	175	1724.30	2508.89	11.2	12.1	7.8
新疆	201	1618.08	2482.15	10.6	11.0	8.9
内蒙古	192	2038.21	2988.87	11.6	12.5	8.0

资料来源：根据相应年份的《中国统计年鉴》计算整理。

从总体上看，从 1980 ~ 2005 年我国省（自治区、市）间农村居民的收入差距是不断扩大的。农村居民人均纯收入最高的省（市）一直是上海市，最低的省（自治区、市），1980 年是陕西省（缺西藏、重庆、海南数据），2000 年是西藏，2005 年是贵州。农村居民人均纯收入全国最高和最低的省（包括直辖市和自治区）之比，1980 年为 2.83∶1，2000 年为 4.21∶1，2005 年 4.39∶1。可见，我国省（自治区、市）间农村居民收入差距比省（自治区、市）间城镇居民收入差距要大得多，而且省际间农村居民收入差距一直处于上升态势。据国家统计局测算，我国省（自治区、市）间农村居民人均纯收入差距的变异系数 1980 年为 0.20，1990 年升至 0.27，2002 年升至 0.34，2005 进一步上升到 0.46，这表明我国省际间的农村居民收入差距在逐渐拉大。我国省（自治区、市）间农村居民收入差距不断扩大的主要原因在于各省（自治区、市）农村居民人均纯收入的构成有较大差异。据研究（王尤贵、李颖，2004），20 世纪 90 年代中期以来，除个别省份外，工资性收入对我国各省（自治区、市）农村居民人均纯收入增长的贡献份额基本呈上升的趋势，家庭经营收入的贡献份额呈减少的趋势。我国东部地区大部分省（自治区、市）的农村居民人均纯收入中工资性收入比重较高，而大部分中西部地区的省（自治区、市）工资性收入比重都较低。实际数据也显示，农村居民收入高的省（自治区、市），工资性收入对其农民人均纯收入增长的贡献份额也高，如 2002 年工资性收入对上海、北京、浙江、江苏农村居民人均纯收入增长的贡献份额分别高达110.54、78.84、67.25、76.95。可见，加快中西部广大农村区域的工业化进程和农村劳动力向非农产业的转移是缩小我国省（自治区、市）间农村居民收入差距的根本途径。

6.2 中国城乡之间居民收入差距分析

1978 年以来，我国城乡居民的经济收入不断提高。但是，我国城乡之间的居民收入差距也随着城乡居民收入的提高而呈不断扩大趋势，城乡二元结构特征逐步强化。可以说，目前我国最大的收入差距出现在城乡之间。

6.2.1 中国城乡之间居民收入差距状况

我国经济社会发展过程中存在着非常明显的城乡二元结构特征，城乡之间居民收入差距大是一个重要体现。改革开放之前，我国长期推行重工业优先发展战略，通过吸收农业剩余，为工业提供资本积累和对城市进行补贴，以加快工业化进程，因而也就形成了收入分配上对城镇居民的倾斜。所以，改革开放之前我国城乡之间居民收入就存在相当大的差距。如，1978 年我国城乡居民收入之比（以农民人均纯收入为 1）就高达 2.57∶1。

2006 年全国城镇年人均可支配收入为 11759.5 元，比上年增加1266.5 元，增长 12.1%；全国农村人均纯收入为 3587 元，比上年增加332 元，增长 10.2%。2006 年，我国城乡居民收入之比高达 3.28∶1，高于 2005 年的 3.22:1，超过了新中国成立初期我国城乡居民的收入差距。

改革开放以来，我国城乡居民之间的收入差距经历了一个由迅速缩小到逐渐扩大、再迅速缩小、再加速扩大的发展过程（表 6 - 6、图 6 - 1）。从城乡居民收入比，即收入差距的相对数来看，我国城乡收入差距的变化可以划分为以下几个阶段：一是 1978～1983 年城乡居民收入差距迅速缩小阶段。这一阶段由于农村改革和政策调整带来农民收入的快速提高，农民收入增长快于城镇居民收入的增长。农村居民人均纯收入从 1978 年的 133.6 元增加到 1983 年的 309.8 元，增长了 1.32 倍，年均增长速度高达 18.32%。而同期城镇居民人均可支配收入从 1978 年的 343.4 元增加到 1983 年的 564.0 元，增长了 64.2%，年均增长 10.43%。从而，城乡居民收入差距从 1978 年 2.57:1 缩小到 1983 年的 1.82:1。二是 1984～1994 年城乡收入差距逐渐扩大阶段。这一阶段，农村居民收入增长速度有所下降，而城镇居民收入增长速度超过农村居民收入增长速度；期间，只有 1990 年城乡居民收入之比比上年略微有所下降。1994 年城镇居民人均可支配收入比 1983 年增长了 5.2 倍，1984～1994 年年均增长 18.04%；而 1994 年农村居民人均纯收入比 1983 年增长了 2.94 倍，1984～1994 年年均增长 13.28%。城乡居民收入差距从 1983 年 1.82:1 扩大到 1994 年的 2.86:1。三是 1995～1997 年城乡居民收入差距迅速缩小阶段。这一阶段，城镇居民收入增长速度有所回落，农村居民收入增长速度有所上升并超过城镇居民收入增长速度。1995～1997 年城镇居民人均可支配收入年均增长 13.86%，而同期农村居民人均纯收入年均增长 19.62%，城乡居民收入之比从 1994 年的 2.86:1 缩小到 1997 年的 2.47:1。四是 1998～2006 年城乡收入差距持续快速扩大阶段。这一阶段，城镇居民人均收入增长速度和农村居民人均收入增长速度下降都很大，但城镇居民人均收入年均增长速度要远远高于农村居民人均收入年均增长速度。1998～2006 年，城镇居民人均可支配收入增长了 1.17 倍，年均增长 10.15%，同期农村居民人均纯收入增长了 65.91%，年均增长 6.53%，城乡居民收入差距从 1997 年的 2.47∶1 快速扩大到 2006 年的 3.28∶1。从图 6－1 可以看出，1978 年以来我国城乡居民收入差距的变化趋势就像一把张开的剪刀，① 表明我国城乡居民收入差距随着时间的推移越来越大。我国城镇居民人均可支配收入与农村居民人均纯收入之间的绝对差距，已由 1978 年的 209.8 元扩大到 2006 年的 8172.5 元，在 28 年间增加了 37.95 倍。从整体上看，1978 年以来我国城乡收入差距处于一直上升的态势。

表 6－6　　　　1978～2006 年我国城乡居民收入差距的变化

年份	城镇居民人均可支配收入（元）	农村居民人均纯收入（元）	城乡居民收入之比	年份	城镇居民人均可支配收入（元）	农村居民人均纯收入（元）	城乡居民收入之比
1978	343.4	133.6	2.57∶1	1993	2577.4	921.6	2.80∶1
1979	387.0	160.2	2.42∶1	1994	3496.2	1221.0	2.86∶1
1980	477.6	191.3	2.49∶1	1995	4283.0	1577.7	2.71∶1
1981	491.9	223.4	2.22∶1	1996	4838.9	1926.1	2.51∶1
1982	526.6	270.1	1.95∶1	1997	5160.3	2090.1	2.47∶1
1983	564.0	309.8	1.82∶1	1998	5425.1	2162.0	2.51∶1
1984	651.2	355.3	1.83∶1	1999	5854.0	2210.3	2.65∶1
1985	739.1	397.6	1.86∶1	2000	6280.0	2253.4	2.79∶1
1986	899.6	423.8	2.12∶1	2001	6859.6	2366.4	2.90∶1
1987	1002.2	462.6	2.17∶1	2002	7702.8	2475.6	3.11∶1
1988	1181.4	544.9	2.17∶1	2003	8472.2	2622.2	3.23∶1
1989	1375.7	601.5	2.29∶1	2004	9422.0	2936.0	3.21∶1
1990	1510.2	686.3	2.20∶1	2005	10493.0	3255.0	3.22∶1
1991	1700.6	708.6	2.40∶1	2006	11759.5	3587.0	3.28∶1
1992	2026.6	784.0	2.58∶1				

资料来源：根据历年统计年鉴和统计公报数据整理、计算。

注："城镇居民人均可支配收入" 1978～1984 年数据用 "人均生活费收入" 代替。

---

① 张军扩、侯永志、宣晓伟：《我国城乡差距、农村内部差距的现状与未来》，载国研网国研报告，2007 年 1 月 26 日。

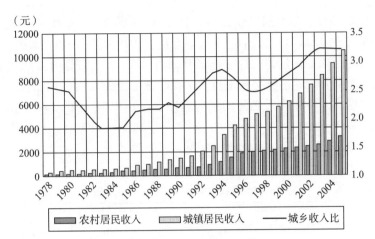

图 6-1 我国城乡居民收入差距的变动轨迹

资料来源：张军扩、侯永志、宣晓伟：《我国城乡差距、农村内部差距的现状与未来》，载国研网国研报告，2007 年 1 月 26 日。

我国城乡居民收入差距还存在明显的地区差异。不同省（自治区、市）之间，共同之处是城乡居民收入差距普遍较大、而且 1978 年以来的变化趋势相似；不同之处在于城乡居民收入的相对差距和绝对差距有所差别。2006 年，各省（自治区、市）的城乡居民收入绝对差距均在 5000 元以上，其中差距最大的省份为上海，达到了 11529.26 元；其他省（自治区、市）依次为北京、广东、浙江、福建、重庆、西藏、云南、天津、江苏、山东，都达到了 7000 元以上。从反映城乡居民收入相对差距的"收入比"数据看，2006 年有 10 个省（自治区、市）的城乡居民收入比高于全国平均水平，依次是贵州、云南、甘肃、陕西、重庆、青海、西藏、广西、宁夏和安徽，其城乡居民收入比都达到了 3.29∶1 以上，其中最高的省是贵州，其城镇居民人均可支配收入是其农村居民人均纯收入的 4.59 倍。31 个省（自治区、市）城乡居民收入差距的地区分布特征表明，我国城乡居民收入差距，东部地区省（自治区、市）明显小于中部地区省（自治区、市），中部地区省（自治区、市）又明显小于西部地区省（自治区、市）。

值得注意的是，以上分析是以国家统计局公布的城镇居民可支配收入和农村居民纯收入的数据为基础的，尚没有将城镇居民享受到的各种补贴、福利等隐性收入或非货币因素考虑在内。如果将这些因素计算在内，则我国城乡居民人均收入的差距高达 5：1（陆学艺，2006）。中国社会科学院在 2004 年的研究报告《中国城乡收入差距世界最高》中曾明确指出：中国与其他国家相比，如果仅仅看货币收入差距，或者说名义收入的差距，非洲的津巴布韦的城乡收入差距比中国稍微高一点，但是如果把非货币因素考虑进去，中国的城乡收入差距是世界上最高的。

6.2.2　中国城乡之间居民收入差距的成因

世界银行的有关报告指出，世界上多数国家的城乡居民收入比率不超过 1.5：1，超过 2：1 的极为少见。而我国城乡居民收入之比不仅长期高于 2：1，从 2002 年起扩大到 3：1 以上。导致我国城乡居民收入差距拉大的因素有很多，但是，城乡分割的二元体制和长期实施的城市偏向政策是最根本的原因。[①] 具体而言，我国城乡居民收入差距不断拉大的原因主要有以下几个方面。

1. 城乡分割的户籍制度和二元经济社会结构

农村落后于城市在我国是一个久远的历史现象。新中国成立后，建立了城乡分割的户籍制度，将全国人口截然分成了城镇居民和农民，在城乡之间人为地筑起了一道"壁垒"，使农村人口不能自由地向城市迁移，将城乡居民分割为两个发展机会和社会地位严重不平等的社会集团。这种户籍制度的建立和固化，使我国形成了

---

① 陈德峰：《城乡发展失衡和居民收入差距扩大的根源》，载人民网，2006 年 9 月 19 日。

典型的二元社会经济结构，具有城市户籍的居民在就业、收入、养老、社会福利、子女上学等方面都享有优惠待遇，具有农村户籍的农民被限制在土地上，城市居民和农村居民在收入和生活水平方面必然出现较大的差距。

城乡二元社会经济结构，制约了生产要素的合理流动与优化配置，阻碍了农村人口向城市的合理迁移，抑制了农村非农产业的发展，导致工农差别、城乡差别不断拉大。改革开放以来，我国采取了鼓励农村非农产业发展的政策，乡镇企业的发展曾对农村劳动力转移、增加农民收入发挥了重要作用，但随着买方市场成为我国经济生活的常态，乡镇企业的先天不足开始显现，市场竞争力下降、发展速度降低，乡镇企业吸纳农村劳动力就业的能力和增加农民收入的作用近些年来在不断弱化。同时，尽管放开了对农民进城务工的限制，大量农民工到城市找到了临时工作，但城乡劳动力市场的分割问题仍未得到解决，普遍存在对农民工的歧视、对农民工户口迁移的限制，农民工收入低且缺乏发放保障，这说明，以户籍制度为基础的城乡分割体制并未得到根本改变，多年形成的城乡"鸿沟"和"壁垒"仍在起作用。农民进城落户的"门槛"高、并受到诸多限制，导致我国城市化水平严重滞后，大量农村人口依靠有限的土地生活，是造成我国城乡居民收入差距、生活差距的重要原因。此外，现行的社会保障制度以城市人口为中心，农民生老病死的开支主要靠自己。总之，城乡分割的二元经济社会结构和户籍制度壁垒是我国城乡居民收入存在明显差距且不断拉大的根源。

2. 城乡经济体制改革推进的非均衡性

我国的经济体制改革首先在农村展开。从 1978 年开始，以家庭联产承包责任制为主的农村改革在农村地区逐步推广，到 1984 年底，全国 99% 的生产队和 96.6% 的农户实行了家庭联产承包责任制。家庭联产承包责任制打破了以往农村经济中统一生产经营的模式，使土地的所有权与经营权相互分离，把农民的个人经济利益与生产经营成果紧密联系起来，极大地调动了广大农民的劳动积极性，长期受到压抑的农村生产力得到解放，农民收入得到迅速的提高，因此在 20 世纪 80 年代前期我国城乡居民收入差距曾一度呈缩小之势。从 20 世纪 80 年代后期起，我国经济体制改革的重点转向城市。随着城市经济体制改革的兴起，城市经济的发展活力不断增强，发展速度加快，城市居民收入开始大幅度提高。与此同时，广大农村 1985 年以后基本上是稳定家庭承包责任制，农村经济体制改革再没有出现大的突破。由于农户承包经营的土地规模过小，耕地分散，影响了农业科技和大型农业机械的推广和应用，农业生产效益和农业劳动生产率难以提高，改革初期农村经济体制改革所带来的效应逐渐减弱，农村经济持续增长缺乏后劲，加上 20 世纪 90 年代后期全国农产品价格的持续下跌，导致农民收入增长缓慢，我国城乡收入差距明显反弹，并随着时间的推移呈现扩大化的趋势。

3. 宏观经济政策向城市的倾斜

宏观经济政策向城市的倾斜，既表现在城市化和工业化对农业和农村剩余、资源的过度汲取上，又表现在城市优先的金融政策和财政政策上。

新中国成立后很长一个时期里，为了实现工业化原始积累，国家通过实行"工农产品剪刀差"政策手段把一部分农村财富转移到城市，其本质是国民收入的一种再分配，将农业部门创造的部分国民收入转移到工业部门，以促进工业发展。据测算，通过粮食价格的"剪刀差"，城市从农民"积累"中至少抽走了 12580 亿元。[1]"工农产品剪刀差"政策，确保了我国工业化战略的顺利实施，却抽走了农业和农村的积累资金，制约了农业和农村的发展，影响了农民收入。直到 1992 年，"工农产品剪刀差"政策才被彻底废除。

---

① 陈德峰：《城乡发展失衡和居民收入差距扩大的根源》，载人民网，2006 年 9 月 19 日。

城市化和工业化进程中对农民土地的廉征贵卖，在土地财富从农村向城市转移的同时，严重损害了农村和农民的利益。据测算，改革开放以来，特别是 20 世纪 90 年代以来，通过低价征用农民的土地，不仅使农民蒙受了至少 20000 亿元的损失，而且带来了 3500 万~4000 万的失地农民。

金融政策、财政政策向城市的倾斜，也是导致农村发展落后、农民增收缓慢、城乡居民收入不断扩大的一个重要因素。改革开放之前我国长期实行农业支持工业、农村支援城市的金融政策，农村的金融机构承担着从农村吸收资金为国家工业化服务的职能，农村和农民得不到应有的信贷支持。改革开放以来，这种状况依然没有发生根本性的改变。农村的金融机构对农村的金融"抽水"问题仍相当突出，农村资金通过金融渠道大量流出，而且流出量不断增多。农村存贷年均差额由"八五"时期的 1071 亿元增加到"九五"时期的 2566 亿元，1980~2004 年农村和农民资金经过信用社渠道和邮政储蓄渠道净流出累计 18000 多亿元。[①] 农村资金大量外流，农民贷款难，影响了农业和农村经济的发展，限制了农民的发展机会和增收空间。在财政政策上，我国同样存在向城市过度倾斜的问题。改革开放以来，国家财政支出中用于农业的支出，虽然绝对量在不断增长，但占财政总支出的比重并不高，由 1978 年的 13.43% 降至 2005 年的 7.22%。"九五"以来，财政支农资金占农业总产值的比重平均为 6.7%，低于发展中国家 5 个百分点，更低于发达国家 23~43 个百分点。另外，从发达国家的经验看，加大政府对农民收入的直接支付力度，是平抑城乡居民收入差距最现实的行为选择。近年来我国已开始对农业和农民实行多予少取的政策，取消了农业税，对粮食生产进行了直补，发放良种补贴、大型农机具购置补贴，但总的来说，目前我国对农民收入的直接支付力

---

① 陈德峰：《城乡发展失衡和居民收入差距扩大的根源》，载人民网，2006 年 9 月 19 日。

度还不够大，直接支付在增加农民收入方面发挥的作用还很有限。

6.3 中国城乡不同收入群体之间的收入分配差距分析

近年来，我国无论是城镇居民内部不同收入群体之间，还是农村居民内部不同收入群体之间，都呈现出收入越高的群体收入增长越快、中低收入群体收入比重下降、高收入群体收入比重上升、收入向高收入群体集中的现象，城镇居民和农村居民内部不同收入群体之间的收入分配差距日益明显、不断拉大。

6.3.1 中国城镇居民内部收入差距

1. 城镇居民的收入来源及其变化特点

城镇居民的收入来源主要有工薪收入、经营性收入、财产性收入、转移性收入。工薪收入是指劳动者在一定时期内从生产经营单位以货币工资、实物工资等形式获得的报酬。经营性收入是指居民以家庭为生产经营单位从事生产经营活动而获得的收入。财产性收入是指居民将拥有的金融资产或有形非生产性资产提供给其他机构单位或个人供其支配，作为回报而从中获得的收入，如，居民储蓄利息收入、出租房屋收入、购买国债的利息收入、购买股票的收益等。转移性收入是指居民无偿得到的各种收入，如养老金或离退休金收入、低保收入等。

改革开放以来，特别是近些年来，我国城镇居民收入来源构成发生了明显变化，主要有以下几个特点：（1）工薪收入是城镇居民收入来源的主体，但在城镇居民收入中所占比重呈下降趋势。改革开放初期，我国城镇居民收入来源比较单一，工薪收入所占比重相当高。近些年来，我国城镇居民收入来源不断拓宽，经营性收入和转移性收入比重逐步上升，工薪收入所占比重不断下降。2006 年，我国城镇居民人均总收入为 12719. 19 元，其中工薪收入达 8766. 96 元。1995 年至 2006 年，工薪收入占城镇居民人均总收入的比重从 79. 2% 下降至 68. 9%，下降了 10. 3 个百分点。尽管工薪收入占城镇居民人均总收入的比重有所降低，但其仍是我国城镇居民收入的主要来源。（2）家庭经营性收入比重平稳上升。1995 年至 2006 年，我国城镇居民人均总收入中，经营净收入由 72. 62 元增加到 809. 56 元，年均增长 24. 5%。经营净收入占我国城镇居民人均总收入的比重，由 1995 年的 1. 7% 升至 2006 年的 6. 36%。近年来经营净收入占我国城镇居民人均总收入的比重上升较快，原因在于政府出台了一系列发展非公经济的优惠政策，特别是对下岗、失业人员从事非公经济给予更大的优惠，促进了城镇个体私营经济的快速发展。（3）转移性收入有了较大幅度增长。1995~2006 年，我国城镇居民人均总收入中转移性收入由 725. 76 元增加到 2898. 66 元，年均增长速度达 13. 4%，转移性收入所占比重从 1995 年的 17. 0% 上升至 2006 年的 22. 8%。转移性收入之所以较大幅度增长，主要是政府在社会保障和社会福利救济等方面加大了投入，增加了离退休人员工资，低保覆盖面扩大、低保标准提高，抚恤和社会福利救济支出增加。（4）财产性收入年均增速最低。1995~2006 年，我国城镇居民人均总收入中财产性收入由 90. 43 元增加到 244. 01 元，年均增长速度只有 9. 44%。财产性收入占城镇居民人均总收入的比重下降，由 1995 年的 2. 11% 降至 2006 年的 1. 92%。财产性收入中，以出租房屋收入为主。以 2005 年为例，人均年出租房屋收入 112 元，占当年财产性收入的 58. 03%。

2. 城镇居民内部收入差距分析

国家统计局对城镇居民家庭情况的抽样调查材料中，将城镇居民家庭按照收入高低分为最低收入户（比重为 10%）、低收入户（比重为 10%）、中等偏下收入户（比重为 20%）、中等收入户

（比重为20%）、中等偏上收入户（比重为20%）、高收入户（比重为10%）、最高收入户（比重为10%）7个等级。在以下关于城镇居民内部收入差距的分析中，主要采用国家统计局的分类，同时，有时为了论述方便，也采用高收入户、中等收入户、低收入户三个等级划分。在三个等级划分的情况下，低收入户（比重为20%）包括7个等级中的最低收入户、低收入户，中等收入户（比重为60%）包括7个等级中的中等偏下收入户、中等收入户、中等偏上收入户，高收入户（比重为20%）包括7个等级中的高收入户、最高收入户。

改革开放以来，我国城镇居民不同收入群体的收入水平都有较大提高。但是，不同收入群体收入的增长速度不同，总的来说，收入越高的群体收入增长越快，从而导致城镇居民不同收入群体之间的收入差距不断扩大。1978年，我国城镇居民的收入相当平均，城镇居民收入的基尼系数只有0.16（凡未特别说明，书中的基尼系数值均为国家统计局测算的数值）。1978~1984年，这一阶段城镇居民的收入分配制度并没有根本性的变动，收入分配仍沿用原来的分配体系，分配中的平均主义依然盛行，城镇居民收入稳步增长，收入差距仍然很小。1985~1994年，我国城镇居民收入持续高速增长，城镇居民不同收入群体之间的收入差距迅速扩大。1985年后，城市进入全面改革时期，收入分配体制改革的主要目的在于纠正收入分配中的不合理关系，使收入分配逐步合理化和有序化。这一时期，在城镇居民收入快速增长的同时，城镇居民不同收入群体之间的收入差距迅速扩大。城镇居民收入的基尼系数1985年为0.19，1992年达到0.25，1994年升至0.30。1995年以来，城镇居民收入增长速度明显减缓，但收入差距逐步上升，城镇居民收入的基尼系数由1995年的0.28升至2004年的0.325，2005年有所回落，为0.32。

城镇居民内部收入差距不仅表现在基尼系数上，更表现在城镇居民不同收入群体之间的收入差距上（表6-7）。1990~2006年，我国城镇居民中的最低收入户（比重为 10%）、低收入户（比重为 10%）、中等偏下收入户（比重为 20%）、中等收入户（比重为 20%）、中等偏上收入户（比重为 20%）、高收入户（比重为 10%）、最高收入户（比重为 10%）7 个等级的人均可支配收入都有明显提高，分别增长了 3.69 倍、4.72 倍、5.60 倍、6.60 倍、7.79 倍、9.09 倍、12.06 倍，年均增长速度分别为 10.1%、11.5%、12.5%、13.5%、14.6%、15.5%、17.4%。不难看出，我国城镇居民不同收入群体中，收入越高的群体收入增长越快，高收入群体与低收入群体之间的收入差距日益扩大。七个收入层次中的最高收入户与最低收入户人均可支配收入之比，1990 年为 3.22∶1，2006 年升至 8.96∶1，二者之间的绝对差距由 1990 年的 1686.7 元扩大到 2006 年的 28398.61 元。20 世纪 90 年代以来，我国城镇居民内部收入差距已出现明显的"两极分化"特征，即富者越来越富，穷者越来越穷。根据城镇住户调查资料计算，我国城镇居民低收入户（即收入最低的 20% 家庭）的收入占城镇居民总收入的比重从 1985 年的 12.8% 降至 2004 年的 7.4%，下降 5.4 个百分点；高收入户（即收入最高的 20% 的家庭）的收入占城镇居民总收入的比重，从 1985 年的 29.4% 升至 2004 年的 41%，上升 11.6 个百分点；中等收入户（即除低收入户和高收入户之外的 60% 的家庭）的收入占城镇居民总收入的比重从 1985 年的 57.8% 降至 2004 年的 51.6%，下降了 6.2 个百分点。也就是说，占城镇居民 20% 的高收入群体获得了城镇全部可支配收入的 40% 以上，而占城镇居民 80% 的广大中低收入群体的收入不足城镇全部可支配收入的 60%，收入分配严重地向高收入群体集中。

从收入来源的变化看，高收入群体的收入来源越来越呈现出多样化和增值速度快的特点，而低收入群体的收入来源呈现逐步萎缩、回报递减的特点。高收入群体不仅普遍具有稳定的高工资收入，而且工资外收入和资本收入在其收入中占有越来越重要的比重；而低收入群体在 20 世纪 90 年代中期进行城市现代企业制度改革后, 工资性收入下降或丧失, 很多从事收入回报低的非正规职业。

表 6 - 7　　　　城镇不同收入群体人均可支配收入情况　　单位: 元/人

年份	最低收入户	低收入户	中等偏下收入户	中等收入户	中等偏上收入户	高收入户	最高收入户
1990	761.20	968.60	1144.40	1351.70	1598.30	1889.50	2447.90
1995	1923.80	2526.68	3040.90	3698.41	4512.20	5503.67	7537.98
2000	2653.02	3633.51	4623.54	5897.92	7487.37	9434.21	13311.02
2005	3134.88	4885.32	6710.58	9190.05	12603.37	17202.93	28773.11
2006	3568.73	5540.71	7554.16	10269.70	14049.17	19068.95	31967.34

资料来源: 相应年份统计年鉴。

从以上分析可以得出以下结论: 改革开放以来, 特别是 20 世纪 90 年代以来, 我国城镇居民内部收入分配关系变化的主要特征是高收入阶层的收入快速增长, 中低收入阶层的收入增长相对缓慢, 财富越来越多地向高收入阶层集中, 由此导致城镇居民内部收入分配差距呈明显扩大趋势。

6.3.2　中国农村居民内部收入差距

1. 农村居民的收入来源及其变化特点

农村居民的收入来源主要有家庭经营收入、工资性收入、财产性收入、转移性收入。家庭经营收入是指农村住户以家庭为单位进行生产经营活动而获得的收入, 包括农户家庭从事第一产业生产经营获得的收入和从事二、三产业生产经营获得的收入。工资性收入是指农村住户的成员受雇于单位或个人、提供劳动而获得的收入。财产性收入包括租金收入、转让承包土地经营权收入、集体合股经营分配得到的股息和红利收入等。转移性收入是指农村住户和住户成员无偿得到的各种收入，包括家庭非常住人口寄回带回收入、离退休金及养老金以及退耕还林还草补贴等。

与改革开放初期农村居民人均纯收入的95%来自农业生产经营活动的状况相比，近些年来我国农村居民收入结构发生了显著变化。(1) 家庭经营收入仍是农民收入的主要来源，但所占比重不断下降。家庭经营收入占农民人均纯收入的比重已由1990年的75.6%，降至2006年的53.8%，下降了21.8个百分点。而且，近年来，在农民家庭经营纯收入中，第一产业生产经营收入比重逐步下降，二、三产业生产经营收入比重逐步上升。2006年，农户家庭从事第一产业生产经营纯收入人均1521.3元，从事二、三产业生产经营纯收入人均409.66元，分别占当年家庭经营纯收入的78.8%和21.2%。(2) 工资性收入已成为农民收入的重要来源之一，而且是农民增收的主要来源。近些年来，农民工资性收入增长速度较快。工资性收入占农村居民人均纯收入的比重，已由1990年的20.2%升至2006年的38.3%，上升了18.1个百分点。2006年农民的工资性收入人均1374.8元，比上年增加200.3元，增长17.1%。(3) 财产性收入的绝对额有所增长，但占农村居民人均纯收入的比重下降。财产性收入由1990年的28.8元升至2006年的100.5元，占农村居民人均纯收入的比重由4.2%降至2.8%。(4) 转移性收入近些年来增加较快，所占比重有所提高。1990年，农村居民人均纯收入中转移性收入为28.96元，所占比重为4.22%。2006年，转移性收入达到180.78元，占农村居民人均纯收入的比重为5.04%。

2. 农村居民内部收入差距分析

国家统计局在对全国农村住户进行抽样调查时，按照农户人均收入水平进行5等份分组（每组各占总户数的20%），分为低收入户、中低收入户、中等收入户、中高收入户、高收入户。以下将按此种划分方法，对我国农村居民内部收入差距进行分析。

　　改革开放以来，在我国农村居民收入得到普遍提高的同时，农村居民内部收入差距呈持续扩大趋势。1978 年，我国农村居民人均纯收入的基尼系数为 0.2124，表明当时我国农村居民内部的收入水平差别很小。1978 年后，我国农村居民人均纯收入的基尼系数逐年攀升（表 6－8）。2005 年，我国农村居民人均纯收入的基尼系数升至 0.3751。从基尼系数的提高程度看，"十五"以来我国农村居民人均纯收入差距的扩大速度有所减缓。1978～1990 年，农村居民人均纯收入的基尼系数提高 9.75 个百分点，年均提高 0.81 个百分点；1990～2000 年，提高 5.47 个百分点，年均提高 0.547 个百分点；2000～2005 年，提高 2.15 个百分点，年均提高 0.43 个百分点。

表 6－8　　　　1978～2005 年农村居民人均纯收入的基尼系数

年　份	基尼系数	年　份	基尼系数
1978	0.2124	1998	0.3369
1990	0.3099	1999	0.3361
1991	0.3072	2000	0.3536
1992	0.3134	2001	0.3603
1993	0.3292	2002	0.3646
1994	0.3210	2003	0.3680
1995	0.3415	2004	0.3692
1996	0.3229	2005	0.3751
1997	0.3285		

　　资料来源：孔泾源主编：《中国居民收入分配年度报告［2005］》，经济科学出版社 2005 年版。

　　按照农户人均收入水平进行 5 等份分组（每组各占总户数的 20%），近些年来，不同收入组农户收入保持持续增长，但低收入组农户增速相对较慢（表 6－9）。从收入增长情况看，高收入组农户的收入增长率明显高于中、低收入组农户。1990～2006 年，低收入户的人均纯收入从 295 元增至 1182.46 元，年均增长率为 9.1%；中低收入户的人均纯收入从 464 元增至 2222.03 元，年均增长率为 10.3%；中等收入户的人均纯收入从 608 元增至 3148.50 元，年均增长率为 10.8%；中高收入户的人均纯收入从 806 元增至 4446.59 元，年均增长率为 11.3%；高收入户的人均纯收入从 1380 元增至 8474.79 元，年均增长率为 12.0%。从收入差距看，高低收入组农户之间的收入差距逐年扩大。20% 高收入户与 20% 低收入户之间的人均纯收入之比从 1990 年的 4.68:1 扩大到 2006 年的 7.17:1，二者人均纯收入的绝对差距由 1990 年的 1085 元扩大到 2006 年的 7292.33 元。2006 年，低收入户的人均纯收入只有全国农民人均纯收入 3587 元的 33%，而高收入户的人均纯收入是全国农民人均纯收入的 2.36 倍。由于低收入农户收入增长速度相对缓慢，增加的收入较少，在总收入中所占的份额持续下降。1990 年，低收入组农户的收入在农村居民总收入中所占的份额为 9.6%，2000 年降至 7.9%，2004 年下降为 7.5%，2005 年进一步降至 7.2%；而高收入组农户收入在农村居民总收入中所占的份额持续上升，1990 年为 35.4%，2004 年提高 39.6%。

表 6-9　　　　　5 等份分组农民人均纯收入状况　　　单位：元/人

年份	低收入户	中低收入户	中等收入户	中高收入户	高收入户
1990	295	464	608	806	1380
1995	571	1031	1440	2033	2811
1998	833	1365	1874	2471	4492
1999	811	1378	1875	2543	4675
2002	857	1548	2164	3031	5903
2005	1067	2018	2851	4003	7745
2006	1182.46	2222.03	3148.50	4446.59	8474.79

资料来源：中国统计年鉴和《中国农村住户调查年鉴（2003）》。

6.4 中国行业之间和不同经济类型之间的收入差距分析

改革开放以来，我国各类从业人员的平均工资逐年增加。1978～2006年，我国职工平均工资由1978年的615元增至2006年的21001元，年均增速达13.4%（未剔除价格因素，下同）。但是，不同行业和不同经济类型的职工之间存在明显的收入差距。特别是20世纪90年代以来，不同行业之间和不同经济类型之间的职工收入差距拉大速度明显加快。

6.4.1 不同行业从业人员之间的收入差距分析

改革开放初期，不同行业从业人员之间存在一定的收入差距，但并不明显，大部分行业职工平均工资在全国平均工资水平上下小幅波动。但是，随着经济体制改革的不断深入，受供需关系、产业政策、价格变化、分配政策等因素的影响，我国不同行业从业人员之间的收入水平逐步出现较大差异，各行业工资增长的差别化程度日益显著，不同行业从业人员之间的收入差距不断拉大（表6-10）。总的来说，改革开放以来不同行业从业人员工资的变化趋势是，传统的体力劳动、资本技术含量低、劳动密集、竞争充分的行业收入水平在相对降低，技术含量高、新兴产业及垄断行业的收入水平迅速提高。

1978～2006年，各行业从业人员工资增长速度有显著差异，金融保险业、科学研究和综合技术服务业、邮电通信业、电力煤气等行业的职工平均工资增长速度明显高于采掘业、建筑业和农林牧渔业等行业的职工工资增长速度。1978年以来，工资增长幅度最大的行业是金融业，28年间平均工资增长了63.4倍，年均递增16.0%。其次是科学研究和综合技术服务业，增长了47.9倍，年均递增

14.9%。而收入变化最小的是农林牧渔业，28 年仅增长了 19.1 倍，年均递增 11.3%，建筑业、批发零售贸易业和制造业从业人员的收入增速也低于全国平均水平。2006 年中国收入水平最高的五个行业分别是信息传输、计算机服务和软件业，金融业，科学研究、技术服务和地质勘查业，电力、燃气及水的生产和供应业，文化、体育和娱乐业，其职工平均工资分别为 44763 元、39280 元、31909 元、28765 元、26126 元；收入最低的五个行业是农林牧渔业，住宿和餐饮业，水利、环境和公共设施管理业，建筑业，批发和零售业，其职工平均工资分别为 9430 元、15206 元、16140 元、16406 元、17736 元。

表 6-10　　　　1978 年以来部分行业的职工平均工资　　　单位：元

项目 \ 年份	1978	1980	1985	1990	1995	2000	2006
全国职工平均工资	615	762	1148	2140	5500	9371	21001
农、林、牧、渔业	470	616	878	1541	3522	5184	9430
采掘业	676	854	1324	2718	5757	8340	24335
制造业	597	752	1112	2073	5169	8750	17966
电力、煤气及水的生产和供应业	850	1035	1239	2656	7843	12830	28765
建筑业	714	855	1362	2384	5785	8735	16406
交通运输、仓储和邮政业	694	832	1275	2426	6948	12319	24623
批发和零售业	551	692	1007	1818	4248	7190	17736
金融业	610	720	1154	2097	7376	13478	39280
房地产业	548	694	1028	2243	7330	12616	22578
租赁和商务服务业	392	475	777	2170	5982	10339	23648

资料来源：根据历年《中国统计年鉴》整理。

不同行业间的收入差距不断扩大。1978 年，收入最高的行业是电力、煤气和水的生产和供应业，其职工年均工资为 850 元，收入最低的行业是租赁和商务服务业，其职工年均工资为 392 元，二者的相对差距为 2.17:1，绝对差距为 458 元。在 1990 年之前，我国不同行业从业人员之间收入的相对差距有所缩小，但绝对差距仍在拉大。1990 年，收入最高的行业是采掘业，最低的是农林牧渔业，职工年均工资分别为 2718 元、1541 元，二者的相对差距为 1.76:1，绝对差距为 1177 元。1990 年之后，随着城市经济体制改革的深入，我国不同行业从业人员之间收入的相对差距和绝对差距迅速扩大。1995 年，收入最高的行业是电力、煤气和水的生产和供应业，最低的是农林牧渔业，职工年均工资分别为 7843 元、3522 元，二者的相对差距达 2.23:1，绝对差距为 4321 元。2000 年，收入最高的行业是科学研究和综合技术服务业，最低的是农林牧渔业，职工年均工资分别为 13620 元、5184 元，二者的相对差距达 2.63:1，绝对差距为 8436 元。2006 年，收入最高的行业是信息传输、计算机服务和软件业，最低的是农林牧渔业，职工年均工资分别为 44763 元、9430 元，二者的相对差距达 4.75:1，绝对差距为 35333 元，二者之间的绝对差距是 2006 年全国职工平均工资的 1.68 倍。可见，我国行业间收入差距已达到相当高的程度。

近些年来，我国不同行业间收入差距不断扩大的一个主要原因在于一些具有垄断性质的行业的职工收入增幅要大大高于一般竞争性行业。金融保险、房地产、交通运输、电信业、电力、燃气及水的生产供应等垄断性或带有明显垄断性经营条件的行业，往往受到行政权力和特殊政策的保护。垄断行业凭借在国民经济中的特殊地位及国家给予的优惠条件，较快地获得高于社会平均利润率的垄断利润和超额收入，职工个人收入也随之水涨船高，大大高于一般竞争性行业的职工工资水平。而且，垄断行业的职工除了领取较高的工资之外，还有较高的未列入工资的额外收入以及良好的福利，如通过各个部门小金库发放的名目繁多的补助、奖金，有时这些工资外收入甚至远远超过其工资收入。如 2005 年中国移动集团 11.2 万人花掉了 136.7 亿元的人工成本，人均达 12.2 万元，而我国东部地区省份和中部地区省份职工的平均工资 2005 年分别只有为 2.24

万元、1.4 万元，可见垄断行业与一般行业从业人员收入差距之大。垄断行业职工收入的快速增长，主要不是建立在行业劳动生产率提高的基础之上，而是凭借对关键资源的独自拥有，或政府赋予的排他性生产某种产品的权利，将垄断利润的一部分或大部分转化成了该行业在岗职工的工资。垄断行业的不合理收入分配，已经引起全社会的不安情绪。

6.4.2 不同经济类型从业人员之间的收入差距分析

改革开放以来，我国不同经济类型从业人员之间收入差距也在不断拉大。在此，将对国有经济单位、集体经济单位、其他经济单位（其他经济单位不包括私营企业和个体户）从业人员之间的收入差距以及企业单位、事业单位、机关单位从业人员之间的收入差距进行分析。

1. 国有经济单位、集体经济单位、其他经济单位从业人员之间的收入差距

改革开放初期，国有单位、集体单位和其他单位的职工平均工资虽有所差别，但差距不大（表 6 – 11）。1985 年，其他单位的职工平均工资最高，国有单位次之，集体单位最低，最高与最低之比为 1.49∶1；其他单位和国有单位的职工平均工资超过全国职工平均工资水平，集体单位的职工平均工资则低于全国平均水平，这一状况至今没有发生变化。但是，1985 年以来，国有单位、集体单位和其他单位的职工平均工资平均增长速度有较大差异。1985 ~ 2006 年，国有单位的职工平均工资年均增长率为 14.83%，集体单位为 13.18%，其他单位为 13.56%，国有单位的职工平均工资年均增长率明显高于其他单位和集体单位。正因为如此，到 2003 年国有单位的职工平均工资开始超过其他单位的职工平均工资。2006 年，国

有单位、集体单位和其他单位的职工平均工资分别为22122元、13014元、20755元，国有单位最高，集体单位最低，最高与最低之间的相对差距扩大为1.7∶1，绝对差距升至9108元。以集体单位职工平均工资为1，则国有、集体、其他经济单位收入之比由1985年的1.25∶1∶1.49变化为2006年的1.7∶1∶1.59。

表6-11　国有单位、集体单位和其他单位的职工平均工资　　单位：元

年份	全国职工平均工资	国有单位	集体单位	其他单位
1978	615	644	506	—
1980	762	803	623	—
1985	1148	1213	967	1436
1990	2140	2284	1681	2987
1995	5500	5625	3931	7463
2000	9371	9552	6262	10984
2005	18364	19313	11283	18244
2006	21001	22112	13014	20755

资料来源：《中国统计年鉴2007》。

2. 企业单位、事业单位、机关单位从业人员之间的收入差距

按照单位职能，可分为企业单位、事业单位、机关单位三大类。改革开放以来，企业单位、事业单位、机关单位三大类单位的从业人员收入同样出现了一定程度的差距（表6-12）。

1990年以前，企业单位职工年平均工资要高于事业单位职工年平均工资，事业单位职工年平均工资又高于机关单位职工年平均工资。1990年后，开始发生明显变化。1990～1995年，企业单位、事业单位、机关单位职工年平均工资的年均增长速度分别为20.00%、20.12%、21.34%，机关单位职工年平均工资的年均增长速度明显高于企业单位和事业单位。到了1995年，企业单位、事业单位、机关单位三大类单位的从业人员收入排序发生了根本转变，机关单位职工年平均工资高于事业单位职工年平均工资，事业

单位职工年平均工资高于企业单位职工年平均工资，此后这一排序一直持续至今。但是，1995 年企业单位、事业单位、机关单位的职工年平均工资差距很小，机关单位比企业单位、事业单位分别高197 元、43 元。1995～2006 年，企业单位、事业单位、机关单位职工年平均工资的年均增长速度相对于前一阶段有所放慢，分别为13.03%、13.08%、13.97%，但机关单位职工年平均工资的年均增长速度仍然明显高于企业单位和事业单位。2006 年，机关单位职工平均工资为23360 元，比企业单位、事业单位分别高2805 元、2101 元。如果以企业单位职工平均工资为1，企业单位、事业单位、机关单位职工年平均工资之比1990 年为1∶0.99∶0.98，1995年变化为1∶1.03∶1.04，2006 年变化为1∶1.03∶1.14。可见，我国企业单位、事业单位、机关单位从业人员之间的收入差距已呈现出扩大趋势。

表 6－12　1990 年以来企业单位、事业单位、机关单位职工平均工资

单位：元

年份	全国职工平均工资	企业单位	事业单位	机关单位
1990	2140	2148	2119	2107
1995	5500	5345	5499	5542
2000	9371	9189	9634	10020
2001	10870	10453	11491	12125
2002	12422	11873	13246	14005
2003	14040	13578	14564	15736
2004	16024	15559	16489	17869
2005	18364	17853	18720	20828
2006	21001	20555	21259	23360

资料来源：相关年份《中国统计年鉴》。

第7章 中国收入分配格局预测与展望

7.1 中国收入分配格局的影响因素分析

当前中国收入分配格局的主要问题是差距过大。既表现为高低收入阶层的分化与贫富的悬殊，也存在着城乡差距、地区差距以及行业差距等明显的群体特征，导致差距过大的原因是多方面的。

7.1.1 资源禀赋因素

中国不同的地区有不同的自然资源，自然资源差异是造成地区收入差距的原因之一。地区收入是与劳动生产率直接相关的，从而也与自然资源密切相关。马克思在分析相对剩余价值生产时指出：[①]"撇开社会生产的不同发展程度不说，劳动生产率是同自然条件相联系的。这些自然条件都可以归结为人本身的自然（如人种等）和人的周围的自然。外界自然条件在经济上可以分为两大类：生活资料的自然富源，例如土壤的肥力，渔产丰富的水等；劳动资料的自然富源，如奔腾的瀑布、可以航行的河流、森林、金属、煤炭等。

---

① 马克思：《资本论》第 1 卷，人民出版社 1975 年版。

在文化初期，第一类自然富源具有决定性的意义；在较高的发展阶段，第二类自然富源具有决定性的意义。"他还进一步指出："不是土地的绝对肥力，而是它的差异性和它的自然产品的多样性，形成社会分工的自然基础。并且通过人所处的自然产品的变化，促使他们自己的需要、能力、劳动资料和劳动方式多样化。社会地控制自然力以便经济地加以利用，用人力兴建大规模的工程以便占有或驯服自然力——这种必要性在产业史上起着决定性的作用。"马克思的以上两段话，至少说明了以下几点：

第一，通过提高劳动生产率获得较高收入是同自然条件，从而同自然资源密切联系的。较好的自然富源是较高劳动收入的自然基础。第二，不同类别的自然富源，对经济发展阶段的收入起着不同的作用。生活资料的自然富源在经济发展初期具有决定性意义，生产资料的自然富源在较高的发展阶段具有决定性意义。第三，自然资源的差别和自然产品的多样性，形成社会分工的自然基础，从而也形成专业化协作获取不同收入的自然基础。第四，自然环境、资源的多样化会促使人们需要的多样化，导致劳动资料、劳动方式趋于多样化。第五，人们控制自然、经济合理利用自然资源的必要性在产业史上最具有决定性的作用。由于资源的分布是区域性的，与区域气候、土壤结构等密切相关，由于收入的提高与劳动生产率密切相关，因此，马克思的以上分析及观点对我们分析区域经济与自然资源之间的关系仍然是适用的。

就区域收入与自然资源的关系来说，不外乎是：较丰富的自然资源优势有利于优势资源的产品开发，形成优势产业，形成优势市场，形成优势资源的拳头产品、名牌产品，具有较高的劳动生产率，因而具有较高的区域收入。区域的资源优势为转化成区域经济优势提供了自然基础。

自然资源的种类很多，有工业资源、农业资源、能源资源等。我国地大物博，但自然资源的分布在不同区域有优有劣。

其中，分布在东部沿海地区较少，但沿海东部地区却有独特的优势，其最大自然资源是海洋资源，这一资源使得沿海地区交通极为便利，可建立起港口优势、交通运输优势，便于开展对外贸易，兴办大企业。而且，各类海鲜、海菜供应全国各地，易开展水产品加工，发展水产产业、海洋生物产业。随着科学技术的发展和推广，近些年在海上探明了相当数量的石油、天然气储量，建立了海上油田。

西部边远区域农林牧资源极为丰富，我国的天然草场、原始森林大都分布在这一区域，草原面积占全国90％以上，因而是我国最大的畜牧业基地、最大的皮毛产品基地、最大的牛羊生产基地。能源资源也极为丰富，煤、石油、天然气、水能储量极为丰富，已探明的能源储量折合成标准煤约占全国能源储量的60％以上。新疆的石油储量在世界上仅次于中东地区。新疆、四川的天然气储量在全国也名列前茅。青海的钾盐，陕西的煤炭，四川的铁矿，甘肃的有色金属等储量都较大。全国稀有金属如铌、钽、锶、稀土、镍等的储量，有90％以上集中在西部地区；黑色金属如铜、铅、锌、锰、钛、钒的储量约占全国的1/3。化工原料储量约占全国的67％。人口占全国的22％，国土资源约占56％，矿产资源储量约占全国的60％，还有丰富的建材资源、森林资源、植物资源等。这是经济发展重要的自然基础。

中部区域的自然资源也非常丰富，比如水能资源就极为丰富。长江、黄河流域的大部分区域在中部区域，这是得天独厚的水能资源，再如湖南湘江、资江、沅江、澧水四大河流，是发展水电的良好自然基础。有色金属矿产资源也极为丰富，湖南是有色金属之乡，多种有色金属储量在全国具有重要地位。山西、云南等省的煤炭储量也极为丰富，是我国重要的煤炭生产基地，金属矿产、湖盐资源、石油、天然气和能源矿产也极为丰富，是我国资源密集性区域。中部地区土壤肥沃，雨水充足，有丰富的农业资源，是我国粮食、棉花的重要产区。

需要指出的是，区域的自然资源优势不一定就是区域经济优势。这种优势只是潜在的，要转化为产品优势、商品优势、市场优势和现实的经济优势，需要研究如何开发和合理利用优势资源。随着科学技术的不断发展和需求的不断变化，需要对优势资源进行深层次综合开发和综合利用，需要投入资源和技术，有计划、有步骤地进行深层次综合开发。如有的区域有稀有矿产资源优势，却运用最简单、最原始的方式乱挖乱采，这不仅未发挥资源优势，反而浪费了资源，并造成水土流失、山体滑坡，破坏自然生态平衡，污染环境，造成经济损失并威胁生命财产安全，这样的事例已不少见。因此，较好的自然资源为区域收入的提高提供了较好的自然基础，是区域经济发展的潜在优势。

7.1.2　区位因素

区位一词来源于德语"standort"，英文于 1886 年译为"location"，即定位置、场所之意，我国译成区位，有些意译为位置或布局。"区位"一词在现代汉语词典中没有明确定义，那么"区位"是什么意思呢？一般的解释是："某事物的区位包括两层含义：一方面指该事物的位置；另一方面指该事物与其他事物的空间的联系。"对区位一词的理解，严格地说还应包括以下两个方面：（1）它不仅表示一个位置，还表示放置某事物或为特定目标而标定的一个地区、范围；（2）它还包括人类对某事物占据位置的设计、规划。区位活动是人类活动的最基本行为，是人们生活、工作最初步和最低的要求，可以说，人类在地理空间上的每一个行为都可以视为是一次区位选择活动。例如：农业生产中农作物种的选择与农业用地的选择，工厂的区位选择，公路、铁路、航道等路线的选线与规划，城市功能区（商业区、工业区、生活区、文化区等）的设置与划分，城市绿化位置的规划以及绿化树种的选择，房地产开发的位置选择，国家各项设施的选址等。

区位论作为人类征服空间环境的一个侧面，是为寻求合理空间活动而创建的理论，如果用地图来表示的话，它不仅需要在地图上描绘出各种经济活动主体（农场、工厂、交通线、旅游点、商业中心等）与其他客体（自然环境条件和社会经济条件等）的位置，而且必须进行充分的解释与说明，探讨形成条件与技术合理性。由于其实用性和应用的广泛性，使区位活动成为人文地理学基本理论的重要组成部分。

　　不同地区有不同的区位，不同区位的产业选择是不同的，而不同的产业选择无疑会造成地区收入的不同。某类产业的发展对地区收入的贡献是多方面的，包括对地区的税收贡献、从事该产业的职工收入、关联产业的职工收入等。因此，如何合理地选择产业区位，这是人类在进行生产活动获得收入时首先要解决的问题。从运动变化的角度，产业选择的区位条件有两类：静态区位条件和动态区位条件。静态区位条件如土壤、地形、气候、矿产资源等，主要为自然区位条件；动态区位条件如市场、交通、政策、技术等，主要为社会环境条件。在两类区位条件中，由于动态区位条件在不断的发展变化，因而我们应更多地考虑动态区位条件对产业选择所产生的影响。辨证地、以运动的观点来看待影响产业选择的各项条件，有助于我们从纷繁复杂中准确地找到影响产业区位科学研究的最主要因素，从而抓住主要矛盾，进行合理的产业区位选择。例如：交通运输条件的改善和农产品冷藏保鲜技术的发展，使市场对农业区位的影响在地域上大为扩展，有利于提高农业收入；由于工业所有原料的范围越来越广、可替代原料越来越多，加上交通运输条件的改善，原料对工业区位的影响逐渐减弱，与此同时，市场对工业区位的影响正在逐渐增强，自然也影响工业收入；影响城市居民收入的区位条件中，有些条件如军事、宗教等对现代城市区位的影响已很弱。有些条件如交通等自古到今一直对城市区位产生巨大影响，在现代社会中，有些新的条件如旅游、科技等成为影响一些城市居民收入的主要区位条件；由于科学技术的发展，在现代铁路（也可以推广到绝大部分的交通运输线）建设中，经济、社会条件对铁路区位的影响，已经超过自然条件而成为决定性因素……从中我们可以看出各区位条件在不同时空的发展和变化。正如马克思主义哲学所认为的，事物之间的联系是普遍的、客观的，我们应用矛盾的观点认识和改造世界，应坚持用联系的、发展的、全面的观点看问题，这也就是我们在区位选择中用动态的观点思考、并平衡考虑各区位条件的影响这一动态平衡原则的基本出发点。

影响地区收入差距的区位条件论，产生于产业革命后的资本主义时期，并随着社会分工的发展而不断深化，它是经济发展和经济分工的产物。产业革命后，生产社会化程度提高，现代工业迅速发展，新的交通工具被广泛使用，社会分工普遍得到加强，企业间竞争趋于激烈，迫使工厂企业寻求最佳区位，以减少生产成本，获得最大利润，区位论就是在这种社会大背景下产生的。这就使得从区位论诞生开始，经济效益便成为它最关注的对象。区位条件论从点、线、面等区位几何要素进行归纳演绎，从地理空间角度提示了人类社会经济活动的空间分布规律，揭示了各区位因子（因素）在地理空间形成发展中的作用机制，对人文地理学的理论的建树和应用领域的拓展起了非常重要的作用。但当我们在运用具体的区位理论来分析地区收入差距的原因时，应当坚持理论与实际的统一、坚持人类活动与环境的协调与统一，用发展的眼光来看待影响收入差距的区位条件。如果能认识到这一点，将使我们能更清醒地去思考为了提高收入，我们采取的一些短期行为、一些经济活动和行政命令给环境和我们自身可能带来的影响、危害甚至是灾难！

7.1.3 历史文化因素

区域经济发展水平的历史差异，是构成地区收入水平差距的重要因素之一，著名发展经济学家 M. P. 托达罗（Michael P. Todaro）就特别重视经济发展的初始条件。他说："各种经济增长理论的阶段及其有关迅速实现工业化的各种模式，对今日发展中国家在经济、社会和政治方面的最初条件强调得太少。事实是，这些国家今日的增长状况同当代发达国家着手现代化经济增长的时代相比，在许多重要方面都有值得注意的差别。"中国在新中国成立前是一个典型的半殖民地半封建社会，旧中国的工业分布具有明显的半殖民社会色彩，大约 3/4 以上的工业集中在东部沿海地区，广大内地，特别是边远地区、民族地区，基本上没有现代工业。应该说，中国的现代化始于沿海和沿江的一些城市。因为 19 世纪下半叶，中国受到的威胁主要来自于海上，外国列强对中国的入侵和掠夺也是以船舰可到达的沿海和沿江的通商口岸为据点。当时的上海、广州和武汉三个城市的工厂数占全国工厂总数的 60% 左右。新中国成立初期，全国 70% 以上的工业和交通运输设施集中在占全国面积不到 12% 的东部沿海地带，上海的工业总产值与宁夏相比，前者竟是后者的 292 倍，这就说明，新中国成立时，各省（自治区、市）的经济发展差距就已非常突出，实际差距就已十分悬殊，今天的差距只是昨天的继续和发展。1949 年新中国成立至 1978 年改革开放开始时的 30 年，鉴于当时的国际国内环境，在区域发展上，中国实行了平衡发展战略，对内陆地区已进行了倾斜式的资金投入和政策实施，使得内陆地区在国民经济中的比重逐步上升，与 1952 年相比，1978 年内陆地区固定资产原值占全国的比重由 28% 上升到 56.1%。工业总产值比重由 30.1% 上升到 39.1%。尽管如此，内陆地区与沿海地区仍存在着较大的发展差距。1978 年全国人均 GNP 为 375元，多数中西部省（自治区、市）的人均 GNP 都明显低于这一水平，其中水平最低的贵州只有 175 元，而多数东部省（自治区、市）的人均 GNP 都超过和接近这一水平，最高的上海为 2498 元。

　　在历史基础诸因素中，对地区收入起决定作用的是区域经济结构。区域经济结构是一个与区域产业结构、区域技术结构密切关联的概念。区域经济结构是指区域内人力、物力、财力的空间分布状况。

　　区域经济结构并不是由人们强加给现实的预想的秩序，而是对现实进行复制、模拟的模式，表明了区域经济中一定的秩序。区域经济结构的变动过程实际上包括所有经济函数的变化，如增加生产能力、改变资源使用，收入分配当然也是包括其中的。

就城乡居民收入差距而言，历史形成的二元经济结构是造成城乡收入差距的主要因素。农民从事的产业是传统农业，传统农业的劳动生产率比较低，刘易斯认为只能"维持生计"。农民收入低是传统农业的产物。城镇居民从事的产业，刘易斯称之为"现代产业"，就是现代制造业、信息业和服务业。现代产业的劳动生产率高，职工能够得到较高的工资收入。所以，从这个意义上可以说，城乡居民收入差距是二元经济结构的产物。尽管目前对缩小城乡居民收入差距有了一些政策思路，如把传统产业改造成为现代产业、将传统产业中大量剩余劳动力转移到城市的现代产业中去等，但现在的问题是，传统农业改造成为现代产业的速度不理想，农业剩余劳动力转移也遇到了一些困难。

另外，区域文化对区域经济发展的影响越来越受到人们的重视。一般来说，先进的文化造就高收入的发达经济，落后的文化只能伴随着贫困的经济。目前，长江三角洲的上海及江浙地区是我国最重要的经济增长区域，也是人均收入较高的地区。其经济迅速增长的原因中，历史传统、科技人文等地域文化因素即是重要一方面。自宋代以来，该地区即是中国经济最为富庶、文化最为发达的地方。该地区的文化水平高，商品意识浓厚，又有着经营工商业的经验，所有这一切都对该地区改革开放以来的起飞和发展提供了文化资源。区域文化类型致使区域经济呈现出不同的特点。中国传统文化可以划分为若干个主体地区，每一个大的文化区又可以划分为相当数量的亚文化区。这些有着相似或相同文化特质的文化地理区域，其居民的语言、宗教信仰、艺术形式、生活习惯、道德观念及心理、性格、行为等方面具有一致性，带有浓厚的区域文化特征。如南方文化中的主体文化——长江文化，就划分为巴蜀文化、滇文化、黔文化、荆楚文化、赣文化、吴越（江浙）文化、江淮文化、闽文化、岭南文化、桂文化等，这些不同的文化共同体在相同的文化规则下聚合成一个庞大的文化体系。再如黄河文化中的三晋文化、齐鲁文化、燕赵文化、中原文化（豫）等，也有各自不同的特点。由这些不同文化观念主导下的区域经济也呈现出不同的类型和特点，尤其对市场和商业行为的认识，各区域的文化就有不同的认识，由此引发了不同的态度和行为。例如，山东省境内的齐文化和鲁文化就造就了不同特色的区域经济。从历史上看，鲁国认真推行周制，而齐国则"简其礼"，从而导致齐文化轻灵，功利，世俗色彩浓；而鲁文化厚重，伦理色彩浓。今天山东境内各地经济发展不平衡，齐地的经济强于鲁地，固然有政治、历史、地理等因素的作用，但由于地域文化的差异导致人们思想观念的不同而对经济发展产生影响也是不容忽视和低估的。

7.1.4 制度政策因素

我国是一个从总体上说还处于社会主义初级阶段的国家。正是基于这一点，我国经济体制改革的突出特点之一是，在邓小平理论指导下，依据"公有制为主体、多种所有制经济共同发展"的基本经济制度，制定以公有制为主体、多种经济成分共同发展的方针，逐步消除所有制结构不合理对生产力的羁绊，出现了多种经济成分共同发展的局面。确认了非公有制经济是我国社会主义市场经济的重要组成部分，对满足人民物质和文化生活的多样化需要，扩大就业渠道，促进整个国民经济的发展，有着重要作用。但是在这样的一个改革过程中，我国不同地区的改革程度差异很大。研究表明，一个地区的非国有化程度越高，计划控制的能力就越弱，经济市场化的程度也就越高，地区人均收入也就越高。现阶段我国东部沿海地区的非国有经济的比重、发展速度和经济市场化程度都明显高于内地，因而也使沿海地区收入水平总体上要高于内地。

就城乡收入差距而言，制度因素同样不可忽视。目前城乡居民和城乡劳动者在户籍制度、就业制度、义务教育制度、社会保障制度等方面享有的权利不平等，是城乡收入差距拉大的一个很重要的因素。随着经济建设的改革与发展，我国农民工已经成为我国产业工人的重要组成部分。但进城的农村户口居民和城镇居民由于户籍不同，就业、社会保障、享受公共服务等权利是不平等的，这使大量农业劳动力滞留在农业和农村，农业劳动生产率难以提高，农民收入难以增长。如义务教育体制是按户籍关系安排儿童入学的，对于农民工的子女在城里就享受不到义务教育的待遇，致使儿童失学。据中国儿童中心的抽样调查显示，流动儿童失学率高达 9.3%。再如进城的农民工不但收入低，居住环境恶劣，而且没享受工伤保险、养老保险、医疗保险等社会保险。据有关专家计算，每个农民工每年创造价值 2.5 万元，而所得仅为 8000 元，每个农民工每年的贡献为 1.7 万元。大量的农民工没有社会保障，虽然有的地方政府要求企业为农民工缴纳社会保障，但这部分社会保障农民工是很难拿走的。

在行业差距方面，反垄断制度是否完善是行业差距能否缩小的主要因素。从现实的情况看，虽然有些垄断行为，如自然垄断行业的垄断问题有一定特殊性，也有些问题源于市场发育的不足，但多数垄断行为是与权力部门"结合"，甚至直接利用部门本身所掌握的行政权力，以制造不平等竞争并获得自身特殊利益的垄断。由于体制本身的矛盾，很多垄断等不公平竞争还都是打着"合法招牌"的，或者说在当前体制与政策体系下并不能充分证明其"非法"。这种状况无疑会强化甚至固化不合理的收入差距问题，使某些领域的收入不平等得以长期延续。

从政策层面上看，从党的十一届三中全会到邓小平同志南巡讲话为止，我国各项改革开放政策基本上都采取了由沿海向内地逐步展开的梯度推进方式。东部地区利用一系列倾斜发展的优惠政策，在短短 10 多年的时间内，就建起了一些国际级经济特区，开放了 10 多个沿海城市和一大批沿江、沿边中心城市，极大地促进了东部地区的快速发展，但同时也拉大了与相对滞后的内陆地区的差距。中西部地区发展相对滞后，区域性差距持续扩大，已经成为全面建设小康社会和实现第三步战略目标的制约因素。虽然1992年春邓小平南方讲话发表以后，我国出现了全方位改革开放的可喜局面，但前一时期政策差异造成的环境差异使得境内外资金仍然倾向于流入沿海地区。不仅表现在东部沿海地区利用外资比中西部要高许多，还表现在，受市场力量驱动，中西部地区还有相当一部分国内资金通过银行存贷差、横向投资和股票交易等形式也流入沿海地区。

出于统筹区域协调发展的考虑，继1999年实施的"西部大开发战略"及党的十六届三中全会上明确提出"振兴东北地区等老工业基地"的发展战略之后，党和中央政府又提出了"中部崛起"这一重大区域战略，这对缩小区域间的收入差距起着重要的政策意义。一般认为，区域政策主要指为解决区域间经济发展差异而采取的各种措施，它是政府干预区域经济的重要工具，其支持对象是"问题区域"。

配合某项区域发展战略而推行的区域政策往往引人瞩目，然而，没有任何区域指向性的一般宏观经济政策的区域效应则难以被察觉，也就谈不上受到重视了。事实上，由于要素资源在区域间的配置是不均匀的，各区域在自然环境、资源条件、技术结构及经济基础等方面存在很大的差异性，对于某种全国统一的宏观经济政策的出台，各区域的响应程度是截然不同的，某些区域可能从中受益多，而另一些区域则受益少，甚至还有某些区域可能由此而遭受损失。这可从我国过去某些历史时期实行的政策得到验证。如长期以来，为了推行重化工业主导的工业化战略，我国采用了"以农哺工"的产业政策，通过工农产品价格剪刀差将大量农业剩余转化为工业建设所需资金积累，工业取得了长足的发展，而农业却陷入了积贫积弱的境地，可以说，一直作为国家主要粮食生产基地的中西部地区成为近年来"三农"问题最为突出的地区与此不无关系。在工业生产领域，中西部地区一直被定位为国家能源原材料生产供应基地，东部地区加工工业比重较高，由于加工工业产品与初级产品之间存在着不合理的比价关系，使得中部与东部地区在全国产业链分工体系中处于不均等的地位，中西部地区的发展因此也受到了很大的限制。

7.1.5 经济因素

经过 30 年的改革，中国的经济体制已经发生了根本性的变革，市场经济体制框架基本确立，市场已经成为配置资源的最主要力量。在收入分配领域，市场机制已基本取代了传统的计划分配方式，并基本形成了按劳分配为主，各种生产要素共同参与分配的收入分配制度体系。在市场竞争过程中，不同社会成员、不同经济组织因竞争能力的差异，劳动贡献和要素投入的不同，收入差距的形成及扩大是必然的。由竞争形成收入差距特别是初次分配领域的差距是经济市场化的必然结果，总体上有利于经济效率的全面提高，值得肯定。

尽管依靠市场竞争形成差距是合理的，但有一个问题不可忽视：现有的竞争格局是以历史和传统体制形成的、非常不平衡的经济基础条件和经济结构状况等为基点的，竞争存在明显的初始条件差异。这一问题对收入差距的扩大影响相当突出，尤其表现在城乡之间、地区之间等群体性收入差距方面。

在城乡之间，虽然影响收入差距的因素很多，但归根到底还是长期城乡经济分割导致的农村经济发展基础薄弱，且所能够利用的资源太少，劳动生产率及所能够创造的财富总量无法迅速提高，农民收入增长缓慢。

在不同地区之间，无论是不同地区城市还是不同地区农村，在地理位置、自然条件、经济基础以及各种资源占有方面的差异都极为突出，这些差异很大的起点对竞争结果的影响显而易见。无论是经济发展差距还是居民收入差距事实上从一开始就被大致确定了。

　　不同城乡之间、不同地区之间的基础条件及收入差距通常还会形成很强的"马太效应"，越是经济发展水平高的地方，其聚集资源的能力越强，发展潜力越大，居民收入也就越高；基础条件差的地方则相反。在此情况下，如果没有特殊因素，差距的逐步扩大不可避免。

　　不同行业之间特别是不同产业之间也存在市场竞争的经济初始条件差异问题。受长期计划体制的影响，中国的产业结构状况一直存在突出问题，既有相当一部分产业供给过剩，也有不少产业发展不足。显然，不同类型产业面对着不同的市场竞争环境。过剩产业竞争过度，效益自然低下，从业人员收入势必也相对低下；短缺行业需求旺盛，则可获得超额利润，从业人员收入势必也较高甚至很高。虽然从长期发展看，市场力量会使产业发展逐步趋于平衡，但在这一过程中形成的收入差距却不可低估。

　　竞争的经济初始条件的差异不仅表现在大的群体之间，在更为具体的层次也存在。以国有企业为例，让国有企业成为独立的市场主体进行竞争是合理的、也是必需的。但问题在于，不同企业在改革时所承受的诸如人员负担、技术装备、债务水平等历史遗产大不相同，这对竞争结果的影响显然非常突出，必然形成不同企业职工的收入差距以及收入与劳动贡献的不对等问题。类似的问题当然还有很多，比如不同经济类型企业之间初始条件的不平等问题等。

　　毫无疑问，因发展基础、城市化水平、要素收入、投资趋向等经济因素差距导致的竞争起点差异在任何国家和社会都会普遍存在，对中国这样一个长期发展不平衡的大国来说更是如此。但问题在于，目前中国所面临的一系列问题中，有些是可以大致避免的，或至少不应如此严重。比如不同国有企业间的起点差距在很大程度上源于很多经济改革政策的一刀切；很多地区之间的差距则在较大程度上与过去在基础设施、重点项目等领域的投资体制有关，同时，也与改革开放的推进顺序、发展过程中的差别经济政策有关。换句话说，不仅传统经济体制形成了竞争初始条件的巨大差异，改革以来的不少经济政策还导致了差异的进一步扩大。

7.1.6　其他因素

在当前的收入分配领域，由于渐进式改革过程中新旧体制的摩擦和冲突，特别是计划体制下对资源配置具有决定作用的行政权力因素与市场经济条件下迅速的利益分化交织在一起所形成的公共权力的异化，还较为普遍地存在着竞争过程的不公平问题以及直接影响分配结果的非法和腐败收入问题。这些问题对收入分配结果的影响也相当突出，全面加剧了收入的不平等。

竞争过程的不公平表现很多，最突出的是各种形式的垄断问题。其主要表现形式是一些部门或行业甚至一些个体社会成员，或通过各种方式实施市场进入限制，排斥甚至打击其他竞争者，进行垄断经营；或控制、操纵市场价格以获得超额利润；或利用信息不对称即信息垄断进行不公平交易甚至实施投机。这种垄断与传统国家垄断体制具有根本不同的是，垄断利益不可能向国家集中，而是绝大部分都转化为行业、部门自身的小群体利益，并突出地表现为这些行业或部门从业人员与其他群体收入差距的不合理扩大。换句话说，利用垄断等不公平竞争，某些群体可以以很少的投入获得非常高的收益。在目前行业收入差距、部门与单位收入差距中，垄断等不平等竞争的作用相当突出。

较之于竞争过程的不平等，一些社会成员利用非法手段，在不进行任何竞争与生产要素投入的情况下直接攫取财富，形成收入和财富占有的不平等，是更为值得关注的问题。此类问题在现实生活中的表现也多种多样，既有按照现行法律制度可以明确属犯罪的，如偷税漏税、盗窃抢劫、敲诈勒索、贪污受贿等；也有按照现行法律制度等尚不易明确为犯罪，但肯定是不合理的，如各种形式的寻租、内部人控制等。其中，社会反映最为强烈，可能也是对收入不平等影响最为突出的是利用职权牟取不义之财的腐败行为。从索贿受贿到卖官鬻爵，从贪污腐化到监守自盗，从权钱交易到与不法分子狼狈为奸，有关问题可以说相当突出。

腐败等不法因素显然会加剧收入不平等。一方面会造就一批暴富者，近几年查处的一批大案要案及涉案人员动辄数百万、数千万的巨额非法所得就充分说明了这一问题。在使一些人暴富的同时，腐败等不法因素也会直接或间接地对其他群体尤其是弱势群体形成利益剥夺。说到底，非法收入的来源只有两种，一是对公众个人财富，二是国家或集体财富。对个人财富的剥夺会使部分公众个人利益直接受损；对国家或集体财富的剥夺最终也必然转化为其他社会成员的个人利益损失，有些甚至是相当大的损失。比如某些国有企业因领导人腐败而垮掉，一方面是国家受损，但更直接的受害人则是职工。

虽然目前无法准确估计腐败等不法因素在加剧收入不平等方面的作用，但考虑到公众的普遍不满并综合媒体等反映的大量情况，可以肯定，有关问题绝非是可以忽视的小问题。目前很多有关分配状况的统计结果与公众感觉不一致，甚至难以解释现实生活中巨大的消费差距，主要原因可能也在于此。

7.2　中国收入分配格局分析与预测

7.2.1　中国收入分配格局分析与预测方法概论

在中国收入格局分析的指标选择上，目前有多种指标体系可供运用，总量上的指标体系有区域国民收入、社会总产值、GDP、GNP、农村居民纯收入、城镇居民总收入等；也有人均指标，如人均地区国民收入、地区职工平均工资、人均地区社会生产总值、人均地区 GDP、人均地区 GNP、人均农村居民纯收入、人均城镇居民总收入等平均指标。在本书我们选择了四个普遍运用的指标。即：人均地区 GDP、地区职工平均工资、人均农村居民纯收入、人均城镇居民可支配收入。人均地区 GDP 和地区职工平均工资反映区域经济发展水平和获得收入的能力，人均农村居民纯收入和人均城镇居民可支配收入差额可反映城乡收入差距。

对中国收入分配格局分析与预测的方法很多，有极值差分析、变异系数分析、基尼系数分析、回归分析、ARIMA 方法、集中指数分析和泰尔指数分析等。在以上分析方法中，集中指数分析一般适用于总量的比较，而收入差距比较用人均指标比总量更合适，因为各区域的人口存在差异。泰尔指数分析不是很常用，所以本书主要采取的是极值差分析、变异系数分析、基尼系数分析、回归分析、ARIMA 方法。

1. 极值差分析

极值差一般有两种，即绝对极值差和相对极值差。绝对极值差反映的是不同地区之间的绝对差异，是不同地区最大值与最小值之差。用公式表示：

$$\alpha = \max_i\{x_i\} - \min_i\{x_i\}$$

其中，x_i 为各区域的指标值（本书指各省（自治区、市）的人均 GDP、职工平均工资）。

$\max_i\{x_i\}$ 为各区域指标中最大指标。

$\min_i\{x_i\}$ 为各区域指标中最小指标。

相对极值差是不同地区指标最大值与最小值之比，可以简单衡量地区发展的相对差异。用公式表示：

$$\beta = \frac{\max_i\{x_i\}}{\min_i\{x_i\}}$$

x_i、$\max_i\{x_i\}$、$\min_i\{x_i\}$ 含义与绝对极值差公式中各变量的含义相同。极值差有一定的局限性，尽管能够反映不同区域之间的最大差距，但是也只能讨论两个指标最大地区和最小地区之间的差异。

2. 变异系数分析

变异系数，是通过将各区域内指标值（如人均 GDP）与全国平均指标值（如全国平均人均 GDP）的绝对差距的标准差除以全国平均指标值为基础进行的比较。这里的标准差用公式表示：

$$\sigma = \sqrt{\frac{\sum_i (x_i - \bar{x})^2}{n-1}}$$

其中 x_i 为各区域的指标值，$\bar{x}$ 为各区域的指标值的平均值

$(\bar{x} = \frac{\sum_i x_i}{n})$

则变异系数公式即为

$$\mu = \frac{\sigma}{\bar{x}}$$

通过变异系数，可以测度出区域内相对差异的程度，且可进行两个以上区域比较，因此，它比极差即绝对和相对差只是两个区域比较更能反映区域间的差距特征。一般来说，变异系数值越大，说明各地区收入水平相对差异程度越大，区域的不平衡性就越大。

3. 基尼系数分析

20 世纪初意大利经济学家基尼，根据洛伦茨曲线找出了判断分配平等程度的指标。洛伦茨曲线反映的是：各地区按照人均收入水平由低到高排序，计算累计一定人口百分比所对应的累计收入总量的百分比，如图 7-1 所示。

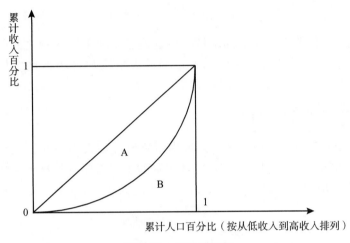

图7-1 洛伦茨曲线

设实际收入分配曲线（图中唯一的曲线）和收入分配绝对平等
线（图7-1中对角线）之间的面积为A，实际收入分配曲线右下
方的面积为B。并以A除以A+B的商表示不平等程度，这个数值
被称为基尼系数或称洛伦茨系数，由于A+B=1/2，基尼系数或称
洛伦茨系数公式还可以表示为：

$$\theta = \frac{A}{A+B} = \frac{A}{1/2} = 2A = 2(1/2 - B) = 1 - 2B$$

它的经济含义就是：在全部居民收入中用于不平均分配的百分
比。如果A为0，基尼系数为0，表示收入分配完全平等；如果B
为0则系数为1，收入分配绝对不平等。实际的基尼系数介于0和
1之间，国际上通常将0.4作为警戒线。收入分配越是趋向平等，
洛伦茨曲线的弧度越小，基尼系数也越小，反之，收入分配越是趋
向不平等，洛伦茨曲线的弧度越大，基尼系数也越大。

从基尼系数公式中可以看出，计算基尼系数的关键是确定B的
面积，有两种方法可以计算这个面积：一种方法是，将各地区按人
均指标值从小到大排列，计算出累计人口百分比和对应累计收入百

分比，在坐标图中标上各节点，将相邻节点用直线连接，可得出洛伦茨折线（近似代替洛伦茨曲线），计算相邻节点折线和横坐标垂直围成的各个小梯形（第一个是小三角形）的面积，再将各面积加总即得 B 的面积。

第二种方法是将各节点用函数 $y = \alpha x^\beta$ 拟合，确定参数 α、β，则 B 的面积可表示为：

$$B = \int_0^1 \alpha x^\beta \mathrm{d}x = \frac{\alpha x^{\beta+1}}{\beta + 1}\bigg|_0^1 = \frac{\alpha}{\beta + 1}$$

4. 回归分析

所谓回归分析法，是在掌握大量观察数据的基础上，利用数理统计方法建立因变量与自变量之间的回归关系函数表达式（称回归方程式）。回归分析中，当研究的因果关系只涉及因变量和一个自变量时，叫做一元回归分析；当研究的因果关系涉及因变量和两个或两个以上自变量时，叫做多元回归分析。此外，回归分析中，又依据描述自变量与因变量之间因果关系的函数表达式是线性的还是非线性的，分为线性回归分析和非线性回归分析。通常线性回归分析法是最基本的分析方法，遇到非线性回归问题可以借助数学手段化为线性回归问题处理。

本书中我们将对多年的城镇居民人均收入（或农民纯收入）和年份建立一元线性回归，即用函数 $y = \alpha + \beta t$ 对历年城镇居民人均收入（或农民纯收入）y_i 和相应年份 t_i 进行拟合，确定参数 α、β，然后在函数中代入未来年份，就可得出未来年份的城镇居民人均收入（或农民纯收入），这是一种预测方法。

5. ARIMA 方法

ARIMA 方法也是一种预测方法，又称为时间序列预测。其步骤如下：首先，将过去几年或十几年的指标 Y_t（必要时也可选取几十年的指标）做 d 阶差分，差分值在 d 足够大时成为零均值随机

序列 $\{y_t\}$。这是因为，对 Y_t 作 d 阶差分相当于对 Y_t 求 d 阶导数，如果 Y_t 是 t 的某种形式函数 $Y(t)$，不论函数形式如何，只要 $Y(t)$ 对 d 可导，则这种函数可以在 t 充分小时写成泰勒展开式：

$$Y(t) = Y(0) + Y'(0)t + 1/2!\ Y''(0)t^2 + 1/3!\ Y'''(0)t^3 + \cdots$$

$1/n!Y^{(n)}(0)t^n + o(n)$，$Y^{(n)}$ 为 $Y(t)$ 对 t 的 n 阶导数。

从展开式看，只要我们对 Y_t 进行足够高阶的求导，那么导数结果将趋近于 0，也即我们对 Y_t 作足够高价的差分，差分结果 $\{y_t\}$ 就会变成零均值随机序列。

其次，对差分后的零均值随机序列 $\{y_t\}$ 进行识别，方法是利用序列样本自相关函数和偏自相关函数的特征识别 $\{y_t\}$，判断它是自回归序列（AR）、移动平均序列（MA），还是自回归——移动平均序列（ARIMA）。如果是自回归序列，则选择模型 $y_t = \psi_1 y_{t-1} + \psi_2 y_{t-2} + \cdots + \psi_p y_{t-p}$；如果是移动平均序列，则选择模型 $y_t = \alpha_t + \theta_1 \alpha_{t-1} + \theta_2 \alpha_{t-2} + \cdots \theta_k \alpha_{t-k}$；如果是自回归序列——移动平均序列，则选择模型 $y_t = \psi_1 y_{t-1} + \psi_2 y_{t-2} + \cdots + \psi_p y_{t-p} + \alpha_t + \theta_1 \alpha_{t-1} + \theta_2 \alpha_{t-2} + \theta_k \alpha_{t-k}$（p、k 数值可凭经验确定，$\alpha_i$ 为误差项，ψ_1、$\psi_2 \cdots \psi_p$，θ_1、$\theta_2 \cdots \theta_k$ 为特定参数）。

再其次，针对选择的模型，用自回归拟合方法、移动平均拟合方法、自回归序列—移动平均拟合方法估计出参数，这样序列变量的滞后结构和误差项的相关性结构关系就随之确定。

最后，将序列的种种结构关系推延到未来年份，可以认为未来年份仍存在这种关系，利用确定了的关系式就可计算出未来年份的 d 阶差分值，进而利用 d 阶差分关系式还原出未来年份的指标值。

7.2.2 中国省（自治区、市）收入差距的分析与预测

这里我们将对各省（自治区、市）的人均 GDP 和职工平均工资进行相关方法的分析与预测。

1. 省（自治区、市）收入的绝对差和相对差分析与预测

以 2005 年各省（自治区、市）的人均 GDP 和职工平均工资为例，对省（自治区、市）收入做极值差分析（见表 7 - 1）。

表 7 - 1　　2005 年中国省（自治区、市）收入的极值差

省（自治区、市）	人均 GDP			职工平均工资		
	指标值（元/人）	绝对极值差	相对极值差	指标值（元/人）	绝对极值差	相对极值差
北京	45444			34191		
天津	35783			25271		
河北	14782			14707		
山西	12495			15645		
内蒙古	16331			15985		
辽宁	18983			17331		
吉林	13348			14409		
黑龙江	14434			14458		
上海	51474			34345		
江苏	24560			20957		
浙江	27703			25896		
安徽	8675			15334		
福建	18646			17146		
江西	9440			13688		
山东	20096			16614		
河南	11346	46422	10.19	14282	20657	2.509
湖北	11431			14419		
湖南	10426			15659		
广东	24435			23959		
广西	8788			15461		
海南	10871			14417		
重庆	10982			16630		
四川	9060			15826		
贵州	5052			14344		
云南	7835			16140		
西藏	9114			28950		
陕西	9899			14796		
甘肃	7477			14939		
青海	10045			19084		
宁夏	10239			17211		
新疆	13108			15558		

资料来源：《中国统计年鉴（2006）》。

根据表 7-1，2005 年中国各省（自治区、市）中，人均 GDP 和职工平均工资最高的是上海，分别是 51474 元/人和 34345 元/人。人均 GDP 最低的省是贵州，仅为 5052 元/人；职工平均工资最低的省是江西，为 13688 元/人。因此中国地区人均 GDP 的绝对差是 46422（51474 - 5052）元，相对差是 10.19（51474/5052）。中国地区职工平均工资的绝对差是 20657（34345 - 13688）元，相对差是 2.509（34345/13688）。也就是说，中国人均 GDP 最高的省（自治区、市）比最低的省（自治区、市）多 46422 元，是最低省（自治区、市）的 10.19 倍；中国职工平均工资最高的省（自治区、市）比最低的省（自治区、市）多 20657 元，是最低省（自治区、市）的 2.509 倍。用同样的方法，我们可计算 2000 年以来中国各地区历年人均 GDP 和职工平均工资的绝对极值差和相对极值差，从中可以看出其变化情况。（见表 7-2）

表 7-2　　　　2000 年以来中国省（自治区、市）收入的极值差变化表

指标	年份	指标最大省(市、自治区)	指标值(元/人)	指标最小省(市、自治区)	指标值(元/人)	指标绝对差	指标相对差
人均 GDP	2000	上海	34547	贵州	2662	31885	12.98
	2001	上海	37382	贵州	2895	34487	12.91
	2002	上海	40646	贵州	3153	37493	12.89
	2003	上海	46718	贵州	3603	43115	12.97
	2004	上海	55307	贵州	4215	51092	13.12
	2005	上海	51474	贵州	5052	46422	10.19
职工平均工资	2000	上海	18531	山西	6918	11613	2.679
	2001	上海	21781	安徽	7908	13873	2.754
	2002	西藏	24766	江西	9262	15504	2.674
	2003	上海	27304	海南	10397	16907	2.626
	2004	上海	30085	湖北	11855	18230	2.538
	2005	上海	34345	江西	13688	20657	2.509

资料来源：根据 2001~2006 年《中国统计年鉴》计算整理。

　　从表 7 - 2 可以看出，2000 ~ 2005 年，人均 GDP 最高的上海市与最低的贵州省，差距由 2000 年的 31885 元扩大到 2004 年的 51092 元，尽管 2005 年差距有所减少，但不改变总体扩大的趋势；职工平均工资方面，除 2002 年西藏职工平均工资最高外，2000 年以来职工平均工资最高的皆是上海市，职工平均工资最低的省（自治区、市）变化频繁，2000 年是山西，2001 年是安徽，2002 年和 2005 年是江西，2003 年是海南，2004 年是湖北。职工平均工资最高的省（自治区、市）与最低的省（自治区、市）差距，由 2000 年的 11613 元扩大到 2005 年的 20657 元。

　　对 2000 ~ 2005 年的人均 GDP 和职工平均工资绝对差进行一元回归分析，得出的回归方程分别是：人均 GDP 绝对差为 $y = 3660.629x - 7289660$（$R^2 = 0.859$），其中，y 表示人均 GDP 绝对差，x 表示时间，R^2 表示拟合优度；职工平均工资绝对差为 $y = 1705.543x - 3399219$（$R^2 = 0.99$），其中，y 表示职工平均工资绝对差，x 表示时间，R^2 表示拟合优度。这样我们可以预测，以目前的发展水平，其他条件不变的情况下，到 2010 年中国地区人均 GDP，最高的省份将比最低的省份高 $y = 3660.629 \times 2010 - 7289660 = 68204$（元），2010 年中国地区职工平均工资，最高的省份将比最低的省份高 $y = 1705.543 \times 2010 - 3399219 = 28922$（元），今后几年，中国地区人均 GDP 和职工平均工资差距还将呈扩大之势。

2. 省（自治区、市）收入差距的变异系数分析与预测

　　运用表 7 - 1 各地区 2005 年人均 GDP 数据，根据变异系数计算公式，首先计算 $\bar{x} = 16203$，$\sum (x_i - \bar{x})^2 = 3595642345$，则：

$$\sigma^2 = 3595642345/30 = 119854744$$

$$\sigma = 10948$$

　　各地区人均 GDP 变异系数 $\mu = 10948/16203 = 0.676$。同样，运用 2000 ~ 2005 年人均 GDP 和职工平均工资数据，得出历年变异系数如表 7 - 3。

表7-3　　2000年以来中国省（自治区、市）收入的变异系数变化表

指标＼年份	2000	2001	2002	2003	2004	2005
职工平均工资变异系数	0.313	0.344	0.376	0.387	0.404	0.429
人均GDP变异系数	0.588	0.601	0.596	0.627	0.656	0.676

资料来源：根据2001～2006年《中国统计年鉴》计算整理。

　　变异系数的上升态势显示了中国各地区收入水平差距在不断扩大，尽管历年职工平均工资变异系数比人均GDP变异系数要低，但考虑到职工平均工资指标只能部分反映地区收入差距水平，这样的差别也不以为怪。如果以变异系数超过0.4即认为差距超过了临界线，那么，职工平均工资变异系数在2004年超过了临界线范围；人均GDP变异系数在2000年达到了0.588，早已超过了临界线，到2005年，人均GDP变异系数高达0.676，说明地区收入差距的不均衡性已相当严重。

　　对两种变异系数进行ARIMA方法分析，基本可以认定，做变异系数的3阶差分，历年系数可变成了零均值随机序列，且误差项极小，可忽略不计。用还原公式可得2006年的职工平均工资变异系数为0.462，人均GDP变异系数为0.687，……依此类推，到2010年，中国各地区职工平均工资变异系数将为0.507，人均GDP变异系数将为0.764。

3. 省（自治区、市）收入差距的基尼系数分析与预测

　　以2005年中国各省（自治区、市）的职工收入指标为例，显示基尼系数的计算过程。首先，将各省（自治区、市）按职工平均工资从小到大排序，并将各省（自治区、市）的职工人数和职工工资总额相应列入表中（表7-4）。

表 7 - 4　　2005 年中国各省（自治区、市）职工人数和职工收入水平

（按职工平均工资从大到小排序）

省（自治区、市）	职工人数（万人）	职工工资总额（亿元）	职工平均工资（元）
江西	264.8	358.3	13688
河南	681.9	950	14282
贵州	202	284.2	14344
吉林	257.9	377.4	14409
海南	72.6	104.2	14417
湖北	452.1	652.4	14419
黑龙江	455.4	654.6	14458
河北	483.7	716.1	14707
陕西	323.2	478	14796
甘肃	188.5	280	14939
安徽	317.4	484.1	15334
广西	268.6	410.1	15461
新疆	237.8	378.4	15558
山西	352.1	548.1	15645
湖南	381.2	591.5	15659
四川	492.8	773.4	15826
内蒙古	239.6	387.7	15985
云南	235.7	377.2	16140
山东	871.1	1440.3	16614
重庆	209.7	345.8	16630
福建	387	648.1	17146
宁夏	57.4	101.6	17211
辽宁	476.6	827.5	17331
青海	40.9	78	19084
江苏	602.9	1252.1	20957
广东	886.1	2085.6	23959
天津	169.9	419.8	25271
浙江	511.8	1298.4	25896
西藏	16.3	46.3	28950
北京	448.4	1520.1	34191
上海	264.8	911.9	34345
总计	10850.2	19781.2	——

资料来源：根据《中国统计年鉴（2006）》排序整理。

再由表 7 – 4 可计算洛伦茨曲线的 31 个节点，得出表 7 – 5：

表 7 – 5　　　　反映 2005 年中国各省（自治区、市）职工
收入差距的洛伦茨曲线节点

节点	累计职工人数百分比	累计相应职工工资总额百分比
节点 1	0. 024405	0. 018113
节点 2	0. 087252	0. 066139
节点 3	0. 105869	0. 080506
节点 4	0. 129638	0. 099584
节点 5	0. 136329	0. 104852
节点 6	0. 177997	0. 137833
节点 7	0. 219968	0. 170925
节点 8	0. 264548	0. 207126
节点 9	0. 294336	0. 23129
节点 10	0. 311709	0. 245445
节点 11	0. 340961	0. 269918
节点 12	0. 365717	0. 29065
节点 13	0. 387633	0. 309779
节点 14	0. 420084	0. 337487
节点 15	0. 455217	0. 367389
节点 16	0. 500636	0. 406487
节点 17	0. 522718	0. 426086
节点 18	0. 544442	0. 445155
节点 19	0. 624726	0. 517967
节点 20	0. 644053	0. 535448
节点 21	0. 67972	0. 568211
节点 22	0. 68501	0. 573347
节点 23	0. 728936	0. 61518
节点 24	0. 732705	0. 619123
节点 25	0. 788271	0. 682421
节点 26	0. 869938	0. 787854
节点 27	0. 885597	0. 809076
节点 28	0. 932766	0. 874714
节点 29	0. 934268	0. 877055
节点 30	0. 975595	0. 953901
节点 31	1	1

注：各节点 I 坐标（第 I 个累计职工人数百分比、第 I 个累计相应职工工资总额百分比）表示前 I 个省（自治区、市）职工人数总和/全部省份职工人数总和、前 I 个省份职工工资总额/全部省（自治区、市）职工工资总额。

最后，以累计职工人数百分比为横坐标，累计相应职工工资总额百分比为纵坐标，对各节点用曲线函数 $y = \alpha x^\beta$ 拟合，确定参数 α、β 分别为 0.883、1.355，得出基尼系数公式中 B 的面积为 0.375（由 0.883/（1.355+1）而得），得出 2005 年各省（自治区、市）职工平均工资基尼系数为 0.25（由 1-2×0.375 而得）。

对各省（自治区、市）2000 年以来的人均 GDP 和职工平均工资做同样的计算可得表 7-6。

表 7-6 　　　　2000 年以来中国省（自治区、市）收入的基尼系数变化表

指标 ＼ 年份	2000	2001	2002	2003	2004	2005
职工平均工资基尼系数	0.198	0.212	0.218	0.225	0.238	0.250
人均 GDP 基尼系数	0.275	0.275	0.280	0.291	0.295	0.301

资料来源：2001~2006 年《中国统计年鉴》计算整理。

从表 7-6 明显可以看出：中国各省（自治区、市）的人均 GDP 和职工平均工资基尼系数均呈现不断扩大的特点。尽管这两类基尼系数比专家测算的 2005 年中国整体基尼系数（0.465）要低，也未超过国际警戒线 0.4，但考虑到按省（自治区、市）计算毕竟还显粗略，所谓"粗小细大"。两类基尼系数达到目前的水平已经可以足够引起人们的重视了。且根据目前两类基尼系数的扩大趋势，如果在宏观调控方面不对中国收入格局进行必要的干预，到 2010 年，利用 ARIMA 方法测算，中国各省（自治区、市）的人均 GDP 和职工平均工资基尼系数将达到 0.387 和 0.345。

7.2.3　中国城乡收入格局分析与预测

改革开放以来，我国城乡居民收入差距经历了一个先缩小后扩

大、再缩小再扩大的过程。1978～1985年，由于农村实行联产承包责任制，农民收入迅速增加，城乡居民收入差距从1978年的2.57倍缩小到1.86倍。但1984年城市经济体制开始改革，城乡收入差距又开始拉大。到1994年达到2.86倍。从1994年开始城乡之间收入差距出现了下降的趋势，但是从1997年起又逐步扩大，到2005年城乡之间收入之比达到了3.22∶1（见表7－7）。

表7－7　　　　　　1995年以来我国城乡居民收入差距状况

年份	城镇居民人均可支配收入（元）	农村居民人均纯收入（元）	城乡收入之比
1995	4283.0	1577.7	2.714711∶1
1996	4838.9	1926.1	2.512279∶1
1997	5160.3	2090.1	2.468925∶1
1998	5425.1	2162.0	2.509297∶1
1999	5854.0	2210.3	2.648509∶1
2000	6280.0	2253.4	2.78690∶1
2001	6859.6	2366.4	2.898749∶1
2002	7702.8	2475.6	3.111488∶1
2003	8472.2	2622.2	3.230951∶1
2004	9421.6	2936.4	3.208555∶1
2005	10493.0	3254.9	3.223755∶1

资料来源：根据1995～2006年《中国统计年鉴》计算整理。

　　按国际一般情况，当经济发展水平在人均GDP800～1000美元阶段，其他国家城镇居民人均收入大体上是农村居民人均纯收入的1.7倍。近几年来，我国城乡收入差距均超过1.7倍的国际一般情况，且有逐年扩大之势。从城乡居民收入增长速度看，1997～2000年，我国农民收入增长速度年年下滑。1997年农村居民人均纯收入增长速度是8.6%，比上年下降了13个百分点。1998年增长速度回落到3.4%，1999年进一步回落到2.2%，2000年增长速度只有1.95%。随着减轻农民负担政策的落实乃至农业税的逐步取消，2000年以来，农村居民人均纯收入增长速度有所上升，但仍未超过城镇居民人均可支配收入的增长速度。

如果把医疗、教育、失业保障等非货币因素考虑进去，中国的城乡收入差距已经是世界最高的了。2002 年以来，城镇居民的人均收入是农村居民的 3 倍以上。这还不能真实地反映出城乡之间实际收入的差距。城镇居民的可支配收入没有涵盖城市居民所享有的各种实物补贴，比如城镇居民很多享受公费医疗，而农村居民却没有这种待遇。城镇的中小学能够获得国家大量财政补贴，而农村学校得到的补贴非常少，农民还要集资办学。城镇居民享受养老金保障、失业保险、最低生活救济，这些对于农村居民来说可望而不可及。

从城乡镇居民家庭恩格尔系数看，1995 年以来，农村居民家庭恩格尔系数呈现明显的下降趋势，从 1995 年的 58.6% 下降到 2005 年的 45.5%，说明农民收入水平和生活质量在提高。但与城镇居民恩格尔系数相比，农村居民家庭恩格尔系数历年都要偏高（见表 7-8）。

表 7-8　　　　1995 年以来我国城乡居民家庭恩格尔系数比较

年份	城镇居民家庭恩格尔系数（%）	农村居民家庭恩格尔系数（%）
1995	50.1	58.6
1996	48.8	56.3
1997	46.6	55.1
1998	44.7	53.4
1999	42.1	52.6
2000	39.4	49.1
2001	38.2	47.7
2002	37.7	46.2
2003	37.1	45.6
2004	37.7	47.2
2005	36.7	45.5

资料来源：1995～2006 年《中国统计年鉴》。

对 1995 年以来的城镇居民人均可支配收入和农村居民人均纯收入分别做一元回归分析，得出的回归方程分别是：城镇居民人均

可支配收入为 $y = 589.795x - 1172792$（$R^2 = 0.955$），其中，y 表示城镇居民人均可支配收入，x 表示时间，R^2 表示拟合优度；农村居民人均纯收入 $y = 134.61x - 266862$（$R^2 = 0.922$），其中，y 表示农村居民人均纯收入，x 表示时间，R^2 表示拟合优度。依据，回归方程式，可以预测，如果其他条件不变，到 2010 年，中国城镇居民人均可支配收入将达到 $y = 589.795 \times 2010 - 1172792 = 12695.95$（元），中国农村居民人均纯收入将达到 $y = 134.607 \times 2010 - 266862 = 3704.1$（元），今后几年，中国城乡居民人均收入之比将达到 3.43 : 1。

7.2.4 其他方面的收入差距分析

1. 行业间收入差距

中国的行业间工资差距正在越拉越大。根据国家统计局的数据显示，按细行业分组，2000 年工资最高的是交通运输、仓储及邮电通信业当中的航空运输业：21342 元；最低的是采掘业当中的木材及竹材采运业：4535 元，两者相差 4.71 倍。2004 年工资最高的是金融业当中的证券业：50529 元；最低的是农、林、牧、渔业当中的林业：6718 元，两者相差 7.52 倍。从 2000 ~ 2004 年，5 年间，行业差距扩大了 1.6 倍。

目前，电力、电信、金融、保险、水电气供应、烟草等行业职工的平均工资是其他行业职工平均工资的 2 ~ 3 倍，如果再加上工资外收入和职工福利待遇上的差异，实际收入差距可能更大。特别是垄断行业的一般岗位，其收入水平与其贡献和价值背离。以电力行业为例，一名普通电力职工的月工资不到 6000 元，但是加上奖金、住房公积金及各种补贴后，其年薪可达到 15 万元，相当于全国职工年均工资的 10 倍。《第一财经日报》曾报道，某市一位电厂抄表工的真实收入状况是：每月工资 6500 元，一年发 16 个月的工资，年薪 10 万元以上，外加年终奖和两份商业保险，而他所需要做的，只是一天抄 4 次电表。企业薪酬制度改革中存在的这种严重不公平现象，公众当然由嫉生恨，影响了社会分配秩序、分配关系乃至社会稳定，急需认真研究，通过深化改革切实加以解决。

行业间收入差距既脱离了按劳分配原则，又脱离了效率优先原则。显然，造成这种状况的罪魁祸首正是垄断企业巨大的资源占有权力和能力，这种权力既可以使它们维持垄断的地位，又可为所欲为地进行分配。机会的不均等终将导致收入的悬殊，旱涝保收的垄断收入正是建立在机会优先的基础之上的。这样的事情，要指望垄断行业行业自律，那是不可能的。面对公众的喊打，垄断行业要么默不作声，要么倒打一耙矫情地哭穷——连自己的垄断地位都不承认，还能指望它们自律？所以，再强大的舆论也不具备约束力，不触及垄断体制背后的某些行政权力支撑，这种分配的不公就不可能改变。对此，要加快推进收入分配制度改革，规范个人收入分配秩序，强化对分配结果的监管，努力缓解行业间收入分配差距扩大的趋势。

2. 不同阶层之间的收入差距

随着市场经济的进一步深入，各阶层之间的收入差距也出现了。据国家统计局的样本调查资料，全国 20% 的高收入户占有总收入的 51.2%，20% 的低收入户仅占有总收入的 4.5%，收入最高的 20% 群体的收入，是收入最低的 20% 群体的收入的 33 倍。

富裕人口集中在著名影星、歌星、时装模特、作家、运动员、部分个体和私营企业主、外企和国际机构中的中高级雇员、金融机构管理人员、房地产部门的开发商和经理、部分企业承包者和技术入股者、高新技术产业中的领先者、著名经济学家、律师等高收入群体。低收入户主要是下岗职工、失业人员、早退或内退人员，停产或半停产企业职工、因年老疾病等原因领取最低生活保障者。

尽管各阶层的收入差距，与它们之间的经济效益、劳动强度、劳动技能及劳动复杂程度等差异有一定的关联性，但并不成正比关系。同样每天工作 8 小时，很难判定高层管理人员的劳动复杂程度是一般员工的十几倍甚至几十倍。

7.3 中国收入分配格局展望

"十一五"时期，随着区域经济协调发展、西部大开发、振兴东北老工业基地、中部崛起等战略的进一步落实，国家对中西部地区的政策支持力度不断加大，这将对遏制地区经济发展差距的扩大起到一定作用；而反垄断、个人所得税的调节、减轻农民负担等政策对城乡差距、阶层差距、行业差距的扩大也会起到一定的抑制作用。但由于经济增长和运行机制的惯性、工资制度和发展基础的刚性等差异，中国收入分配领域中各种类型的差距不可能在短时间内消失，今后一段时期内还将继续存在下去。不仅如此，劳动要素分配地位的下降、公共服务分配形势的严峻以及国有部门分配秩序的紊乱也给未来的收入调控带来更大的难度。在"十一五"头几年，收入分配领域优先需要解决的问题是，切实保障低收入群体的基本生活，稳步促进中等收入者比重的提高，在教育和医疗改革中更加注重公平，进一步加大财政转移支付的力度，建立健全收入分配宏观监测机制，以逐步实现收入分配的公平与合理化。展望未来的中国收入分配格局，一些宏观调控政策的战略选择将对其产生重大影响。

7.3.1 "公平与效率选择"对未来中国收入分配格局的影响

在探讨公平与效率选择对收入分配格局的影响之前，有必要对新中国成立以来在公平与效率之间价值取舍的历程作一简要回顾与总结。

　　毛泽东时期的中国，是典型的平均主义，平均主义是主导的价值。这种平均主义掩盖了整个国家对效率追求的倾向。公平与效率在此时没有明显的紧张与冲突，效率在政策的驱使下让位给了平均主义。

　　改革开放以后，政府开始打算"让一部分人先富起来"，平均主义"大锅饭"被打破，公平与效率的天平开始向效率倾斜。效率在此时成为一个比公平更显重要的价值。党的十四届三中全会通过的《中共中央关于建立社会主义市场经济体制若干问题的决定》提出了"效率优先，兼顾公平"的原则。这一原则在把效率放在优先地位的同时，提出了兼顾公平的要求。此后，这一原则一直是政府制定政策的主导发展原则。党的十六大上，在提出"坚持效率优先、兼顾公平"的分配原则的同时，提出"初次分配注重效率，发挥市场的作用"；"再分配注重公平，加强政府对收入分配的调节职能"。这是对公平与效率关系作出的新阐述。

　　党的各个文件没有对兼顾什么样的公平做出具体阐述，不过，从这一原则出发，可以推导这一原则的哲学假设和隐含的公平观。首先，效率优先、兼顾公平原则，表明政府在公平与效率的价值取舍上认为二者都是政府要追求的目标，不存在绝对抛弃一方面追求另一方的问题。因此，政府希望在追求效率的过程中，也要顾及公平问题。其次，既然提出要效率优先，表明政府在对二者关系的认识上认为效率与公平是矛盾而不是互补的。因为假如认为二者是互补的话，就不存在谁优先谁兼顾的问题，只有当二者之间无法取舍的时候，才会考虑优先选择其中一个。如果政府认为效率可以带来公平，或公平可以带来效率，就完全可以只考虑推进效率或只考虑促进公平。最后，从党的十六大对公平与效率的补充说明来看，可以发现政府所指的公平侧重于结果的公平，即再分配过程的公平。

　　实际上，效率优先、兼顾公平的政策，尽管它是针对过去的平均主义提出来的，它表明了效率也是一个非常重要的价值。但这一政策从提出至今，一直误导了政府与学界对效率与公平二者关系的反思路径。它将公平视为简单的结果平等，这导致我们的探讨一直将公平与效率视为难以调和的二元对立，尽管近年来如上所述，许多学者开始对这一原则表示怀疑，但其讨论的核心只不过是提出公平应该被视作和效率同等重要的东西来看待。

公平重要的不是指结果公平，在市场经济条件下，机会的公平是更为重要的。根据世界银行的提法，公平包含两个原则：一是公平的机会；二是避免绝对的剥夺。这种公平不是平均主义，它强调每个人和每个主体活动的不可剥夺的自由和权利，这种自由和权利可以激发每个人的潜能，从而发挥每个人的创造性和积极性，从而促进经济的发展。因此，这种公平与效率是相互促进的，更多的机会公平意味着有更多的创造性和效率。因此，我们需要重新审视"效率优先、兼顾公平"的含义和局限。

效率优先、兼顾公平的政策原则，使得政府在政策导向上一直视效率为优先选择。这种选择将效率与公平看作难以调和的。实践表明，这种政策导向并没有阻碍我国经济的发展，相反，似乎还应当把经济发展成果在很大程度上归功于这一政策。中国经济改革的核心，是加强各个经济主体的自主性。给予拥有土地的农民、企业经理、地方政府等主体经济决策的权利，从而激发他们投资和创新的积极性。在大约 20 年的时间里，中国的经济改革通过将高一级政府机关拥有的财产权逐步分配到低一级的政府机关，或者从政府机关分配到企业主、经理、家庭以及个人而不断向前推进。改革的举措增强了经济主体在其自主范围内自主决定经济活动的权利。在新的体制下，农民可以保留其劳动所得；乡镇和村可以从乡镇企业的盈利中获益；私营企业的创造性得以被肯定；地方政府有更多的财政自主权和决策权。所有这一切，使得各个主体有更多的活动空间，因而有更多的主动性和创造性。这种主动性和创造性正是推动中国经济发展的动力所在。

因此，改革开放以来的政策，政府本意是通过各项改革措施来发展经济，为此不惜以损坏公平为代价，政府在这一过程中不自觉地通过增加各个主体的自主权来达到这个目标。尽管在这一过程中，社会各个主体获得了一些机会公平，但是由于政府的这种行为在事先没有公平的价值考量，使得政府的政策主要推行的是经济领域的机会公平，而实际上，对一个社会的发展而言，社会其他领域的公平也是相当重要的。政府在过去的改革进程中或多或少忽视了其他领域的机会公平问题。因此，尽管过去的改革实践没有阻碍经济的发展，但忽视社会领域公平问题的效率优先原则到目前已经使社会暴露了城乡之间、不同地区之间和不同群体之间越拉越大的两极分化问题。

可以说，效率优先和兼顾公平实际上忽视了机会公平在经济社会发展中的作用。这种机会公平包括接受教育、医疗和社会保障以及经济活动中诸如投资等领域的公平。这些机会公平可以缩小人与人之间的差距，从而激发最大多数人的积极性和创造性（当然，机会的公平并不表示否认人与人之间在能力、喜好、天赋与努力之间的差异，而是说社会应当尽可能为每个人提供公平发展的环境，从而使他们免于因为出身、地理环境等因素带来的明显不公平问题）。如果人们在这些领域是明显不公平的话，他们就会在社会未来的竞争中失去更多的机会，也因此缺乏创造力。这种不公平最终导致效率低下，从而损坏经济社会的发展。社会要繁荣，就必须创造促使绝大多数人口进行投资和创新的激励机制。

效率优先、兼顾公平的政策导向，忽视了机会公平在社会经济发展中的长期效益，导致目前我们的经济发展面临各种不平衡的困境。目前，在教育、医疗和社会保障等领域，城乡之间、东西部之间存在巨大的鸿沟。这种不平等导致弱势群体缺乏足够的机会发挥他们潜在的创造性和才能，这对社会整体而言便是福利的损失。在投资领域，有些地方的投资活动往往与关系和贪污联系在一起，这不但增加了投资的额外成本，而且使投资活动成为一种不公平的竞争，这种不公平不利于投资向最有效率的企业敞开大门，这种不公平的竞争从长远来看也是不利于经济发展的。另外，效率本身不能带来公平。尽管从全球来看，发达国家和地区的基尼系数普遍较低。但不能因此认为在经济的发展过程中，社会和经济增长中的公平问题会自然而然得到解决。对很多国家来说，经济的发展往往和高度的不平等相伴生。

在未来的中国收入分配格局中，如果我们能进一步重视社会公平，在效率与公平关系上加大公平的分量，并将机会公平扩展到社会的方方面面，中国收入分配领域的各类差距将会大大缩小。

7.3.2 "均衡与非均衡发展选择"对未来中国收入分配格局的影响

改革开放以来，在对传统计划体制进行改革和实行对外开放的大背景下，中国区域发展的主导思想发生了根本性的变化，一改过去的均衡发展，实施区域经济倾斜发展战略，区域经济的非均衡发展是按照市场规律办事的表现。这是因为社会经济系统本身就是一种非平衡态系统。由于某些区域在地理位置、生态环境、自然资源、人文历史等方面存在着禀赋上的差异，不同区域之间发展的初始条件本身就是不均衡的。不论是发展中国家，还是发达国家在经济发展过程中似乎找不到均衡发展的先例，像美国、英国、法国、德国这样的强国，也都是从非均衡发展开始的。

为了加快经济的发展，我国同样选择了非均衡发展战略。在我国非均衡发展战略的实施过程中，经济特区和沿海开放城市的设立，使东部沿海地区得到率先发展，其示范和带动作用是历史性的。但在这一过程中，区域经济差距被人为拉大，并且超出了"适度"的范围，协调发展成为当前人们普遍关注的问题。西部开发、东北振兴和中部崛起的提出正是对这一问题的回应，也是非均衡发展的第二步战略。然而，我们应当看到，区域经济的势能一旦形成，从高梯度区向低梯度区转移的难度将会变得很大。这些年国家在为协调区域经济发展，缩小地区差距上不可谓不重视，但并无大的起色。究其原因，地理条件和历史文化上的差异是不可否认的客观事实，但在非均衡发展战略实施过程中所形成的"路径依赖"是阻碍经济协调发展的隐性因素，其影响具有持续性。所谓"路径依赖"，又可称为路径依赖性，它的特定含义是指人类社会中的技术演进或制度变迁均有类似于物理学中的惯性特征，即一旦进入某一路径（无论是"好"还是"坏"）就可能对这种路径产生依赖，它的既定方向会在以后的发展中得到不断强化。不同历史条件下形成的主观抉择，是各种制度模式和经济运行方式存在差异的重要因素。

根据新制度经济学的理论，制度是经济发展中的内生变量，经济发展是制度的函数，各要素之间只有通过制度才能发挥作用。制度是最重要的要素，直接决定其他要素的配置和整体效益。经济落后地区与发达地区之间，表面上看是经济上的差距，实质上却是制度上的差异（包括正式制度和非正式制度）。我国区域经济非均衡发展是通过区域制度的非均衡性安排来实现的。这种非均衡发展的结果，拉大的不仅是经济上的差距，更是制度变迁路径和速率上的差距。这种差距的形成对我国经济全面协调发展所产生的影响是巨大的、持续的。

第一，在初始条件上，以吴越文化为代表的东南沿海地区利用有利的地理条件和制度条件率先进行了制度的转型，这种制度创新的初始选择在报酬递增和自我强化的机制下使之迅速进入良性循环状态，形成了创新和发展互动的路径依赖惯性特征。通过这些制度创新活动，不仅获得了制度和市场优势，形成先入为主的市场地位，而且还获得了市场知识和思想观念创新的"累积效应"。而内陆地区由于受地理和历史条件的限制，在缺乏强制性制度变迁的压力和内生性制度需求的情况下，制度被长期锁定，形成了对原有制度的路径依赖惰性特征。这种初始状态下的制度选择所导致的两种路径依赖一旦形成，区域制度环境的差异将不断拉大，难以逆转。

第二，经济发达地区仍存在着规模报酬递增现象。从中国的地区差异看，沿海发达地区继续作为全国的经济增长引擎处于领先地位。因此，报酬递增是发达经济保持优势地位的理论依据。造成报酬递增的原因可以通过区域经济差距的重要指标——全要素生产率的增长率来解释。人们观察到，在产出的增长中有越来越大的一个部分不能由投入的有形要素所解释，经济学家把这个部分称作全要素生产率（TFP也称总和要素生产率）。一个经济增长中全要素生产率起的作用越大，其可持续性就越强。全要素生产率常常被视为科技进步的指标。全要素生产率的来源包括技术进步、组织创新、专业化和生产创新等。而全要素生产率的根本来源应当是制度的创新。报酬递增规律告诉我们，区域经济可以通过对制度的不断创新来实现持续的经济增长和发展，制度创新导致报酬递增这种良性循环关系本身就是一种路径依赖。

第三，目前尚未产生循环累积因果论中的"扩散效应"和不平衡增长论中的"涓滴效应"，梯度推移理论中的从高梯度区向低梯度区转移目前也未自然发生。在市场制度下这种现象可以从两个方面进行解释：一是生产要素的"回流效应"所产生的报酬递增的临界点未到来；二是通过制度和技术的联合创新促使全要素生产率得以提高，使报酬递增得以持续。因此，目前依靠市场机制无力改变非均衡发展中的路径依赖，全面协调发展的提出和实施只能依靠政府之手。

第四，在现有政治体制下，政治资源的区域分配不均衡所导致的路径依赖的影响也将长期存在。我国政治资源与经济资源的分配是一致向东部沿海地区倾斜的。在改革开放之初，政府以计划经济手段在东部沿海地区创建市场经济模式，并赋予其优惠的政策、制度创新的探索和试错权利。同级行政区的领导在国家政治活动中的地位和影响，以及在国家政策制定和讨价还价能力等方面均高于内陆地区。这种政治资源的不均衡分配使国家的各种政策长期向东部倾斜，国家重大投融资项目，尤其是基础设施建设投资严重不均，这是区域经济非均衡发展的重要物质起点。当先开放地区完成制度转型后，经济实力和政治地位得到进一步加强和提高，在与内陆发展竞争中更处于优势地位。为维护地方的经济利益和政治利益，它们也将极力维护原有的制度安排并对这种非均衡制度安排产生路径依赖，这也是协调区域经济发展的一大障碍。

区域经济非均衡发展是一种规律，非均衡发展实现后所产生的路径依赖也是一种规律。因此，从非均衡发展到相对均衡和协调发展是一个长期的过程。美国从五大湖向南部和西部的梯度转移经历了几百年；巴西于 1960 年向内陆迁都至今未能改变严重的区域经济的非均衡性；俄罗斯开发东部更是举步维艰。我国的西部开发和振兴东北也不可能在短期内实现。在市场条件下，地区之间和阶层之间的经济距离一旦拉开，将会得到强化，难以逆转。因为市场的理性选择是嫌贫爱富，个人的理性选择是利益最大化。

通过以上分析可以看出，在区域经济非均衡发展过程中所形成的路径依赖对由非均衡发展向相对均衡和协调发展过程中所产生的巨大阻力。作为平衡和协调经济发展的主导者——政府，一方面要逆市场方向而做，加大对内陆的投入和转移支付的力度，作为对非均衡发展战略实施的成本补偿；另一方面，应当在公平的制度环境下，解决路径依赖问题，重点是解决内陆的"体制锁定"。由于制度与技术以及利益分配的超稳定均衡，只能依靠外部力量来打破这种均衡状态。诺斯指出，要扭转"路径依赖"和突破原有"体制锁定"状态，必须借助外部效应，引入外生变量或依靠政策的变化。也就是说发展所需要的制度和技术创新，应该作为一个外生变量而不是内生变量，由外界强行植入一个新的制度和技术实行强制性制度变迁，在发展的过程中再逐步内生化，演变为需求诱致性制度变迁。政府这两方面工作，前者可喻为输血，后者可喻为造血，二者应同时进行。这两方面工作做好，缩小收入分配的地区差距是大有希望的。

7.3.3　市场化改革对未来中国收入分配格局的影响

收入分配中的许多问题是同转型期的复杂性联系在一起的。许多不正常收入乃至非法收入都同转型期的种种无序状态有关。像利用价格双轨制的寻租活动所获取的暴利，利用部门垄断、行业垄断的设租活动所获取的暴利，利用内部人控制对产权不清晰的国有资产所进行的侵蚀乃至侵吞，都同转型期的无序状态有关。如上所述，我们决不能把这些问题归罪于改革本身，从而否定改革的大方向，甚至要求回到老体制去。同时，我们也不能因为我国采取的是渐进改革而放慢改革的步伐，从而加大改革的成本，使改革付出过高的、不必要的代价。因此，只有深化改革，积极推动社会主义市场经济秩序的建立和完善，才能从根子上解决转型期的无序状态所带来的问题。这可以说是改进收入分配状况的一个大思路。另外，计划经济时代遗留下来的一些隐形收入的不平等，也只能通过深化改革来解决。特别像住房和公车使用上的实物分配体制（供给制）所造成的不平等，都只能通过市场化改革的办法来解决。应该说，这方面的改革任务也是相当繁重的。原因有二：第一，实物分配所涉及的面较广；第二，随着经济的发展，通过这种体制分配的实物是有增量的，其中有的项目如公车使用的增量还比较大。实物收入的货币化、市场化是改革的方向，但改革起来要涉及许多人的既得利益，难度比较大。像公车使用货币化的改革，酝酿了那么多年，实施起来就不是那么容易了。对这些问题，需要结合我国国情，积极稳妥地逐步推进改革。

国务院 2007 年 3 月 19 日下发了《关于加快发展服务业的若干意见》。其中特别值得人们关注的是："深化电信、铁路、民航等服务行业改革，放宽市场准入，引入竞争机制，推进国有资产重组，实现投资主体多元化。积极推进国有服务企业改革，对竞争性领域的国有服务企业实行股份制改造，建立现代企业制度，促使其成为真正的市场竞争主体。明确教育、文化、广播电视、社会保障、医疗卫生、体育等社会事业的公共服务职能和公益性质，对能够实行市场经营的服务，要动员社会力量增加市场供给。按照政企分开、政事分开、事业企业分开、营利性机构与非营利性机构分开的原则，加快事业单位改革，将营利性事业单位改制为企业，并尽快建立现代企业制度。继续推进政府机关和企事业单位的后勤服务、配套服务改革，推动由内部自我服务为主向主要由社会提供服务转变。建立公开、平等、规范的服务业准入制度。鼓励社会资金投入服务业，大力发展非公有制服务企业，提高非公有制经济在服务业中的比重。凡是法律法规没有明令禁入的服务领域，都要向社会资本开放；凡是向外资开放的领域，都要向内资开放。进一步打破市场分割和地区封锁，推进全国统一开放、竞争有序的市场体系建设，各地区凡是对本地企业开放的服务业领域，应全部向外地企业开放。"

到底什么叫市场化？市场化首先就是针对某些行业放宽市场准入，引入竞争机制。这是市场化的第一步。市场化的第二步是放开身处这些行业的企业的经营自主权。比如，铁路运输行业现在仍然处于垄断状态，此时的铁路不能拥有经营自主权（其中最重要的是定价权），因此此时的铁路不能自作主张提高运价与车票。当铁路部门实现市场化改革后，容许了社会资本进入这个行业，供给竞争的市场局面就构建起来，铁路部门中的各个企业就可以拥有经营自主权，铁路企业就可以名正言顺地提价了。铁路企业所拥有的经营自主权特别是定价权的程度，与企业身处市场的供给竞争程度成比例关系。假如这个竞争程度只有50%，那么企业只能拥有50%的定价权。可见，企业所拥有的经营自主权与企业身处的竞争环境密切相关。这实际上是一个企业责任与权利互相平衡的体现。企业承担了自谋生存的责任，当然就应该拥有经营自主权。如果企业的生存有国家维护着，那么它当然就不应该拥有这种经营自主权特别是产品定价权。

研讨企业的经营自主权与其所面临的供给竞争环境的关系，正是一个行业"市场化"所包含的两个方面的意义。我们判断一个行业是不是市场化，就看其中的企业是不是存在着这个关系，这个关系是否合理。如果不合理，或者是企业的经营自主权的比重比其所面临的供给竞争更大了，或者相反，是企业所面临的供给竞争比重比其所具有的经营自主权更大了，这都背离了市场化的意义。

现在，中国政府重新深刻认识了市场化改革的意义，所以打算通过开放原来的垄断行业来推进市场化改革，促进中国经济与社会的进一步发展，促进社会民生的提高进步。比如，打破垄断，就可以马上在原先的垄断行业创造出大量新的就业岗位；另一方面，供给竞争所引起的价格下降，会扩大相应需求，从而对其他行业产生积极作用，起到了促进社会经济整体发展的作用。比如，在电力部门打破垄断促进竞争，一方面会使电力行业吸收更多的新增就业（因为社会资本会大量进入这个行业，新的企业将会大量出现在这个行业里面）；另一方面，竞争则使电价趋向下降，而电价下降会促进各种用电器的需求，从而促进这些电器生产行业的进一步发展，这些行业的发展又吸收了大量新增就业。这实际上就是中国30年来改革开放取得成果的基本线索与链条，现在，政府又再通过进一步的改革开放的措施，来化解就业民生、贫富分化的难题，使中国经济与社会获得更高层次的进步。这个思路是完全正确的。

不过政府推进这种改革开放的举措仍然会遭遇阻碍，因为垄断行业的既得利益肯定会明里暗中对改革措施进行抵制。比如铁路、电信、邮政等垄断部门中的当事人，当然会以各种理由抵制国务院的改革措施，从而维护他们的既得利益。但是，通过近年来针对改革的"左"、"右"之争，及中央高层的明确表态，改革开放将会继续贯彻下去。当人们认为改革过程中出现贫富分化等问题时，国家高层与有识之士恰恰认识到了问题的症结正在于改革的不彻底性，因为，十分显然，贫富分化源于垄断利益，打破垄断的改革开放当然就成为解决这种问题的根本办法。可以预见，对垄断行业的市场化改革，无疑会在很大程度上缩小原垄断行业与竞争性行业的差距。

第8章 深化收入分配制度改革的基本原则和总体思路

目前，我国的收入分配格局与建设社会主义和谐社会的要求严重不符。为深化收入分配制度改革，要继续坚持按劳分配和按生产要素分配相结合的原则，完善按劳分配为主体、多种分配方式并存的分配制度；坚持效率与公平协调统一的原则，努力处理好效率与公平的关系，在关注效率的同时，更加注重公平。要以"两头小、中间大"的橄榄型的收入分配格局为调整目标，以"保低、扩中、调高"为基本工作思路，扭转目前我国工农、城乡、地区和社会阶层收入差别不断扩大的趋势，实现收入的"适度"差距。

8.1 深化收入分配制度改革的基本原则

8.1.1 坚持按劳分配和按生产要素分配相结合的原则

1. 按劳分配与按生产要素分配

按劳分配是社会主义社会个人消费品的分配原则，它通常被表述为：在社会主义公有制条件下，社会按劳动者提供的劳动的数量和质量分配个人消费品，多劳多得，少劳少得。从这个简单的定义可以看出，按劳分配同时否定了不劳而获和平均主义。它是只以劳动作为单一的计量尺度，同时承认劳动者能力差别的个人消费品的分配方式，这样就意味着劳动投入多就会多得，投入少就将少得，而劳动投入所引起的财富的增加就是劳动贡献，所以按劳分配其实也就是按其贡献分配。当然，在现阶段，对社会主义市场经济下的按劳分配的理解已经与马克思当时设想的生产资料归社会共同所有、商品货币关系已经消失、社会生产力发达的状况大为不同，我们不能从传统、僵化的角度出发，而应当用一种全新的、发展的眼光来看待社会主义现阶段的按劳分配原则。

按生产要素分配，简单地说，就是根据各个要素在商品、劳务的生产和流通中的投入比例及贡献大小来分配国民收入。生产要素是指进行生产经营活动所必须具有的要素和条件，它包括土地、资本、技术、信息以及管理才能等。按生产要素分配其实可以界定为生产要素所有者凭借所有权从生产要素使用者那里获得报酬的经济行为。强调生产要素所有者有权参与劳动成果的分配，所得多少决定于其生产要素在生产过程中的贡献。所以，按生产要素分配的收入，就是生产要素使用者按投入的生产要素的贡献向要素所有者支付报酬。而生产要素的贡献，是指它投入生产经营后所起的作用、所带来的收益。在实际生活中，生产要素的贡献有时很难计算，于是便以投入生产要素的数量和质量来替代，作为支付报酬的标准。

我国现阶段的分配制度是以按劳分配为主体、多种分配方式并存，按劳分配与按生产要素贡献分配相结合。按劳分配是我国收入分配的主要形式，除了按劳分配以外，还确立了资本、土地、技术、管理等生产要素按贡献参与分配的原则。政府、企业按各自出资的份额取得收入；个人的收入除了按劳分配外，还有按技术、资本、管理等取得的收入。随着新的企业制度和产权制度的建立，国有企业和集体企业的职工也出现了凭借技术水平、管理经验等取得收入；混合所有制企业职工的收入除了按劳分配以外，还有凭投入的股份、技术、管理取得的收入；"三资"企业，特别是中外合资、中外合营企业职工的收入，具有按劳分配和按生产要素贡献分配的双重性质，企业职工对于中资（中方）而言，他们是生产资料的主人，其劳动成果共同占有并按劳动的质和量进行分配；私营企业职工的收入则完全是按生产要素的贡献分配。

2. 按劳分配与按要素分配相结合的必然性

党的"十五大"报告在讲到完善分配结构和分配方式时指出："坚持按劳分配为主体，多种分配方式并存的制度。把按劳分配和按要素分配结合起来，坚持效率优先，兼顾公平，有利于优化资源配置，促进经济发展，保持社会稳定。依法保护合法收入，允许和鼓励一部分人通过诚实劳动和合法经营先富起来，允许和鼓励资本、技术等生产要素参与收入分配。"党的"十六大"、"十七大"报告也明确提出在坚持按劳分配为主体的基础上，实行生产要素按贡献参与分配。现阶段之所以要坚持按劳分配与按要素分配相结合，是由于我国现在尚处于社会主义的初级阶段，社会主义市场经济体制已基本建立，在经济运行中是公有制为主体、多种所有制经济形式并存，因此，收入分配采取按劳分配与按生产要素分配相结合的分配制度。

首先，按劳分配与按要素分配相结合的分配制度是由我国所有制结构的多样性决定的。我国所处的社会主义初级阶段的生产力水平和公有制经济的相互结合，决定了在公有制经济中只能采取按劳分配的收入分配制度。由于我国还处于社会主义初级阶段，非公有制经济与公有制经济并存，要求按生产要素分配。同时，按生产要素贡献分配也是我国所有制实现形式多样化，特别是公有制实现形式多样化和保护私人财产的法律制度的结果。我国实行经济体制改革以来，随着社会主义市场经济体制的逐步确立，公有制实现形式可以而且应该多样化，这些多样化的实现形式归根到底就是生产要素产权的不同组合方式。因此，与生产要素产权组合方式相适应，生

278

产要素必须按不同产权关系取得相应的收入。党的"十六大"提出要完善保护私人财产的法律制度，这既肯定了按生产要素贡献取得收入，又明确了按生产要素贡献取得的收入必须受到法律的保护。

其次，按生产要素贡献分配是市场机制有效运行的结果和保证。我国实行的是市场经济，市场机制的有效运行必须具备两个条件：其一是产权关系清晰；其二是市场对资源配置调节作用的正常发挥。市场经济条件下，市场主体是多元化的，市场主体的利益关系必须清晰才能使市场机制有一个良性的驱动力，而利益关系的清晰需要通过清晰的产权关系来实现。因此只要市场主体的产权关系清晰了，市场主体的利益关系也就明确了，从而也就明确了各市场主体按生产要素的贡献取得报酬。同时，清晰的产权关系又直接表现为按生产要素贡献分配。市场对资源配置的调节作用主要是通过价格机制来实现的。市场上生产要素的稀缺程度不同，生产要素在生产过程中的贡献大小不同，生产要素的价格就不一样。生产要素的所有者从自身利益出发，根据生产要素价格的大小把生产要素提供给特定的生产要素需求者，生产要素的需求者按利润最大化原则进行组合，实现其优化配置。生产要素的价格就是生产要素需求者使用生产要素付出的成本，也是生产要素所有者提供生产要素取得的报酬。因此以承认生产要素贡献大小不同、生产要素所有者按生产要素贡献的大小取得收入为前提，才能保证生产要素的合理流动和优化配置，从而保证市场调节作用的正常发挥和市场机制的有效运行。

最后，按劳分配与按要素分配相结合的分配制度，是各生产要素充分发挥作用的体现。在商品生产中，各种生产要素是商品生产不可缺少的条件，在现代经济发展中资本、科学技术、管理等过去不被重视的要素在现代的生产和经营中占据越来越重要的地位，它们参与了价值的形成和实现过程，并发挥了重要作用，按照商品经济等价交换的原则，这些生产要素也必须取得与其贡献相适应的报酬。如资本要素，从社会经济发展的实际情况看，资本在其中的地位和作用是突出的，尤其对发展中国家经济的发展来说更是如此。国外有学者曾对 1950~1965 年期间 22 个发展中国家经济增长有关资料作了分析，结果表明，资本对这些国家经济增长的贡献率为 55%。图 8-1 是我国改革开放以来经济增长率与固定资产投资增长率的波动图，从中可以看出我国的经济增长与固定资产投资之间存在着明显的相关性。这表明在我国现阶段经济增长过程中，资本形成仍是经济增长的引擎。在经济增长中人力资本是一个十分重要的因素，它越来越受到人们的重视。虽然我国人力资本对经济的贡献率还不高，但人力资本的贡献率却呈现了上升的趋势，将成为推动中国经济持续发展的潜在力量。国内有人研究发现，人力资本对我国经济增长的贡献越来越大，仅仅在 1990~2002 年的分析期内，人力资本的贡献率就上升了 4.9 个百分点。再比如技术要素，技术进步已经成为当今世界经济增长的重要驱动力。改革开放以来，科技进步对我国经济增长的贡献率明显提高，有人分析，我国科技进步对经济增长的贡献率已由 1978~1988 年的 25% 提高到 1988~2002 年的 33.18%，提高了 8.18 个百分点，其贡献率仅低于资本，而明显高于劳动投入对经济增长的贡献。

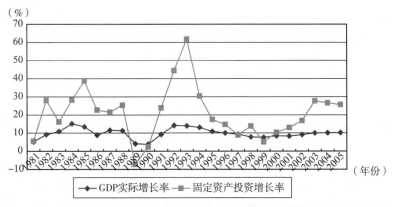

图 8-1　我国改革开放以来经济增长率与固定资产投资增长率的波动图

3. 按劳分配与按要素分配相结合的形式

在社会主义市场经济中实行按劳分配，必须借助市场机制的作用，吸收按要素分配的某些长处；按要素分配必然受到主体分配方式的影响，所以也应当吸收按劳分配的某些成分，也就是把二者结合起来。具体来说，可以通过以下几个方面把二者结合起来。

第一，按劳分配和按资分配的结合。在现阶段，个人拥有的生产要素主要是劳动力和资本，劳动力是劳动者天然就有的，资本是随着居民收入水平的不断提高而逐步积累起来的。因此，目前在分配上要按劳动力的使用量和资本的投入量来进行分配，也就是把按劳分配和按资分配结合起来。按照资本的来源，可以分为三类：公有资本收入、私有资本收入、劳动者把自己收入的一部分转化为投资，并据以获得利息、股息等资本收入，这三类资本收入和按劳分配相结合，构成现阶段我国的主要分配方式。按劳分配和按资分配结合，可以在股份制企业和股份合作制企业中得到实现。股份合作制企业可以通过以下途径进行收入分配，一是工资收入，主要考虑因素是本人在企业中的劳动质量和实际贡献，按劳取酬，多劳多得。二是资本收入，即企业盈利的分配是由资本投入来决定，按股份分配，从税后利润中取得。三是实行"劳资结合，二元股份"。有的股份合作制企业在股份设置方面设置了劳动股，把劳动股和资本股结合起来，参与收益分配。从分配的角度看，劳动股是企业内部按劳分配的再次实现。

第二，按劳分配和科学技术参与分配的结合。科学技术是第一生产力，是最活跃的要素。可以说生产力的各种要素中无不渗透着技术。生产力的各要素只有构成了"劳动力—生产资料—劳动对象"系统时并运动起来，才能真正实现生产的功能，而技术恰恰是把各要素结合起来的必要手段。劳动力的合理组织，劳动工具的恰当配置，劳动对象的选择以及三者之间的优化组合，都包含着许多技术问题，技术不仅影响生产力各要素的单项水平，而且影响着现实生产力整体水平的发展，因此，它和资本一样应取得生产要素收入。

第三，按劳分配和经营管理职能参与收益分配的结合。随着现代企业制度的产生、完善和发展，企业的经营管理者已形成一个独立存在的特殊群体。经营管理职能的自然属性，使经营管理活动带有生产力要素的属性。通过科学承认和合理地界定企业经营管理者和科学技术人才的特殊劳动价值，并使之合理合法地参与收益分配。对于经营者，目前可以通过实现年薪制来使经营管理职能参与收益分配。经营者的劳动与工人的劳动不同，企业的经营成果是以年度为单位的，实行年薪制，综合考察企业年度的经营成果，来科学合理地确定经营者的收入水平。

第四，按劳分配和按知分配的结合。随着生产力的不断发展，人类社会逐渐步入知识经济社会，为适应知识经济发展的要求，分配方式必将进行深刻的变革：在知识经济的运行中，将根据财富的增长来确立分配要素，知识在财富增长中的重要作用会使知识成为独立的分配要素；按知识要素进行分配是知识经济的内在要求；知识经济的发展将使知识劳动者真正成为先富起来的一部分人。按知分配是按劳分配的进一步发展，是按劳分配原则在知识经济时期的新的特征和时代内容。

8.1.2 坚持效率与公平协调统一的原则

党的"十五大"提出"坚持效率优先、兼顾公平"的原则，"十六大"提出"初次分配注重效率，发挥市场的作用，鼓励一部分人通过诚实劳动、合法经营先富起来。再分配注重公平，加强政府对收入分配的调节职能，调节差距过大的收入"，"十七大"进一步提出"初次分配和再分配都要处理好效率和公平的关系，再分配更加注重公平"。这一指导思想为我们在实践中更好地理顺分配关系，全面建设小康社会，提供了重要的政策依据。

1. 初次分配注重效率，同时要体现公平

初次分配是在各市场主体通过市场运行获得合法收入的过程中实现的。凡是多为社会提供有效劳动、有效产出的企业和个人就可以多得，反之则少得。这是市场优胜劣汰竞争机制的体现，也是市场经济的活力所在。社会主义市场经济必须保护这种机制，充分发挥市场机制对收入分配的调节作用。市场机制是现代经济运行过程中合理配置资源的一种有效机制。在市场经济中，市场运行的主体都是具有自身利益的经济主体。市场机制的作用正是通过影响经济活动主体的经济利益而实现的，也就是说，它是通过影响人们的经济利益来实现对资源的有效配置的。市场机制调节收入分配的重要作用在于：一方面，通过高效配置生产要素提高整个社会的经济效益，它能够使生产要素配置的效率最大化，最大限度地增加整个社会的收入分配量；另一方面，使高效配置生产要素的市场主体在提高经济效益的同时，能够获得最大的经济利益，实现最大化收入，并使由效率最大化造成的利益的最大差距，进一步激励市场经济活动主体更合理高效地配置资源。这两个方面都是在市场供求和竞争条件下通过价值规律的作用而实现的，二者的实现相辅相成。而且在市场经济条件下，市场主体的经济活动必然表现为一种市场行为，收入分配作为社会生产及其成果的交换，必然表现为受市场机制调节的经济效益的交换，作为生产要素效益的分配，只有在市场机制的作用下，才能在根本上得到实现。

初次分配的原则就是按生产资源的数量、质量及其对企业收益的贡献程度等比例分配，简单地说就是按效率分配，按贡献分配。初次分配注重效率具体体现在两个层次上：一个层次是市场与企业的关系。企业的投入产出是以市场为依据的，在公平的市场竞争面前，善于把握市场机遇并取得高效率的企业，就能得到较高的市场回报。企业间合法收入的差异是必然的，也是必要的。这种差异在提高微观经济运行质量的同时，也在宏观上促进了资源的优化配

置。另一个层次是在企业受市场制约的基础上形成的企业与个人的
关系。不但个人收入与企业收入挂钩，而且企业内部职工的收入分
配也将因其对企业的贡献而形成合理的收入差距。企业内部分配的
效率导向同样也是必要的，它在以利益机制激励个人以才智等要素
贡献于企业的同时，必然促进社会生产力的发展。

党的"十七大"首次提出，在初次收入分配中也要实现公平与
效率的统一。意在遏制近年收入分配状况恶化、贫富差距不断扩大
的趋势。改革开放初期，我国为打破计划经济下的平均主义"大锅
饭"，鼓励一部分人先富起来，强调"效率优先、兼顾公平"是必
要的。但在发展市场经济过程中过分追求效率忽视公平的结果导致
了收入差距不断扩大。初次分配领域如果再不重视公正问题将会增
大再分配的难度，从而形成严重的社会问题。初次分配体现公平，
意味着广大低收入者的收入增长将会提速，有利于缩小贫富差距。
因为低收入者往往只有自身的劳动力可以作为获取财富的来源，而
高收入者除了劳动力，还有资本。提高劳动报酬在初次分配中的比
重，将使那些只能凭劳动力赚取收入的低收入者，更多地分享到经
济发展的果实，老百姓不仅能从再分配中得到好处，在初次分配中
也能保证自己的权利，不用光等着政府救济。

2. 再分配和三次分配注重公平

如果说市场管收入的初次分配，主要考虑效率的因素，则政府
管收入的再次分配，再次分配的核心问题就是公平。再分配注重公
平主要表现在再分配环节不论是否通过市场，它都应反映政府公共
政策的作用。我国社会主义市场经济条件下的公共政策，其价值目
标应该是效率基础上的公平。实践证明，市场机制是一种有效的资
源配置方式，通过合理的市场竞争能够有效地解决效率问题。但是
市场不是万能的，市场机制对资源的配置也会产生其自身无法克服
的缺陷，即所谓的"市场失灵"，引起收入差距扩大就是其主要表
现之一。因此现代市场经济中的政府应该运用公共政策来影响和调

控再分配。如果对再分配不进行合理适度的调控，则必然会导致贫富悬殊。政府的再分配，主要依托两个手段：一个是税收，另一个是转移支付。（详见9.2）

三次分配讲社会责任，但其目的是为了实现公平。三次分配即先富起来的人在自愿的基础上，拿出自己的部分财富，通过慈善事业等方式，来帮助贫困地区和弱势群体，改善他们的医疗、文化、教育和生存条件。在一些国家，慈善事业等三次分配的总量大约占GDP的3%～5%，而我国现在只占GDP的0.1%。这说明我们需要大力提倡三次分配，大力提倡先富起来的人在自愿的基础上量力而行来支持弱势群体，使得我们能够实现共同富裕这样一个目标。慈善事业是在扶贫济贫基础上发展起来的，它已成为一种特殊的社会凝聚力，搭建了富裕阶层回报社会的平台。同时，慈善事业也是动员社会力量参与社会保障的重要载体，成为调节国民收入的"第三次分配"形式。在我国，慈善事业也取得了阶段性成果，1996～2001年间，民政部门组织的以"扶贫济困送温暖"为主题的社会捐助活动共接受捐款捐物折合116亿多元，解决了312亿人次灾民、贫困人群的生活困难。到了2005年，我国慈善事业进入政府全面推动阶段，开创了慈善事业新局面。但是，与我国弱势群体的数量对比来看，我国慈善事业真正起的作用仍然微不足道。我国的慈善捐赠水平较低，截至2005年，各级民政部门和慈善会接受社会捐赠资金61.9亿元，相当于当年GDP比重的0.05%，[①] 参与慈善事业的企业和个人尚不普遍，没有一套完整地对慈善资金的来源、运作等相关的制度设计。为此，首先，政府应正面引导，给予政策支持，为慈善事业提供发展平台。其次，应加强对该领域的法规制度建设，尽快研究并制定《慈善事业法》，从法制上统一规范慈善事业的性质、组织形式和具体的运作程序，并通过政府与社会

---

① 姜竹、芦奕：《论社会保障制度下社会慈善事业的发展》，载《经济研究导刊》，2007年第5期，第152页。

的监督确保慈善组织的运作符合法制规范。

　　总之，收入分配是一个资源配置过程，而衡量资源配置的两个标准是公平和效率。对于收入的第一次分配，完全靠市场规律行事，强调经济效益，优胜劣汰，可以最大限度地体现效率原则，实现资源的最大化价值，但这种最大化价值并不意味着社会整体福利的最优。根据福利经济学第一定理，第一次分配还存在着"帕累托"改进的空间，即以公平完成对效率的"帕累托"改进，于是政府再分配当仁不让成为实现"帕累托"改进、增进公平的重要途径。而作为第三次分配的慈善事业通过慈善机构组织募捐，将民间的人力、物力、财力等资源凝聚起来，重新组合分配到最需要的地方，完成在第一次、第二次分配基础上对"帕累托"的又一次改进，进一步增进了社会公平。

3. 坚持效率与公平的协调统一：提升效率，增进公平

　　尽管在不同的分配阶段，对效率与公平的侧重点不同，但整体来看，二者应是协调统一的关系。初次分配阶段注重效率时不能忽视公平，反之，再分配阶段解决公平时也应充分考虑效率问题。

　　首先，我国是一个有着长期小生产传统的国家，"不患寡而患不均"的平均主义思想根深蒂固，源远流长。但是，平均主义严重挫伤了广大群众的积极性，严重阻碍了生产力的发展。实现共同富裕是社会主义的本质要求，但共同富裕不是全体人民同步富裕，更不是靠平均主义能够实现的，它以生产力的巨大发展，社会财富的极大丰富为条件。片面强调公平，牺牲效率，就没有生产力的发展和社会财富的不断增长，就不可能为实现共同富裕不断创造物质基础。从促进生产力发展出发，不断提升效率，发挥市场的作用，承认收入分配方面应当和允许存在差别，促进效率的提高和生产力的发展，正是为实现共同富裕逐步创造条件。因此，提升效率，其实质就是更加注重发展生产力，使劳动者的劳动报酬与劳动贡献紧密结合起来，打破平均主义的分配方式，奖勤罚懒，激发人们的积极

性、创新精神和奋斗精神。

其次，目前在我国社会主义市场经济的建设过程中，出现了城乡差距、区域差距、行业差距，且贫富差距拉大，经济社会发展不协调等问题，虽然说原因是多方面的，但社会不公是一个极其重要的因素。众所周知，社会公平既是衡量社会全面进步的重要尺度，又是充分调动广大劳动者的积极性、主动性、创造性，整合社会各种力量的强大动力，同时还是共产党人坚持立党为公、执政为民的必然要求。因此，以共同富裕为目标的社会主义社会在收入分配上不应该差距过大，更不能搞两极分化，否则会出现严重后果。诺贝尔经济学奖获得者阿瑟·刘易斯认为："收入分配的变化是发展进程中最具有政治意义的方面，也是最容易诱发妒忌心理和社会动荡混乱的方面。"可见，收入差距会影响人们工作和生产的效率，甚至成为社会不安的根源。当然，关注贫富差距，增进社会公平，并不是要忽视效率，更不是要绝对平均。社会主义的社会公平是在承认合理社会差距基础上的公平。没有差异的公平是不存在的，构建社会主义和谐社会并非是要否定差异，而是在正视社会差异的基础上提出来的。差异社会的和谐状态是社会主义市场经济的内在要求。市场经济必然带来差异，而合理的差异又是社会进步与发展的强大动力。同时，市场经济要得以健康发展，又必须以公平为前提，否则就会跌入"拉美陷阱"。

8.2 深化收入分配制度改革的总体思路

8.2.1 深化收入分配制度改革的目标

我国是从计划经济体制转向市场经济体制的国家，在渐进式改革进程中，我们逐步打破平均主义的收入分配模式，使收入差距随着市场化改革的深入而逐渐加大。应当承认收入差距扩大是改革中政府在市场经济体制下依据效率优先原则，促进经济增长的必然结果。这种路径选择符合市场原则，对于加速我国经济的发展起了十分重要的推动作用。但是，收入差距扩大的趋势若得不到有效的控制而导致贫富悬殊，则会反过来影响改革的顺利进行和经济社会的发展，造成社会的不稳定。

国际上确定的反映个人收入差距的大致标准为：基尼系数在 0.2 以下表示绝对平均；0.2～0.3 表示比较平均；0.3～0.4 较为合理；0.4～0.5 差距较大；0.5 以上说明收入差距相当悬殊。据光明日报资料，从总体收入差距看，我国居民收入分配的基尼系数从 2000 年首次超过 0.4 的国际警戒线后逐年扩大，目前已接近 0.45。从城乡收入差距看，2006 年我国城镇居民人均可支配收入是农村居民人均纯收入的 3.28 倍，2003～2006 年我国城乡居民收入差距倍数连续四年超过 3.2 倍，处于历史高位。从行业收入差距看，2006 年各行业间最高最低工资相差倍数为 4.75 倍，较 2005 年略有缩小，但是依然处于较高水平。从地区收入差距看，2005 年城镇居民人均可支配收入东部地区为 12884 元，中部地区为 8690 元，西部地区 9633 元，东、中、西部地区收入差距倍数为 1.482：1：1.108（以中部地区为 1），与 2003 年的 1.479：1：1.129 相比继续扩大。农村居民人均纯收入东部地区为 5123 元，中部地区为 2815 元，西部地区为 2509 元，东、中、西部地区收入差距倍数为 2.04：1.12：1（以西部地区为 1），与 2003 年的 2.03：1.09：1 相比继续扩大。数据表明，不同地区居民之间的收入差距也在不断扩大。① 收入分配差距的扩大，将会使社会财富向少数高收入者集中，低收入者和中等收入者在国民收入中所占比重下降。高收入者购买能力最强，但受生理极限制约，其消费倾向却最低，其高收入无法转为消费；低收入者消费倾向最强，但购买能力最低；中等收入群体消

---

① 光明日报：《当前我国居民收入差距的基本情况怎样？》2007 年 9 月 23 日。

费倾向和购买能力均比较强。这些现象综合作用的结果,将使全社会消费倾向不断下降,并在一定条件下引发消费需求疲软,进而影响经济增长的可持续性,甚至是社会的稳定性。这就需要对经济发展和收入分配的不平衡问题实行有效的调控。对此,"十六大"报告明确指出,要"以共同富裕为目标,扩大中等收入者比重,提高低收入者收入水平","十七大"提出,要使"合理有序的收入分配格局基本形成,中等收入者占多数,绝对贫困现象基本消除"。这非常具有战略意义。

一段时期以来,我们在发展经济时遵循了"让少部分人先富起来,先富带动后富,最终达到共同富裕"的战略思路。在改革的前期,"让少部分人先富起来"是我们各项工作和政策的重点,但由此也形成了我国当前"金字塔"型的收入分配结构。一个以低收入人群占主导地位的金字塔型社会阶层结构是不公正的,在社会生活的各个层面都潜伏着巨大危险;仅从经济的角度说,这种结构对内需拉动力最弱,从而会造成一国经济增长和发展的乏力以及对其他经济体的依赖性。如今我国已步入中等收入国家行列,在收入分配差距越来越大的情况下,仍然妄谈"让少部分人先富起来"已经是不合时宜。今后,在收入分配问题上,应当把"共同富裕"作为工作的侧重点。从本届政府的施政方针和政策取向上,我们已经可以很明显地看到这一点。"十六大"和"十七大"报告明显强调了"共同富裕"的收入分配目标,要扩大中等收入者比重,实际上也就确定了一个高收入者和低收入者占少数、中等收入者占多数的"两头小、中间大"的收入分配结构将成为今后收入分配领域的目标。这种"橄榄"型或"纺锤"型的收入分配结构,意味着占人口绝大多数的中等收入人群占据社会生活的主导地位,这种社会阶层结构是相对公正和健康的,符合一般的价值原则,符合当前建设和谐社会的基本导向,其对于内需的拉动力也最强,可以为经济提供源源不断的增长和发展动力。

从全球视域来看,世界上许多的现代化发达国家都是这种"橄榄型"的结构,当然也正是这种结构铸就了许多国家今日的发达和辉煌。庞大的中产阶层具有较强的调节社会贫富分化的功能和较强的缓冲社会利益冲突的功能。首先,培养一个强大的中等收入群体,可以优化社会结构,使得社会收入群体的结构从"纺锤型"变为"橄榄型",中等收入群体成为经济和政治生活的主流,有利于我国社会的持续稳定和健康发展,这也是被世界上许多国家所证明过的历史经验。其次,一个稳定并且规模庞大的中等收入群体,是我国的消费结构得到真正提升的必要条件。目前,除了少数人可以高消费以外,我国居民的消费结构基本停留在较低的传统型消费结构上,这种消费结构水平的滞后严重制约着我国产业升级和结构调整。这些年来,产业结构调整出现困难,不能说没有收入分配不合理的因素。最后,中等收入群体拥有优质的人力资本和巨大的创造性,他们主要依靠知识和智力创造社会财富,是工业时代经济发展的重要引擎和社会活力的主要源泉。收入分配不合理,低收入群体过多,必然影响人民群众的生活质量,也会影响这一代和下一代人接受教育和培训的机会,不利于整个国家人力资本含量的提升。因此,"橄榄型"是相对公正、合理、开放的现代化社会阶层结构。判断一个国家的庞大中产阶层是否形成有五条标准,包括城市化率达到七成以上、"白领"社会劳动力应该大于或至少持平于"蓝领"、恩格尔系数平均降到 0.3 以下、基尼系数控制并保持在 0.25～0.3 之间、人均受教育年限为 12 年以上。而中国目前在这五个方面还有差距:城市化率为 36%;"白领"劳动力大大低于"蓝领";恩格尔系数平均在 0.45 左右;人均受教育年限仅为 7.5 年。因此,要加快城市化步伐、完善社会保障体系、利用税收政策调节社会财富结构,以促进"橄榄型"社会结构的尽快形成。

8.2.2 深化收入分配制度改革的总体思路

客观地说,由于社会中不同个体的能力是服从于正态分布的,因此在理想状况下，给定同等的初始条件，在一个公平的秩序中个体之间展开竞争，最后形成的收入分层必然也是正态分布的。但由于制度、政策以及历史等原因，不同个体的初始条件往往存在巨大差异，竞争过程也存在诸多的不平等，因此造成了收入分配差距的扩大；再加上收入分配中的"马太效应"，不平等往往成为不平等自身的根源，使收入分配差距的扩大成为一个自身累积的过程，若不加以控制，最终就有可能造成严重的两极分化，导致经济和社会发展的危机。

改革开放以来，随着经济发展、体制改革及政策等各种因素的共同作用，我国居民收入差距扩大，分配秩序比较混乱，收入分配领域的矛盾更加突出，越来越影响到经济发展和社会稳定。以胡锦涛同志为总书记的党中央十分重视收入分配问题，在 2005 年 5 月召开的中共中央政治局会议上指出，改革收入分配制度，规范收入分配秩序，构建科学合理、公平公正的社会收入分配体系，关系到最广大人民的根本利益。要积极推进收入分配制度改革，进一步理顺分配关系，完善分配制度，着力提高低收入者收入水平，扩大中等收入者比重，有效调节过高收入，取缔非法收入，努力缓解地区之间和部分社会成员收入分配差距扩大的趋势。党的十六届六中全会要求进一步完善收入分配制度，规范收入分配秩序。根据全会要求，"提低"的主要措施是：通过扩大就业、建立农民增收减负长效机制、健全最低工资制度、完善工资正常增长机制、逐步提高社会保障标准等举措，提高低收入者的收入水平。完善劳动、资本、技术、管理等生产要素按贡献参与分配制度。"扩中"的主要措施，包括健全国家统一的职务与级别相结合的公务员工资制度，规范地区津贴补贴标准，完善艰苦边远地区津贴制度。加快事业单位改革，实行符合事业单位特点的收入分配制度。加强企业工资分配调控和指导，发挥工资指导线、劳动力市场价位、行业人工成本信息对工资水平的引导作用。"调高"的主要措施，包括规范国有企业经营管理者收入，确定管理者与职工收入合理比例。加快垄断行业改革，调整国家和企业分配关系，完善并严格实行工资总额控制制度。建立健全国有资本经营预算制度，保障所有者权益。实行综合与分类相结合的个人所得税制度，加强征管和调节。2006 年底，财政部综合司司长王保安介绍，下一阶段工资改革重点为"限高、稳中、托低"，高收入人群的补贴将被削减。具体做法：第一是规范补贴，设定上、中等收入的政策范围，收入超过平均线的要削减；第二是"稳中"，即中间收入层次者的工资水平可以继续保持，也可以适当增加；第三就是"托低"，即要用 3 年时间提高低工资收入人群的收入，使其达到平均水平。此次工资制度改革，并不是简单地增加工资，而是重在规范。除此之外，在加大财政调节收入分配，促进社会公平稳定中，还将完善企业的收入分配制度以及加强对居民收入水平的调节。这显然与中央政治局会议和党的十六届六中全会的精神是一致的。

因此，无论是收入分配的"提低、扩中、调高"，还是工资改革的"限高、稳中、托低"，都是对目前收入差距过大、并且还在不断扩大的趋势进行的一种矫正行为。既符合科学发展观中经济和社会统筹发展的要求，也符合构建社会主义和谐社会中更加注重社会公平的要求。要进一步缩小收入差距，逐步形成"橄榄型"分配格局，有效解决社会分配不公的问题，就要不断深化收入分配制度改革。具体地说，政府应按照"提低"、"扩中"、"调高"的思路，经过长期的不懈的努力，逐渐把收入分配的"金字塔"变成一只"橄榄"。

所谓"提低"或"托低"，就是要对低收入者进行保护，适当地提高"低保阶层"和各类优抚对象的收入，以保证其基本的生存权和发展权。一般来说，低收入群体目前主要由两大块构成：一是以城镇企业下岗失业人员为主形成的低收入群体；二是由占农村人口绝大多数的贫困居民和低收入居民构成的低收入群体。由于城乡二元经济结构的制约，我国农民收入长期以来一直偏低，农民成为全国范围内相对最大的低收入群体。现在虽然取消了农业税，但农民增收还是很缓慢。另外，一些文化知识水平、综合素质特别低下、难以顺利就业的人员，部分遇到天灾人祸的人员与家庭，以及老弱病残也构成了贫困群体，成为低收入群体中更为弱势的群体。由以上几个方面构成的低收入群体在我国人口总量中占有不小的比重。在具体界定低收入群体时，要在坚持原则的同时，有一定的灵活性，避免一些符合原则但情况特殊的困难群体不被纳入扶持范围，要着重考虑因为企业改组改制、缺乏劳动技能和生活来源、资源枯竭城市工矿区和老工业基地的困难群体。目前，我国最低收入和中等偏下收入者的比例较大，占 64.15%。通过"保低"可以遏止低收入人群相对扩大的势头，遏止困难户和最低收入户人群相对收入水平下降的势头，间接达到扩大中等收入人群的目的。因此，必须想方设法提高低收入者的收入水平。

所谓"扩中"或"稳中"，就是要继续保持和适当增加中等收入阶层的工资水平，努力扩大中等收入者的比重，不断壮大中等收入群体，使中等收入群体占全社会成员的多数。中等收入阶层是指在一定时期内个人和家庭收入高于当地现有平均水平标准的城乡居民，也叫中产阶层，介于富裕阶层和低收入阶层之间。该群体既有较高的收入，又有一定的财产，而且一般接受过高等教育，综合素质较高，从事较好的职业，收入稳定。他们是构成不同社会发展阶段和不同社会制度下的最主要的消费群体，是一个健康社会的各种功能的主要承担者。一些专家认为，中等收入者主要由两部分人组成：一部分是所谓老社会中间阶层，包括中小私营企业主、个体工商户和富裕的自耕农；另一部分是所谓新社会中间层，主要包括大部分专业技术人员、经理人员、行政与管理人员、商业服务人员和技术工人等。目前我国能够归入中等收入阶层的专业技术人员、管理人员和私营企业主等人群的人数占总人口的比重约在 15% ~ 20%，不仅远远低于日本、韩国、新加坡的水平，与泰国、马来西亚等国家相比也存在较大差距。如果从收入绝对水平上看，把当前我国城镇居民收入分为低、中等偏下、中等、中等偏上、高收入五个等份，则各层次人群比重分别为 31.79%、32.36%、19.67%、8.95%、7.23%。这是一种金字塔型结构，表明中等偏下和以下层次收入群体比重很大，而中等收入者比重小。按照"橄榄型"最佳结构的要求，到 2020 年，我国应逐步将中等收入者由目前的 19.67% 扩大到 30%～40%，将最低收入和中等偏下收入者由目前的 64.15% 降低到 40% 左右，将中等偏上收入者由目前的 8.95% 提高到 15% 左右，大致形成 15∶25∶40∶12∶8 的不同收入群体分布的新格局。通过"稳中"，可以使中等收入者大大增加，能够较好地解决社会收入分配不公问题，能在保持效率的前提下，促进共同富裕，同时又为维护社会稳定大局奠定基础。

所谓"调高"或"限高"，就是要将那些垄断经营的高薪行业和"肥差"部门的畸高收入调减下来，缩小再分配后的收入差距。对过高收入进行调节，不是要"压高就低"，而是要取缔高收入群体的非法收入，尽力减少和消除高收入群体的不合理收入，加强对高收入群体的税收征缴，把该收的税收征缴上来。高收入群体主要是处在好的行业或从事特殊职业的那一部分人，如收入较高的私营业主、个体工商户、部分科研人员、企业经营者、外国高级雇员等。他们人数少，在我国总人口中只占 20% 左右，但他们却拥有全国 80% 的储蓄存款，其家庭人均年收入高达 30000 元以上，人均年消费支出在 20000 元以上。对高收入者的收入进行调节，主要是调节垄断性行业的过高收入。一些从传统体制中延续下来的各种各样的社会强势集团，凭借过去所取得的有利地位，依托公有制经济的强大力量和政府政策的保护，在转轨时期假借市场经济的原则，利用不平等的价格、垄断地位和政府背景，垄断市场，获得了巨大的超额利润，攫取了大量的财富，而这些财富又通过各种各样的方式和手段，最终全部或部分变成了这些具有垄断地位的单位、企业工作人员的个人收入。由于这些垄断行业工作人员的高额收入完全是在非常稀缺的资源背景下凭借极度的垄断地位获得的，因此其收入过高，这是我国目前收入分配不合理的一个突出表现。

"托低"、"稳中"、"限高"，三者的重要性并不等同。缩小收入分配差距，无非就是两点：一是调节过高收入，规范不合理的收入；二是增加低收入者的收入。因此，"托低"、"稳中"、"限高"，当前最重要的是托低和限高，其中托低又显得尤为关键。托低涉及占我国人口大多数的低收入阶层的利益，关系到社会的稳定和谐和全面小康的实现。通过托低，使大批低收入居民逐渐进入中等收入者的行列，是未来一段时期我国收入分配格局调整的最重要的工作。限高涉及的人数虽然较少，但对于促进社会公平和缓解社会矛盾却是至关重要的。限高并不追求而且也不一定会导致高收入阶层的人数减少，该项措施的目的主要是要减少以至消除高收入阶层的不合法、不合理的收入，同时加强对高收入者的收入调节力度。可以想见，托低和限高的工作做好了，稳扩的目的自然也就实现了。

缩小收入分配差距，真正做到"托低"、"稳中"和"限高"，是一项长期和艰苦的工作。前已述及（第5章），导致收入分配格局出现问题的原因是多方面的。相应的，矫正不合理的收入分配格局也需要多元化的措施。在短期，政府要致力于通过税收、转移支付、规范工资行为以及调整公共品的供给方向等以扭转收入分配继续扩大的趋势。在中期，政府应致力于健全社会保障体系，改变不合理的教育制度、医疗卫生制度、户籍制度、人事和用工制度等，着力打造公平的竞争环境；进一步强化具有间接收入分配功效的区域、产业、就业等倾斜化发展战略和政策，促使落后地区、弱势产业和弱势就业群体获得更多的收入增长机会。在长期，政府仍然需要致力于保持目前良好的经济增长势头，在进一步做大蛋糕的同时，坚定不移地推进市场化改革，规范市场主体行为，积极培育成熟完善的市场体系和市场秩序；继续加强法制建设，用法律的手段规范经济秩序和收入分配秩序；强化政治文明建设，逐渐培养弱势群体行使其政治权力的习惯，同时为他们提供充分的行使政治权利的渠道途径，以其政治权力保障其经济权益；强化精神文明建设，培养舆论基础，在公民中养成公正、公平的价值观和评判标准，继续发扬光大中华民族济贫扶困的优良传统。如此，经过较长期不懈的努力，一定能够形成一个健康良好的收入分配秩序，困扰已久的收入分配差距不断扩大的问题一定能够得到完善的解决，一个稳定健康的"橄榄型"收入分配格局也一定能够最终形成。

第9章 形成合理收入分配
新格局的对策

　　深化收入分配制度改革，形成合理的收入分配格局，是一项长期且艰苦的工作。在目前的形势下，遵循"保低、扩中、调高"的总体思路，就要继续坚定不移地推进市场化改革，规范市场主体行为，消除制度性障碍，积极培育成熟完善的市场体系和市场秩序。要充分发挥财税政策调节收入分配的职能，大力推进社会保障制度改革，同时在区域政策、产业政策、就业政策等方面要向有利于低收入者的方向倾斜。此外，还要积极推进政治文明、精神文明建设和法制建设，进一步健全法律法规，打击非法收入，用法制规范收入秩序。

9.1 继续深化市场化改革，促进初次分配的公平性

　　市场在现代经济中的功能，一为资源配置，二为收入分配。通过市场竞争机制形成的价格，在不同的利益主体之间进行着利益切分。但是目前，我国的市场化改革还不到位，表现为市场体系不完备不成熟，市场分隔严重，市场主体行为不规范，垄断现象突出，价格形成机制不合理，市场监管不力等等。当前，无论是产品市场还是要素市场，市场价格在很多情况下并非是通过公平的竞争而形成，买方卖方在价格信号的形成过程中其影响力严重地不对等，经

常出现一方主导定价损害另一方利益的现象。价格体系的扭曲，在市场的初次分配环节就削弱了公平公正性。因此，必须继续深化市场化改革，建立统一、完备、成熟、高效的现代市场体系。

9.1.1 进一步消除就业和人事用工的制度性障碍，建立高效统一的劳动市场

在现代社会中，反映人们社会地位差异的社会分层现象是人们在社会经济利益上的差别的制度化形式。这些差异和不平等是各个社会阶层之间沟通和协调的障碍，如果社会阶层界限凝固化，就会强化不同阶层的集团意识，处于社会底层的阶层在利益比较面前，就会产生并累积起不满能量，引起社会隔阂、摩擦甚至社会冲突。而化解阶层冲突的主要途径是社会流动。顺畅的社会流动有利于打破社会阶层之间的壁垒，使各个社会阶层的人员处于不断地更新变换之中，缓和社会地位差别造成的冲突，释放由社会不公平的能量形成的社会张力。一个社会的社会流动程度越高，就越能为社会成员提供更多的机会和希望，社会的阶层结构越具有弹性，社会集团性的冲突越不容易产生。一个统一、开放、有序、高效的劳动市场是社会流动的重要机制，劳动市场的统一性、开放性和流动性为低阶层社会成员向高阶层流动提供了重要保障。但在我国当前的经济和社会生活中，还存在许多阻碍这种开放性和流动性的制度性因素，其中最为典型的是城乡二元户籍制度，该制度的存在严重限制了社会流动，限制了城乡统一劳动市场的形成（近来一些省区逐渐推行城乡统一的户籍政策，但要完全消除旧有户籍制度的影响，还要假以时日）。建立高效统一的劳动市场，是建设和完善社会主义市场经济体制的必然要求，也是增强社会流动，缩小各种收入差距的基本前提。当前收入分配的各种差距，很多都与劳动市场的不健全有关。只有在统一高效的劳动市场的基础上，充分建立起依托市场的用人机制，才能做到能进能出，能上能下，才能做到劳动资源

的合理配置和流动，才能减少歧视和不公平的限制，城乡差距、行业或部门差距才有可能逐步得到缓解。

建立高效统一的劳动市场，要求政府积极地进行劳动市场的培育，逐渐拆除有碍于统一市场建设的各种制度性、行政性以及观念性障碍——其中包括废除城乡二元分割的户籍制度、建立城乡一体的社会保障体系等重大举措；强化相关立法，消除身份歧视、性别歧视、年龄歧视等各种歧视，真正实现机会均等，同工同酬；积极为劳动者建立健全的真正代表自身利益的工会和农民组织以提供政治和法律保障，切实保障普通劳动者的利益；积极发展和培育劳动市场中介组织，规范人才市场运作；积极参与就业培训，尤其要增强对弱势群体的就业组织和就业指导，提供充分及时的就业信息服务；同时还要逐步完善劳动法规和劳动监督，保证劳动仲裁的公正性和效率，确保健康的劳动关系。只有依托完备的劳动市场，逐步改变那种唯上、唯亲、唯关系、唯系统、唯身份的用人观念或制度，真正做到唯才是举，才有可能做到人尽其才，实现劳动资源的合理配置；才有可能真正做到公平，而且这种公平并不与效率相悖；才有可能逐步缩小各种收入差距，尤其是城乡之间、部门之间的差距。因此，作为一项基础性工作，应该充分意识到培育劳动市场的重要性和紧迫性，政府应该拿出一套系统的、行之有效的计划，加大市场培育的力度。

9.1.2　不断完善资本市场、科技市场、土地市场等的建设

建设完善成熟的资本市场，有利于更大程度地发挥资本市场优化资源配置的功能，将社会资金有效转化为长期投资；有利于国有经济的结构调整和战略性改组，加快非国有经济发展；有利于提高直接融资比例，完善金融市场结构，提高金融市场效率，维护金融安全。同时，资本市场也是人们获得资产性收入的重要渠道，而资

产性收入通常是中产阶层一个稳定的收入来源。应进一步规范资本市场秩序，防止它成为收入差距拉大的一个根源。建设完善成熟的科技市场，探索一切有利于技术要素发挥最大效能的分配方式，灵活运用工薪分配（如岗位技能工资、技术人员特殊津贴、一次性奖励、科技项目承包等形式）、分享分配（如技术入股、税后净利润提成、收益分享等形式）、市场分配（如技术成果转让、以人力资本的形式获取收入等形式）等多元化的收入分配方式。规范土地市场运作，建立健全土地市场规范运行的基本制度，消除土地市场上的各种寻租活动，进一步完善土地的市场配置机制，限定政府在土地市场中的权利、责任范围，建立透明公开的土地市场。尤其要避免侵害农民利益，探索有利于农民分享土地增值收益的市场运作模式。

9.1.3　打破垄断，建立公平竞争的市场机制

进一步规范市场秩序，建立公平竞争的市场机制，使非法、不符合市场规则的收入差距随市场经济的发育而逐渐消除。要加强市场管理，严格执法，加大打击力度，整治假冒伪劣，查处欺诈行为，保护消费者、经营者合法权益。在当前，困扰我国经济生活的十分突出的一个问题是反垄断问题。一些从传统体制中延续下来的各种各样的社会强势集团，凭借过去所取得的有利地位，依托公有制经济的强大力量和政府政策的保护，在转轨时期假借市场经济的原则，利用不平等的价格、垄断地位和政府背景，垄断市场，获得了巨大的超额利润，这些"利润"最终全部或部分变成了这些具有垄断地位的单位、企业工作人员的个人收入。这些垄断行业工作人员的收入畸高也是我国目前收入分配不合理的一个突出表现，因此无论是追求效率还是追求公平，都必须下大力气打破垄断，形成有效的公平竞争机制。

要打破垄断，建立公平竞争的市场机制：（1）要转变政府职

能，消除垄断的体制基础。要全面推进政务公开，强化对政务活动的各种监督，切断某些行业、企业与政府部门事实上存在的特殊内部联系，清理一些行业或企业所具有的不合理的行政职能，将其转交有关政府部门。（2）要用行政和法律的力量消除垄断，打破由于行业垄断所造成的过高收入。政府应以反垄断法为主要武器，逐步消除行业壁垒和垄断，降低某些行业的市场准入程度，鼓励资本在行业之间的合理流动和有序竞争，促进行业之间平均利润的形成；对于一些自然垄断行业（如供电、供水、供气、航空、铁路等），其价格的制定要实行听证会制度，成本公开审计，信息公开披露。（3）要引入市场竞争，消除行业垄断。对非自然垄断行业，要尽快清除各种市场准入堡垒，允许各种所有制企业公平地进入、退出和开展竞争。对自然垄断行业要最大限度地引入竞争，将不具有自然垄断特点的经营活动分离出来，鼓励劳动力的竞争与自由流动。（4）要加大税收征缴力度，防止偷税漏税，鼓励个税申报，采取重点征收。对垄断性行业实行高于一般行业的税率，使其获得的超额利润收归国有。（5）要强化物价、财税、金融等手段，对垄断的高定价进行监督调节。一是清理不合理的垄断价格及收费标准，规范合理价格，促使不同行业之间逐步形成均衡利润水平。二是理顺国家与行业、企业的分配关系，建立科学的效益评价体系，切实剔除国家投资、垄断经营、特许经营和特殊政策带来的超额利润，将垄断行业获取的超额垄断利润收归国家。三要实行高收入行业工资增长控制线，使其工资增长率低于全国平均工资增长率，以有效控制其收入增长速度。四要改革和完善垄断行业的收入分配制度，将工资以外的收入逐步纳入工资总额，使职工收入工资化、工资货币化。

9.2 充分发挥财税政策调节收入分配职能

在整个分配体系中，政府的作用至关重要，只有发挥政府的作用，才能形成合理的分配格局。政府在收入分配上的功能主要是通过税收和财政支出这两个途径来实现的。税收的主要对象是高收入群体，财政支出中转移支付的主要对象是低收入群体。政府通过这两个手段进行的收入再分配，发挥的是缩小收入差距的功能，通俗地说，就是通过税收把富人的一部分收入拿过来，然后通过转移支付补贴给一部分穷人，起的是"抽肥补瘦"的作用。另外，财政支出中的工资性支出对于社会收入分配格局也有直接的和重要的影响。

9.2.1 充分发挥税收政策调节收入分配职能

国际经验表明，单一的个人所得税无法有效地发挥对个人收入的调节作用。世界大多数国家和地区为了加强税收对个人收入的调节，基本建立了以个人所得税为主体，辅之以消费税、遗产赠与税、社会保障税、有形财产税和不动产税的税收调节体系，以充分发挥不同税种相互协调配合的整体调节功能作用。而目前我国的个人所得税调节收入分配职能失控，消费税不完善，财产税不健全，社会保障税缺位，严重影响了税收调节收入分配职能的发挥。

充分发挥税收政策调节收入分配的职能应采取以下措施。

第一，改革个人所得税。目前，我国在城镇居民个人收入的税收调节方面，主要实行个人所得税制度，且起征点较低，把很多较低收入水平的居民也纳入了个人所得税的征收范围，这样固然扩大了国家和地方政府的财政基础，但是由于目前规定的最高边际税率是45%，使高收入居民即使在按章纳税之后，仍能有较多的财产剩余，因此，对他们收入水平的实际影响并不大。而对低收入居民来说，尽管税负水平并不高，但因其总收入水平较低，所以导致税收负担对其实际收入的影响要远远超过对高收入居民的影响。这样一来，个人所得税不仅不能起到调节收入差距的作用，有时反而起了逆向调节的作用。随着经济的发展，政府应及时提高个人所得税起征点，降低中低收入群体税收负担，从而相对提高低收入者的收入水平。对高收入者实行累进税率，收入越高缴纳的税越多，使其实际收入减少，相应的增加财政收入。

第二，完善消费税。我国现行的消费税自 1994 年开征以来，征税范围一直没有调整，致使消费税调节作用错位，即本应得到调节的没有调节，而不需要调节的却进行了调节。另外，现行消费税只对 11 种特殊消费品征税而没有对特殊的消费行为征税，致使某些已属奢侈消费的行为没有得到应有的调节。完善消费税，即要使消费税在调节个人收入分配方面发挥应有的作用，目前关键在于调整消费税征税范围，建议取消对汽车轮胎、酒精等生产资料征收消费税，护肤护发品等日常消费品也不应列入消费税征税范围。同时，将一些高档消费品纳入消费税征税范围，如高档音响设备、高档家具、高档摄像器材等。另外，对保龄球、高尔夫球、桑拿等特殊消费行为也应征收消费税。

第三，健全财产税。我国现行的财产税主要有房产税、城市房地产税、车船使用税、车船使用牌照税等。这些税种改革滞后，内外不统一，且弹性较差，调节功能较弱。财产税不健全还表现在遗产赠与税缺位、证券交易税错位。随着社会主义市场经济的不断发展，私人财产得到进一步累积，拥有巨额财富的高收入阶层越来越多，而我国目前仍未开征遗产赠与税，削弱了税收对高收入阶层的调节。健全财产税，首先应统一现行内外有别的财产税，并应扩大征税范围，改变计税依据，调整税率。此外，应尽早开征证券交易税和遗产赠与税。根据我国税收征收管理的实际情况，借鉴世界各国的做法，我国目前宜选择总遗产税制模式，对遗产采取先税后分的方式。纳税人为继承人或遗产管理人，采用超额累进税率，并应规定免征额。

第四，开征社会保障税。社会保障税是调节收入公平分配的工具之一，也是政府财政转移支付的重要资金来源。国际上已建立社会保障制度的国家，有 60% 采用征收社会保障税的方法筹集社会保障基金，并大都收到比较理想的效果。而目前我国仍未开征社会保障税，社会保障基金主要通过社会统筹和个人缴费来筹集，缺乏法制性、规范性且约束力差，在实际操作中存在征收难度大、筹集成本高、欠缴现象普遍等问题，不利于保障最低收入者的生存需要。开征社会保障税可以保障低收入阶层的基本生活权利，防止贫困问题加剧，实现社会公平。我国应借鉴国际做法，尽早开征社会保障税。在具体操作时，应与原来的社会保障收费制度相衔接，确保社会保障体系独立于企事业单位之外。征税范围应扩大到全社会，目前可暂设立养老、医疗、失业三个税目，税率应统一确定。社会保障税应由税务机关统一征收，所收税款应列入财政专项预算，统一入库，专款专用，并由统一的基金组织予以保值增值。

第五，实施个税申报制度。我国已出台《个税自行申报办法》，所有年收入超过 12 万元的个人，都要到税务部门自行办理申报。通过实施个税申报制度，一定程度上对高收入群体进行调节。除部分行业人群高收入来源于工资外，很多高收入是来源于工资以外的其他收入。而过去对工资外收入的监控力度较弱。此次个人所得税自行申报办法的出台，一方面可以通过税收调节一部分高收入群体的收入水平，同时也有利于确定个人所得税征管的重点人群和重点行业，为今后加强个人所得税的征收奠定基础。

9.2.2　强化政府转移支付

政府的转移支付是指综合利用财政、价格、利率分配工具，调节区域、城乡、阶层、群体间的分配差距，在制度层面上做出法律安排，以约束各层次主体的分配行为。包括地区之间的转移支付、城乡之间的转移支付和不同居民之间的转移支付等。

地区之间的转移支付，是指由发达地区向落后地区的转移支付。在促进劳动力合理流动的条件下，进一步支持西部大开发、中部崛起和东北老工业基地的振兴。依靠中央政府对这些地区实施"倾斜"政策，提高中央对中西部地区的财政收入返还比例，拨专款修建中西部地区的基础设施；启动"一帮一"工程，即一个东部省市帮助一个中西部省区，一个东部县镇帮助一个中西部县镇，一个东部企业义务帮助一个中西部企业。

城乡之间的转移支付，是指在城乡之间向农村居民倾斜。政府应增加对农村和农民的财政转移支付，保障农民利益。首先，应增加对农民的直接财政补贴。我国现行的农村财政仍是通过增加投入来增加供给，而没有采取直接针对增加农民收入的政策。政府应增加对农民特别是低收入农业生产者的直接财政补贴，包括生产资料购买补贴、农业结构调整补贴、新技术应用补贴、农业保险和灾害补贴等。其次，应逐步把农民纳入社会福利和社会保障制度范畴，尽快建立农村社会保险体系，加大对农村义务教育的投资，解决城乡居民在享用国家义务教育上的差别待遇。再其次，政府在制定涉及居民利益的各项改革方案时应充分兼顾农民利益。最后，政府应加大资金投入，增加农村公共品提供，提高农村公共服务水平，今后文、卫、教方面的支出增量应重点投向农村。

不同居民之间的转移支付，是指由高收入阶层向低收入阶层的转移支付。政府在阶层之间转移支付的作用，主要是对高收入阶层征收个人所得税、遗产赠予税、存款利息税等税种的同时，根据经济发展水平和道德习俗标准确定贫困线，对贫困线以下的居民可以通过实行负征税来提高其生活水平。税收对个人收入的调控重点是对高收入者进行调节，它主要表现在对以个人所得税为主体，遗产赠予税、个人财产税、存款利息税、特别消费税等为补充的个人收入税收调节体系的运用上。并对个人所得税实行超额累进税率，缓解社会财富分配的过分集中，提高中低收入者的收入比重。目前来看，为切实减缓收入差距拉大的现象，有必要加大这类转移支付的力度。

9.2.3　继续推行工资改革

事业单位、公务员工资改革，对收入分配全局有着重大影响。要继续推进事业单位和公务员工资、福利改革，提高收入分配的透明度。目前，不同事业单位之间人员收入水平参差不齐，差距很大。事业单位人员工资是行政认定的，而不是通过市场形成的，事业单位将其经营或创收收入，或部分或全部用于收入分配，是造成不同事业单位苦乐不均的主要原因。从理论上讲，事业单位无论转制或改制为营利性机构，还是改组为非营利机构，其工资分配都应同市场接轨。工资收入的高低，不应当取决于所供职的单位，而应取决于所从事的职业。至于事业单位将其经营或创收收入用作收入分配，这是由目前事业单位工资收入确定的非市场方式造成的。根据国际经验，非营利机构也会有盈利，但盈利部分既不能用作投资分红，更不能用于收入分配。非营利机构在同所聘人员的契约中，对工资收入规定得很清楚，无论其是否盈利，都不会再同工资收入发生任何关系，该给多少就给多少。公务员是中等收入者的重要组成部分，是整个社会收入分配体系中的重要参照系，也是社会关心的腐败问题滋生的地方。长期以来，不同地区和部门的公务员工资水平相差较大，一些部门利用手中的权力谋取不当收益，或者是乱收费乱罚款，或者是贪污受贿，严重扰乱了收入分配秩序。

2006 年 7 月 1 日，我国公务员开始实行新的工资制度。这是我国自新中国成立以来经历的第四次大的工资制度改革（前三次分别发生在 1956 年、1985 年和 1993 年）。2006 年是《中华人民共和国公务员法》正式实施的第一年，此次的公务员工资制度改革正是按照《公务员法》的要求，适应我国市场经济体制的发展，立足中国国情，为建立科学和规范的公务员工资制度而制定的一项重要决策。此次工资改革的背景不同于以往，首先是在我国经济持续快速健康发展、城乡居民收入较大幅度地增长、人民生活总体上达到小康水平后进行的。这一时期收入分配领域的主要矛盾除了分配机制外，更主要的是体制和制度性的问题，此次工资改革主要是深化收入分配制度改革，规范收入分配秩序。第二，与以往更加突出提高效率相比，此次工资改革的特点是更加注重社会公平，增加收入分配领域的社会和谐。第三，此次工资改革更多地着力于收入再分配环节，随着国家财力的增强，加大了财政调节收入分配的力度。

此次工资制度改革，通过建立国家统一的职务与级别相结合的公务员工资制度，一方面逐步缩小地区间和部门间的收入差距，另一方面，通过适当拉开不同职务、不同级别之间的工资差距，增强工资和级别的激励作用，可以鼓励公务员勤政廉政，同时有利于规范秩序，形成严明有序的工资分配秩序，为今后继续深化改革、完善整体收入分配机制奠定了基础。从国际经验来看，在美国、日本、英国、法国、德国、加拿大和新加坡等主要市场经济国家以及我国的香港和澳门地区，同级公务员的工资和福利标准基本上是统一的。而我国的实际情况却是，随着 1993 年工资制度改革的进行，不同地区和同一地区的不同政府部门之间出现了工资水平的较大差异。导致这种局面产生的一个原因在于，1993 年工资制度改革时国家就规定，建立地区附加津贴制度，使不同地区机关工作人员工资的提高与经济发展联系起来，允许省、自治区、直辖市运用地方财力安排工资性支出。但是，由于多种原因，这一制度一直未能实施。近年来，各地区、各部门在国家统一规定之外纷纷自行出台津贴补贴政策，出现了分配秩序混乱的现象。在有的地区和单位，地方和单位自行发放的津贴补贴超过基本工资（而根据国际一般情况，公务员的工资收入一般占总薪酬收入的 70% ~ 80%，津贴约占20% ~ 30%）。由于各地区以及各部门的资源状况不同，津贴补贴发放称谓不同、数量不同，造成在不同地区之间、不同部门之间的收入差距不断加大。除了地区之间有差异之外，不同部门之间的公务员工资水平也出现了差异。同样是国家公务员，在承担的职责大体相同的情况下，工资水平却存在大的差异，不仅严重违反了薪酬管理的内部公平性（或内部一致性）原则，而且造成了不同地区尤其是不同政府部门之间的工资攀比，一些单位想方设法筹集经费，用于发放内部补贴，在社会上造成了不好的影响，为腐败提供了土壤，损害了公务员队伍和政府的形象。而此次工资制度改革的一个重要目的就在于清理规范各种津贴和补贴，合理确定津贴补贴项目和标准，坚决遏制津贴补贴发放混乱的现象，严格规范工资分配秩序，做到基本统一同一地区不同单位的公务员收入水平，使地区之间公务员收入差距控制在一个合理的范围内。所以，此次的工资制度改革重在规范秩序和建立健康、可持续的工资增长机制，即建立国家统一的职务与级别相结合的公务员工资制度，和建立地区附加津贴制度，完善艰苦边远地区津贴制度，形成正常增长的公务员工资调整机制，建立调控有力的公务员工资管理体制。但就当前来看，如何参照市场坐标科学合理地确定事业单位和公务员工资标准，仍是一个亟待解决的问题。

9.3 大力推进社会保障制度改革

社会保障制度，是国家为了保持经济发展和社会稳定，以立法形式对国民收入进行再分配，对公民在年老、疾病、伤残、失业、工伤、生育以及遭受意外灾害的情况下，由政府和社会依法给予物质帮助，从而保证其基本的生存权利的制度。社会保障本质上就是对人的基本生存权的一种救济与保障，体现了对最基本人权——生存权的尊重和保护，是社会稳定的"安全网"、经济运行的"调节器"。一般而言，现代社会保障主要包括社会保险、社会救助和社会福利。社会保险是指政府充当组织者，以立法的方式强制实施，以居民作为保险对象，给予居民以基本生活保障的制度。社会保险基金一般仍由雇主或企业、个人缴付、政府提供补助。政府一般以征收社会保险税（费）的方式集中社会保险基金。社会保险税

（费）遵循横向公平原则，而社会保险金的发放则以保险事件的发生为原则。社会救助是通过对完全无收入来源或收入不足以满足生存之需的居民提供援助而发挥作用的。居民在获得政府救助下，收入水平得以提高，有利于居民的生存保障。社会福利是指政府为保障居民的基本生活需要或提高居民的物质生活水平而向居民提供的福利性的经济支持的社会保障制度。

现代社会保障作为国家实施的重要社会政策，是调节收入分配的重要手段。在西方国家，政府一方面以累进的方式向高收入阶层征税，充实社会保险基金，另一方面以累进的方式向贫困者提供资助，收入越少的人得到的越多。这种调节有助于缩小贫富差距。如1982 年英国收入最高的 20% 的家庭与收入最低的 20% 的家庭纳税前的最初收入比为 120∶1，经过纳税和各种社会保障补贴的调节后，其最终收入比变为 4∶1。[①] 社会保障制度通过国家直接干预社会的再分配过程，在社会资源配置过程中起到一种"劫富济贫"的效果，缓解了社会矛盾，促进了社会公平，有效预防了西方国家周期性社会震荡和政治危机的发生。近年来，我国社会保障体系建设取得重要进展，明确了完善社会保障制度的基本原则、总体目标和主要任务，确立了社会统筹与个人账户相结合的基本养老保险和基本医疗保险制度，涵盖养老、医疗、失业、工伤和生育保险，以及城市居民最低生活保障制度的社会保障体系框架基本形成。社会保险覆盖范围不断扩大，多渠道筹集社会保障资金的机制初步形成，保障水平不断提高，管理服务体系逐步健全，初步形成了国家、企业和个人共同负担的多层次的社会保障新格局。但从整体来看，与社会主义市场经济的发展程度相比，还显得相对滞后，还不能完全适应和满足客观形势发展的要求。我们应在科学发展观的指导下，在总结我国社会保障法制建设的经验，借鉴西方国家先进理念的基础上，大力推进社会保障制度改革，构造资金来源多元化、保障方

---

① 吴鹏森：《现代社会保障概论》，上海人民出版社 2004 年版。

式多层次、保障制度规范化、管理服务社会化的有中国特色的社会保障制度。

9.3.1 完善社会保障法律体系

目前，我国社会保障立法滞后，体系不健全，主要表现在：（1）社会保障基本法缺位。我国目前尚无一部全国性、综合性的社会保障基本法，有关社会保障的制度被分散规定在不同的法律规范文件中。社会保险制度作为社会保障的核心，是法制保障法律体系中的一个重要组成部分，但我国的《社会保险法》至今仍未出台，其余组成部分如社会救济、社会福利和优抚安置，也处于立法的空白地带。已往零散颁布的地方性法规及其他规范性文件相互之间缺少必要的衔接，不能形成配套的法律体系，造成实践中的许多问题无法可依。（2）社会保障立法层次低，法律实施机制较为薄弱。由于缺乏全国性的法律规定，社会保障立法层次较低，社会保障法律中责任追究和制裁办法力度不够，社会保险费强制征缴缺乏可操作性，造成实际工作中社会保险费征缴困难（尤其是养老、失业保险费），企业拖欠现象极为严重；征缴力度不够，无法确保社会保障措施的有效实施，也无法通过司法的途径来保障其履行，社会保险的强制性难以发挥。（3）政出多门，社会保障立法缺乏权威性和稳定性。目前中央有关部门和许多省市出台的社会保障方面的法规标准不一，适用范围不尽一致，甚至相互冲突矛盾，形成"政出多门"的状况，使一些本来已有的地方社会保障立法也陷入"有法难依"的困境。加之我国现行各部门法中缺少相应的制度加以配合，各个地方性的规定极为散乱、彼此之间不协调，民法、刑法、劳动法中缺少相应的规定，导致社会保障立法缺乏权威性和稳定性。

完善社会保障法律体系，着重应做好以下几个方面。

（1）明确立法权限，提升立法层次。为了突出法的权威性，增强立法的横向公平，必须强化全国人大的社会保障法律立法权，维护法律的统一性和权威性。在现有的社会保障法律体系的基础上，建议全国人大常委会尽快制定适应我国社会市场经济条件的《中华人民共和国社会保障法》，提高社会保障制度的立法层次，增强约束力，为完善社会保障体系，实现老有所养、病有所医、弱有所助，为解除人民群众的后顾之忧提供更有力的法律保障。

（2）建立健全社会保障法律体系。为了平衡立法和保证社会保障法律体系的全面发展，采用"多法并行"模式，即社会保障立法可就社会保障的五个方面的基本内容的社会保险（包括养老保险、医疗保险、失业保险、生育保险、工伤保险等）、社会救济（包括低于城市最低生活保障线的城市居民救济、灾民救济、农村五保户救济及特殊群众救济等）、社会福利（包括医疗保健设施、文体教育设施、社区服务、城市居民福利津贴等）、社会优抚（包括军人、特殊群众的伤残抚恤、死亡抚恤、军人退伍安置等）、社会互助及社会保障监督等制定单行法，逐步建立和完善具有中国特色的社会保障法律体系。

（3）解决社会保障法律和其他法律之间的承接问题。解决好社会保障的立法问题，不仅需要制定相关领域的专门法，还要解决其他法律部门的协调问题。如建立税法、物权法、合同法、侵权法与其之间的配套法律制度，加快劳动和社会保障的立法步伐，确保我国社会保障法在一个内容较为完备，运行机制较为完善的框架中运行。

（4）建立社会保障争议处理机制。目前我国社会保障争议案件数量急剧上升，有些案件已经超出了传统的劳动争议的简单范畴，有些案件既不属于行政案件又不属于民事案件，带有强烈的社会性色彩，这就要求由专门的审判机构以适用专门的程序法律来处理这些争议。

9.3.2　扩大社会保障覆盖范围

社会保障覆盖面的大小，集中反映一国社会保障总体状况，是社会保障的核心问题。建立社会保障最根本的出发点是实现保障的统筹，互助共济。社会保障的涵盖面越大，抗御风险的能力就越强，保险的作用发挥得就越充分。目前我国社会保障立法滞后，地方立法分散，统一的社会保障制度被分割，由此导致社会保障的覆盖面小，保障程度差。其主要表现是目前被纳入立法保障体系的只是社会成员的一部分，限于国家行政事业单位、国有企业和部分集体企业，不能满足更多的社会成员对社会保障的需要。许多劳动者包括乡镇企业职工、城市农民劳务工、外派劳务工等的社会保险没有被完全纳入社会保险体系中去。

农村社会保障是我国社会保障体系中最薄弱的环节，我国农业人口比重相当高，而占总人口80%以上的农村人口长期游离在社会保障体系之外，社会保障处于空白状态。如果不解决这一部分人的社会保障问题，社会保障制度改革完善的成效很难评判。特别是近年来农民收入的提高和部分农村城市化进程的加快，农民的保障要求提高，农民工的社会保险问题成为一个新课题。而目前这种保障水平低、范围小，难以保障农民工的利益。社会保障实施范围的有限性，带来的后果是劳动力盲目流动，社会保障的能力弱化，甚至会造成和激化社会矛盾，不利于市场经济多层次竞争主体的培育。

（1）扩大社会保险覆盖面，逐步建立覆盖城乡所有劳动者的社会保障体系。要完善城镇职工基本养老和基本医疗、失业、工伤、生育保险制度，扩大社会保障范围，把符合条件的城镇人员逐步纳入社会保障保险范围，合理确定标准和方式，使之逐步覆盖城乡所有劳动者，提高参保率。这一点对养老保险尤其重要。目前，由于养老保险统筹账户收不抵支，引发的个人账户"空账"运行将危及养老保险制度改革"统账结合"的基础。且随着人口老龄化程度的加重，养老保险基金的收支形势将越来越严峻。因此应尽可能多地将非公有制企业职工队伍纳入社会统筹范围，形成经济发展和社会保障相互促进的良好局面。在扩大覆盖面的同时，还需要提高保险的统筹层次，以提高养老保险的保障能力和调剂能力，在全社会真正建立起一个"社会安全网"。

（2）把弱势群体作为社会保障的一个重要方面。目前，我国既是经济的黄金发展期，又是社会矛盾的多发期。公众的民主法制意识增强，对社会公平与公正的要求更加强烈，维护劳动者合法权益和保持社会和谐稳定对政府工作提出了新的挑战。为了保证经济发展的优良环境和维护社会稳定，保证社会的公平公正，各级政府在制定社会保险制度时，应把老人、残疾人、孤寡人员和其他低收入者作为关注和照顾重点，在政策上给予特别的倾斜，同时为这部分人提供一系列免费服务。一是为弱势群体提供基本生活保障。如就医、住房、子女就学等。二是积极为具备工作能力的失业者创造就业条件，实现自立。如提供免费的就业指导和技能培训，优先介绍工作。

（3）逐步完善农村社会保障法律制度。鉴于我国农村地域的广阔性及地区差异，在制度安排上，应当将农村社会保障纳入国家社会保障制度改革的整体框架中，建立城乡统筹、分类多元的社会保障体系。我国可逐步地、有选择地、低起点地推进农村社会保障，探索符合农村经济和社会特点的社会保障制度，逐步建立农村社会救助体系，合理发展农村社会保险，积极推进农村教育、医疗和养老保障制度建设。从富裕的、接近城市的农村开始，逐步建立起农村自助性社会组织，改革和完善农村医疗保障制度，进一步推进农村养老保险计划，以确保老年人基本生活为目的，实行低标准起步的社会养老保险与家庭养老相结合的社会保障制度，并给予其政策等方面的优惠以提高农民参与社会保障的积极性。

（4）建立低保障、多样化的社会保障模式。根据我国人口众多、年龄结构老化、人均国内生产总值较低、未来社会保障负担沉重的现实情况，再考虑到国家层面上的社会保障资源严重不足，在扩大社会保障覆盖范围的时候，支付起点应相对低一些，社会保障制度的受益者从整体上享受低层次的社会保障水平。同时，应建立多样化的社会保障模式，满足对社会保障的多元化需要。多样化的社会保障模式可由多功能的社会救助体系和包括国家强制的最低水平的社会保险、由缴费决定或自愿购买的补充保险在内的多层次的社会保险体系构成。

9.3.3　扩大筹资渠道，实现社会保障基金来源多元化

近年来，由于企业追逐利润，拖欠保险金的事件时有发生，社会保障机制又缺少必要的强制手段等原因，社会保障基金的收缴难度加大，社会保障资金缺口较大，影响社会保障工作的正常运转。同时社会保障缺乏统一的管理，特别是缺乏有效的管理和监督制约，造成各地政策实施的不统一、管理机构重叠和财力浪费；偏重于对社会保障基金的监管，缺乏对整个制度实施全过程的监管；监管手段比较单一，导致社会保障基金的循环和运转在某种程度上处于无序状态，频频被挪作他用，造成社会保障基金的流失，滋生社会腐败。对此，应采取以下措施加以解决：

（1）加强社会保障资金的管理，规范监督制约机制。建立由政府部门、用人单位、职工代表和专家组成的社会保障监督委员会，加强对社会保障资金的管理，严禁截留挤占、挪用社会保障资金。同时加强对社会保障的行政监督和社会监督，明确相关机构的职能定位与合理分工，强化对社会保障政策执行情况和各级社会保障基金的全过程监管，严格依法运作，确保公开、透明、安全和高效，使监督制约机制规范化和制度化。

（2）开辟新的筹资渠道，建立稳定可靠的资金筹措机制。如采取开征社会保障税、扩大彩票发行规模、通过资本市场变现部分国有资产存量、通过招标委托有资信的专业性金融机构具体经营保险基金等途径，开拓新的投资领域，扩大基金来源，提高基金运营效

率和投资收益率，增加社会基金征缴工作的规范性、安全性、固定性。通过逐步探索其他有效的筹资渠道，使基金运行步入良性循环，以确保社会保障事业发展的需要。

（3）完善社会保障基金投资监控制度。建立社会保障财政预算制度，对社会保障基金的运行进行有效地宏观调控，保证中央财政在各省社会保障基金入不敷出时增强调节力度。同时完善社会保险基金投资市场准入制度、投资制度、信托制度、风险准备金制度及收益监管制度，从而将社会保险基金运行中的风险降低到合理程度；另一方面，应保证公共服务组织机构的工作运转经费。避免应由政府承担的社会公共需求的支出，因财力紧张而不能给予充分保障，使政府的部分职能不能到位。

（4）加快社会保障管理信息系统建设。在充分利用现有资源的基础上，建立覆盖全国的社会保障管理与服务网络，采用信息技术手段，实行现代化管理，把社会保障对象的基本情况以及各类资金的缴纳、记录、核算、支付、查询服务等纳入系统管理，形成一个功能齐全、覆盖面广、规范透明的社会保障信息网络，保证信息的准确与完整。在做到方便保障对象的同时，又能进行有效地管理和监督。

9.4 强化对落后地区、弱势产业和弱势就业群体的支持政策

前面提及的转移支付和社会保障措施无疑是"保低"的不可或缺的重要手段，但仅有这些措施显然不能从根本上解决问题。要消除贫困，建立低收入群体收入水平稳定增长的长效机制，增强"保低"和"扩中"的内在动力，除了前述转移支付和社会保障措施外，还应进一步强化对落后地区、弱势产业和弱势就业群体的支持政策，建立支持其长期健康发展的内在动力机制。

9.4.1　实施"西部大开发"战略，缩小地区收入差距

对于西部落后地区，国家应继续实施"西部大开发"战略。国家和地方政府要切实采取措施，着力发展地方经济，提高这些地区居民的收入水平。国家应在加大对西部地区的转移支付的基础上，大力发展西部地区的交通运输业和通讯网络等基础设施的建设，改善西部的投资环境，鼓励外地投资者到这些地方投资，努力将东部的资金、技术、人才引入到这些地区，通过各种形式增强这些地区的经济实力，加快经济发展，以经济发展带动居民收入的增长，缩小与东部发达地区居民收入的差距。另外还须认识到，由于中西部地区的许多地方作为东部地区的原料和能源基地，东部地区的发展造成的生态破坏的成本很多是由中西部地区承担的；中西部地区的很多地方还是重要的生态功能区，许多大江大河的发源地和上中游位于这些地区，使这些地区为了生态全局放弃了可能的发展机会。我们可以把这些看作中西部对东部地区的逆向隐性"补贴"。基于此，必须尽快完善生态补偿机制，由东部地区向中西部地区支付生态补偿费用。这样做一方面符合公平的目标；另一方面也可以使中西部地区获得足够的资金用于环境保护和地方经济的发展，有利于地区收入差距的缩小。

9.4.2　关注农村和农业问题，缩小城乡收入差距

第一，改革户籍制度。我国长期实行的户籍制度，限制了农村居民向城市转移，使得农村沉淀了大量的剩余劳动力，从而限制了农村生产率的提高。要改变这种局面，必须改革现行城乡分割的户籍制度，允许人员的自由流动，政府对不同地区的人员采取统一的政策，不能实行歧视性的制度，这样一方面可以促进人员的自由流

动，实现资源的优化配置；另一方面可以促进和谐社会的形成。中央近几年给农民工的保护就是为了打破城乡格局所做的努力。农民工进城务工，一方面可以增加农民的收入，提高生活水平；另一方面又可以给城镇人们的生活提供便利，促进城市的发展，最重要的是解决了农民的就业问题，为新农村的建设提供了良好的基础。

第二，加强对农业和农村经济结构的战略性调整。农业和农村经济结构战略性调整主要指农业内部的农、林、牧、副、渔的调整和农村内部一、二、三产业的调整。就具体措施而言：（1）国家应积极引导工商企业（包括外资）进入农业，让农户作为第一车间，分享农产品加工转化链条上的利润，形成以龙头企业带动千家万户的农业产业化。（2）通过调整农村的产业政策，鼓励建立农产品的深加工项目，改变农村单一输出农产品的状况，使资源得以充分利用，同时增加更多的就业机会。（3）完善农业社会化服务体系，建立灵敏而全面的农业信息网络，加快农业科技创新和推广体制的改革，政府要承担起对农民的培训责任。（4）积极扶持农村经济合作组织，充分发挥各种农业协会等的作用，在农户和企业之间架起"风险共担、利益共享"的桥梁，为农业的产业化、标准化、规模化奠定基础。（5）为乡镇企业的发展提供资金、税收政策等"国民待遇"，引导乡镇企业与城市企业在分工上形成优势互补。

第三，加大财政对农村的支持力度。将过去的农村支持城市、农业支持工业逐步转变为城市反哺农村、工业反哺农业。公共财政的"阳光"应该逐步照耀到农村。尽管我国还不很富裕，农村要全部享受公共财政一时还做不到，但要逐步加大这方面的财政投入。（1）为保证农民得到切实的利益，要推进粮食流通体制改革，完善农产品市场体系，把通过流通环节的间接补贴改为对农民的直接补贴，进行直补试点。（2）加大资金投入，提高农村公共服务水平，今后文、卫、教方面的支出增量重点投向农村。（3）中央、地方各级政府应该设立农村、农业发展专项基金，加大对农业的投资。

9.4.3　提高弱势就业群体的整体素质，缩小高低收入者的差距

对于弱势就业群体，主要是农业劳动者和城镇下岗失业人员，要加大教育投入力度，强化对他们的职业技能培训，提高劳动力整体素质，增强人力资本积累，使其适应不断提速的城市化的要求，以及不断扩张的高科技行业、新兴产业对高素质劳动力的要求；同时还要提供充分和高质量的就业服务，降低就业成本。据有关研究，随着城市化步伐的不断加快，我国剩余劳动力逐渐被快速发展的城市二、三产业所吸纳，劳动力供给已经逐渐接近刘易斯拐点，这对于增加弱势群体的收入水平无疑是个好消息。但劳动力市场供求数量的变化虽然能够提高低收入者的收入，但这种提高不可能是显著和持久的，从根本上说，提高弱势群体的收入水平最终还是要求助于由教育和劳动者自身素质的提高所导致的生产效率的提高。据对我国的研究表明，人力资本存量增长引起生产率增长自 20 世纪 70 年代以来约占整个生产率增长的 2/3，其余 1/3 是由资本质量提高和资源配置改善等因素的结果。单就农业劳动者来讲，美国著名经济学家舒尔茨认为，在发展中国家的农村广泛存在的贫困，在很大程度上是人力资本投入不足，要改善穷人福利的决定性因素不在于空间、能源和耕地，关键在于人的质量的改进。另据美国经济学家格曾·詹森（D. Gale. Johson）分析，中国农民在校时间每增加一年，其收入就可增长 316% ~ 515%。如果第一产业从业人员受教育水平达到城市的水平，城乡劳动力的收入差距可缩小 15% ~ 20%。因此，人力资本投资在消除贫困中具有积极作用，为此，我们必须尽快改善不合理的教育投资体制，一是要进一步加大基础教育投入力度，普及九年义务教育，并逐步扩大高、中阶段教育，使未来劳动力的整体素质不断提高，增加中高级素质劳动者人数，使他们能凭借自己的知识、技能获得较高的收入，成为中等收入群体的中坚力量。二是要强化对农民、农民工、城镇下岗失业人员以及

低收入城镇在岗人员的职业技能培训，有计划、有步骤地实施"国家高技能人才培训工程"。这样一方面可以提高他们的就业能力，增加他们的收入，逐步减少低收入群体比重和人数。另一方面，他们中头脑灵活，本身有一技之长的人，通过实施"国家高技能人才培训工程"，可将他们培训成高中级技术工人，这一方面会增加我国目前急需的技术工人队伍；另一方面也会使他们的收入大幅增加，跨入中等收入阶层行列。从这个意义上说，"国家高技能人才培训工程"的实施，就是向他们发放进入中等收入阶层的"通行证"，如果措施得力，接受高技能人才培训的人员将是中等收入阶层的一大来源。

9.5　健全法律法规，规范收入秩序

9.5.1　健全法律法规，保护一切合法的劳动收入和非劳动收入

党的"十六大"报告提出："一切合法的劳动收入和合法的非劳动收入，都应该得到保护。"这是我们党首次明确提出这一政策，是从我国现阶段基本经济制度、分配制度和生产力发展要求等方面的实际出发做出的科学决策。

随着我国以公有制为主体、多种所有制经济共同发展，以及劳动、资本、技术和管理等生产要素按贡献参与分配原则的确立，人们的收入来源日趋多元化，除了劳动收入之外，非劳动收入越来越多。特别是在社会变革中出现的民营科技企业的创业人员和技术人员，受聘于外资企业的管理技术人员、个体户、私营企业主、中介组织的从业人员、自由职业人员等社会阶层，在为繁荣经济与文化事业，发展社会主义社会生产力作出贡献的过程中，他们中的许多

人成为社会上先富裕起来的一批人。让一部分人先富裕起来，带动和推动实现全体人员共同富裕，是社会主义的本质要求和社会主义的根本目的。无论是劳动收入还是非劳动收入，包括凭借资本所有权获得的利润收入，不论多少，只要是符合现行各种法律、法规，都应该依法保护。

目前，我国保护合法劳动收入的制度不完善，这主要表现在三个方面：首先，劳动歧视现象普遍存在。所谓劳动力歧视是指因和工人的劳动效率无关的因素而降低工人的工资报酬及其他待遇，如户籍、身份、性别等不同的人在就业岗位的获得和工资水平的确定方面存在很大差别，出现同工不同酬的情况。其次，工资制度不完善。一是工资标准制度不完善，对工资标准的确定缺乏明确的要求；二是工资支付制度不完善，职工工资的支付缺乏制度保障；三是合同期试用制度不完善，合同期的工资标准缺乏制度保障；四是利润分享制度不完善，职工分享企业利润缺乏制度保障。最后，对合法劳动收入的法律保护乏力。有些地方和部门不能正确认识维护劳动者合法劳动收入与发展经济的关系，甚至把牺牲劳动者合法劳动收入作为招商引资的优惠条件。还有一些地方对劳动保障执法设置障碍，规定不得到"重点保护企业"执法，劳动保障行政处罚必须经过"优化办"、"软环境办"批准等。另外，劳动者对被拖欠劳动工资的追讨缺乏强有力的司法制度的支持。许多地方仅能对投诉举报的案件进行查处，没有建立有效的防范机制；对已经查处的案件惩处力度不够，达不到震慑侵害合法劳动收入行为的目的。劳动争议不能得到及时解决，直接影响了对劳动者合法劳动收入的保护。

因此，必须加强保护合法劳动收入的制度建设。在坚持基本分配制度的同时，制定有针对性的、可操作性的、具体的制度和措施是当前保护合法劳动收入的当务之急。其一，完善法规建设，规范劳动力市场秩序。建立健全《劳动法》、《工会法》、《劳动合同法》、《劳动保障法》、《劳动仲裁法》、《工资法》或《最低工资法》等相关法律，消除劳动歧视，保障同工同酬，保障低收入阶层的基本利益。其二，完善工资制度。一是完善工资标准制度，合理确定和提高工资水平。规范工资管理，切实改变同工不同酬的状况。严格执行最低工资制度，合理确定并适时调整最低工资标准，制定相关岗位劳动定额的行业参考标准。农民工和其他职工要实行同工同酬。国务院有关部门要加强对地方制定、调整和执行最低工资标准的指导监督。二是完善工资支付制度，建立工资支付保障制度。严格规范用人单位工资支付行为，确保工资按时足额发放给本人，做到工资发放月清月结或按劳动合同约定执行。建立工资支付监控制度和工资保证金制度，从根本上解决拖欠、克扣工资问题。劳动保障部门要重点监控农民工集中的用人单位工资发放情况，加大对拖欠农民工工资用人单位的处罚力度。此外，还应健全和完善合同期工资标准制度和职工分享企业利润制度等。其三，加强对合法劳动收入的法律保护。在宪法层面明确对个人劳动收入关注的同时，不断完善相关配套的法律法规，对其他有关合法劳动收入的法律进行修订或补充，维护劳动者获取合法劳动收入的正当权益，并通过监督机构依法惩处侵害劳动者合法劳动收入的不法行为。

保护合法的非劳动收入，是落实按劳分配与按要素分配相结合原则的一个重要内容。目前，在居民家庭收入中，不少人既有劳动收入也有非劳动收入，一些富裕家庭投资收入、利息收入、租赁收入所占的比重还比较大。只要这种非劳动收入是合法的，就应该加以保护，这既符合社会主义初级阶段的性质和特点，也鼓励了民间投资。社会主义初级阶段实行以公有制为主体、多种经济成分共同发展。我们要毫不动摇地坚持和发展公有制经济，也要毫不动摇地鼓励、支持和引导非公有制经济发展。无论公有制或非公有制，都是社会主义市场经济重要组成部分。由个人投资的个体、私营等非公有制经济，在国民经济中已占相当大的比重，在吸纳就业人口、提供商品和服务、上交国家税收、推动经济发展等方面，发挥了重要作用，已经成为社会经济中一支十分重要的力量。个体、私营经济的投资人，不仅通过自己的知识、技术、管理获得劳动收入，而且取得了一定的非劳动收入。保护其合法的非劳动收入，就是保护其投资积极性和经营积极性，继续发挥其在国民经济中的积极作用。

保护合法非劳动收入，先得甄别非劳动收入和非法收入。一般说来，非劳动收入指的是公民凭借资产所获得的收入和通过各种渠道所获得的转移性收入；对于合法的非劳动收入，都应该进行保护。非法收入包括通过权钱交易、贪污受贿、偷税漏税、走私贩私、制假售假等非法手段获得的收入，对这样的非法收入要予以打击、取缔。其次要明确非劳动收入合法有效的途径。如国家关于科技成果转化的法律及其相关法规政策，就明确规定科技成果可以折合成技术股，获得相应的股份分红收入，或者按科技成果收入的一定比例提成，提取的这部分收入直接支付给科技人员。从法制建设的角度来说，要有效地保护合法的非劳动收入，一是宪法层面要明确，要让个人财产和公有财产享有同样的保护，以母法和基本法来确认个人财产神圣不可侵犯。二是相关配套的法律制度要跟上，如物权法、民商法以及其他有关私权的法律都要进行相应的修订或补充。三是在操作细节层面要填补大量空白。对于个人财产和公有财产、有形资产和无形资产、劳动收入和非劳动收入、合法收入与非法收入，到目前为止我国都尚未有明确的法律界定，而这种现状持续下去，势必影响国民经济健康快速的发展。除此之外，政府在个人投资、知识创新、科技成果转让运用、财产租赁或出售等方面，应制定较为宽松的政策，并提供便利的服务，从而充分发挥个人资源对经济发展的积极作用，以此提高公民个人对市场的参与度。

9.5.2　健全法律法规，打击非法收入

我国当前调节收入分配的首要目标就是尽快纠正分配不公，取缔非法收入。对一部分政府官员来讲，非法收入的一个来源是贪污

腐败。以权谋私、贪污受贿、设租寻租，把公共资源商品化、私有化的现象大量滋生，一些权力部门不给钱不办事，给了钱乱办事。一些社会成员通过偷税漏税、制假贩假、敲诈勒索、贪污受贿等非法手段攫取财富，进一步加剧了收入分配矛盾。其中，社会反映最为突出的是各种权钱交易、以权谋私等腐败行为。虽然腐败等非法收入问题在严格意义上不属于收入分配范畴，但通过非法收入确实造就了一批暴富者，并从许多方面直接或间接地影响着社会收入分配过程，同时也对社会心理产生了极大的负面影响，因此必须予以高度关注。另外，非法收入的另一个来源即灰色收入，对社会收入分配秩序的破坏也是巨大的。从特征上看，灰色收入之所以能够产生，是与政府官员的公共权力运用者的独特身份相联系的，究其实质仍然是滥用公共权力的收益，因而显然也是非法收入。由于这种行为的产生和存在是与现行体制、制度缺陷联系在一起的，现行制度和政策对此无能为力，因此这种行为对整个社会收入分配制度的破坏也就更加严重。

　　非正当劳动收入是非法收入的另外一种重要形式。目前我国对非正当劳动收入的法律规范不健全，这主要表现在：首先，禁止牟取非法劳动收入的法律约束乏力。一是打击非法劳动收入的法律法规不健全，缺乏针对性、覆盖性和连续性。二是打击牟取非法劳动收入的执法不严。某些已经制定出来的法律法规，由于缺乏有权威的程序规定和监督，致使其效力受到很大限制。政府对花样繁多的违法劳动收入处罚手段软弱乏力，一旦查处，经常是以罚代法。地方保护主义和官商勾结又使造假、仿冒、违规生产等违法行为有恃无恐。这种相对较轻的或不当的处罚以及蓄意保护很难遏制获取非法劳动收入的势头。其次，抑制灰色劳动收入的法律约束乏力。一是明确界定灰色劳动收入的法律法规不健全。由于我国社会主义市场经济体制还不完善，约束各种市场交易行为的法规尚不健全，有的法律法规严重滞后，缺乏超前性，使得一些利益主体的获利行为无法可依、无规可循，其收入的性质也就难以界定；有些已出台的法律和政策法规定性内容较多，而定量的尺度太少，执行起来难度较大；有些法规缺乏统一性和规范性，一种获利行为在某项政策上被禁止而在另外的政策上又被允许，或在甲地被禁止而在乙地又被允许。二是抑制灰色劳动收入的监督机制尚未形成，对牟取灰色劳动收入的行为缺乏有效的监督。这些都为"灰色劳动收入"的乘虚而入开了方便之门。因此，健全限制非正当劳动收入的法律法规势在必行。

健全法律法规，打击非法收入，要做到以下三点：

第一，加强立法工作。加快限制非法劳动收入的立法工作，杜绝政策漏洞和法律死角，使投机钻营者无机可乘。要尽快制定劳动合同法、劳动争议处理法等相关法律。修改劳动法，增加对欠薪逃匿等严重违法行为追究刑事责任的条款，降低劳动者对劳动剩余所有权的追索成本。要加大对牟取非法劳动收入的处罚力度，违法必究，在取缔各种非法收入的同时，还要对违法行为加以重罚。

第二，划清各种劳动收入的法律界限。要取缔非法劳动收入，保护合法劳动收入，必须对各种劳动收入特别是对形形色色的灰色劳动收入进行明确的法律界定，使合理的、应该合法的劳动收入合法起来，使不合理的、应该受到法律限制的劳动收入变成非法。因此，首先要明确收入主体在取得收入行为发生之前，是否具备法定的权利资格。如律师、医生等职业必须具有资格证书和执业许可证，军人不能搞"三产"创收等。凡未能取得这种权利资格的，其获得的相关收入就是非法的。其次要明确收入主体取得收入的过程是否履行了法定或约定的义务。只有通过合法经营和诚实劳动获得的收入才是合法的，否则即为非法收入。第三要明确获取收入的社会后果是否合法。如工厂制造"假冒伪劣"产品，雇主和员工明知其为违法侵权行为而依然"诚实劳动"，则这种劳动行为就有了社会危害性，其收入也为非法。构成收入合法性的三要件都是重要的，缺少任何一个都会使收入具有非法性。所以，只有从法律方面明确劳动收入是否非法，才能最大限度地缩小灰色劳动收入存在的空间，从而抑制相关灰色劳动收入的滋生蔓延。

　　第三，依法惩治腐败。当前，由经济违法及腐败造成的贫富悬殊性质恶劣，已引起人们的不满，对此进行依法治理已刻不容缓。对侵吞公有财产、偷逃漏税、行贿受贿、权钱交易等取得的收入必须坚决依法惩处。要通过立法规定公务员个人财产申报制度，增强公务人员办事过程的公开性、透明性和程序性，完善权力的制约机制，完善税法，加强征管，逐步消除非法收入形成的条件与环境。对乱定价、乱提价、乱涨价等现象严加治理。

第 10 章　山东省收入分配 问题实证研究

近几年，山东省经济实现了高起点开局并保持了持续快速增长、协调发展的良好态势，经济社会建设取得了新的突出成就，城镇居民生活质量全面提高，人均可支配收入突破万元，人均消费性支出创新高，恩格尔系数下降，农村居民生活也得到了很大的改善。但在居民收入快速增长的同时，其收入差距在多个层面上均有不同程度的扩大，特别是城乡之间、行业之间以及地区之间居民收入差距迅速扩大尤其引人注目，居民收入已经出现了两极分化现象，这一问题将关系到国民经济的持续稳定发展和整个社会的稳定。

10.1　山东省居民收入现状

10.1.1　山东省居民收入总体状况

2006 年，全省城镇居民人均可支配收入为 12192 元，比上年增长 13.5%。城镇居民人均消费性支出为 8468 元，增长 13.6%，其中食品支出 2712 元，增长 7.9%。城镇居民恩格尔系数为 32.0%，下降 1.7 个百分点。全省城镇居民人均现有住房建筑面积 29.3 平方米。城镇在岗职工年平均工资 18856 元，增长 13.5%。农村居民人均纯收入 4368 元，比上年增长 11.1%。人均生活消费支出 3144

元，增长 14.9%。其中，食品支出 1191 元，增长 9.5%；用于文教娱乐方面的支出 409 元，增长 8.4%。农村居民恩格尔系数为37.9%，降低 1.9 个百分点。农村居民人均住房面积 30.7 平方米。城、乡居民收入分别连续五年和三年保持两位数增长。2007 年一季度山东城镇居民人均可支配收入为 3677 元，同比增长 12.7%；农民人均现金收入 1531 元，比上年同期增加 191.7 元，增加 14.3%，继续延续了前两年较快的增长势头。这表明山东省经济发展确确实实给人民群众带来了实惠，人民群众切切实实享受到了发展的成果。

从《中国统计年鉴》的统计资料来看，自 2000~2003 年，山东省城镇居民人均可支配收入在全国排第 9 位，2004、2005 年有所上升，排在上海、北京、浙江、广东、天津、福建和江苏之后，列第8 位，除 2002、2003 年之外，均略高于全国平均水平。自 2000~2006 年，农村居民人均纯收入在全国排第 8 位，排在上海、北京、浙江、天津、江苏、广东和福建之后，均略高于全国平均水平。2000~2006 年，山东省城镇居民人均可支配收入和农村居民人均纯收入增长情况见图 10-1、10-2。

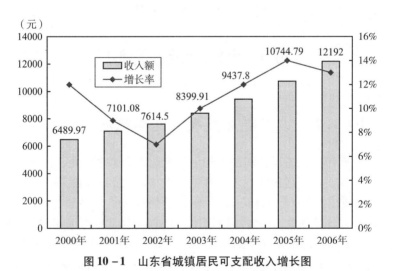

图 10-1　山东省城镇居民可支配收入增长图

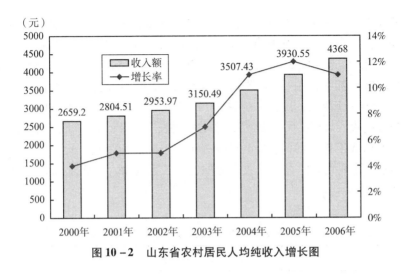

图 10-2　山东省农村居民人均纯收入增长图

10.1.2　山东省居民收入的情况和特点

近年来，山东经济增长迅速，经济总量 2005 年就已经超越江苏居全国第二位。但由于人口数量庞大等因素，山东省的人均财政收入、人均收入水平等相对较低。下面是对山东省居民收入的情况和特点进行的分析。

1. 政府、企业、居民收入分配比重分析

我国的国民经济核算体系把常住机构单位划分为非金融企业部门、金融机构部门、政府部门和住户部门。在这里，我们将非金融企业部门、金融机构部门合并称为企业部门。从社会初次分配收入角度，2006 年山东省住户部门的初次分配总收入为 11010 亿元，占全社会初次分配总收入比重的 49.8%；其次是企业部门，其初次分配总收入为 7581 亿元，所占比重为 34.3%；第三是政府部门，其初次分配总收入为 3509 亿元，所占比重为 15.9%。2001～2006年，住户部门占全社会初次分配总收入比重分别为 57.8%、

57.6%、56.6%、52.4%、51.8%和49.8%,虽然总量规模不断增加,但所占比重持续下降。从可支配收入角度,2006年山东省可支配总收入为22478.49亿元,与2000年相比,年均现价增长17.7%。其中,企业部门收入规模扩大4.31倍,平均年增长27.58%;政府部门收入规模扩大2.32倍,平均年增长15.2%;住户部门收入规模扩大2.21倍,平均年增长14.1%。住户部门的增长速度远低于企业部门,6年间所占比例下降了10个百分点。国家、企业、个人之间的可支配收入分配比例关系为18.5:33.0:48.5。具体见表10-1。

表10-1 2000年与2006年山东省可支配收入的比较

项目		省内合计	企业部门	政府部门	住户部门
总量（亿元）	2006年	22478.49	7402.75	4163.40	10912.34
	2000年	8434.97	1716.97	1785.42	4932.58
比例%	2006年	100.0	33.0	18.5	48.5
	2000年	100.0	20.3	21.2	58.5

2. 财政收入占GDP的比重分析

自从我国1994年实行新的税制和分税制的财政体制以来,山东省的财政收入一直呈现良好的增长态势,2006年山东省的财政收入达到了1356亿元,比2005年的1073亿元增长了26%,超过了同比GDP的增长率19%。在改革开放以后至2001年,财政收入占GDP的比重增长迅速,总量也增加很快,2001~2004年,财政收入占GDP的比重有所下降,2005、2006年开始比重逐渐增长。具体见图10-3。

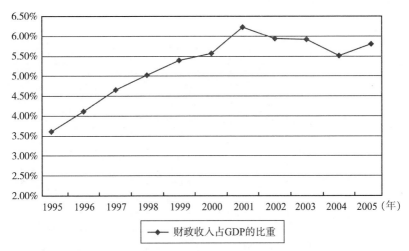

图 10 - 3　山东省财政收入占 GDP 的比重变化趋势

3. 山东省居民可支配收入东中西部比较

改革开放之后，山东省各地区居民的收入都有了较大幅度的增长，但东部地区居民收入增长最快，中部地区次之，西部地区最慢。到 2006 年底，山东省城镇居民家庭每人全年可支配收入达到 12192 元；但是我们必须看到收入较高的东部地区的人均可支配收入为 14925 元，是中部地区人均可支配收入 11710 元的 1.27 倍，是收入较低的西部地区人均可支配收入 10661 元的 1.4 倍，山东省东中西部区域间人均可支配收入差距明显，而且在区域之间收入差距扩大的同时，区域内部的收入差距也在扩大，而且落后地区的收入差距要大于发达地区的收入差距。具体见表 10 - 2。

表 10 - 2　　　　山东省居民可支配收入东中西部比较　　　　单位：元

年　份		2005	2004	2003	2002	2001	2000
全　省		10744.79	9437.80	8399.91	7614.5	7101.08	6489.97
东部	济南市	13578.46	12004.99	11012.86	10094.13	9564.88	8471.32

续表

年　份		2005	2004	2003	2002	2001	2000
	青岛市	12919.84	11088.81	10073.88	8720.82	8730.52	8016.37
	烟台市	12452.42	10802.57	9785.42	8868.52	8261.1	7317.61
	威海市	12454.86	11112.11	10194.28	9390.28	8736.29	8047.73
	东营市	14939.28	12934.68	10198.68	9143.89	8846.98	8596.68
	淄博市	12031.82	9959.93	8716.39	7855.62	7275.36	6842.55
	平均	13062.78	11317.18	9996.92	9012.21	8569.19	7882.04
中部	潍坊市	10317.81	9297.21	8316.86	7538.02	7303.36	6307.48
	济宁市	10739.39	9502.21	8309.84	7285.38	6296.17	5732.7
	泰安市	10336.50	8883.42	7749.6	7369.2	7114.54	6322.66
	日照市	9809.29	9083.19	7862.68	7423.47	6995.99	6501.77
	莱芜市	10786.05	10131.74	8468.19	7424.69	7176.07	6532.29
	平均	10397.81	9379.55	8141.43	7408.15	6977.23	6279.38
西部	枣庄市	9880.93	8472.82	7418.39	6480.47	5956.18	5266.25
	临沂市	10828.84	9309.21	8568.27	8043.15	7325.38	6420.29
	德州市	9056.37	8048.72	7019.3	6394.41	5756.85	5113.52
	滨州市	10286.05	9008.59	8093.4	7372.75	6901.11	6302.15
	菏泽市	7341.67	6733.71	5901.31	5571.83	5425.33	5192.06
	平均	9478.77	8314.61	7400.13	6772.52	6272.97	5658.85

注：由于《山东省统计年鉴》没有聊城市资料，故未纳入计算。

4. 城镇居民人均可支配收入状况分析

2006 年城镇居民人均可支配收入为 12192 万元，收入结构基本合理。具体见表 10-3。

（1）工薪收入仍是构成居民可支配收入的主要部分，但所占份额下降。调查资料显示，2006 年山东城镇居民人均工薪收入为 10442 元，比上年增长 15.68%，其占可支配收入的比重为 85.65%，比上年增长了 1.65 个百分点。其中人均工资及补贴收入为 10272 元，增长 16.03%，居民从事第二职业等所获得的其他劳动收入人均为 170 元，下降 2.15%。工薪收入虽仍是构成城镇居民可支配收入的主要部分，但城镇居民就业观念的转变正在转变，就业渠道也在拓宽。居民收入日趋多元化，将逐步改变工薪收入在城镇居民家庭收入构成中独占鳌头的局面。

表 10 - 3　　　　　城镇居民人均可支配收入结构表　　　　　单位：元

类　别	2004 年	2005 年	增长率
家庭总收入	10187.12	11607.82	13.95%
可支配收入	9437.80	10744.79	13.85%
（一）工薪收入	8327.11	9026.55	8.40%
1. 工资及补贴收入	8188.67	8852.80	8.11%
2. 其他劳动收入	138.44	173.75	25.51%
（二）经营净收入	299.94	492.12	64.07%
（三）财产性收入	116.84	151.86	29.97%
1. 利息收入	23.81	19.92	−16.34%
2. 股息与红利收入	54.72	77.05	40.81%
3. 保险收益	3.00	3.81	27.00%
4. 其他投资收入	6.34	5.69	−10.25%
5. 出租房屋收入	25.54	43.19	69.11%
6. 知识产权收入	0.10		−100.00%
7. 其他财产性收入	3.33	2.20	−33.93%
（四）转移性收入	1443.23	1937.29	34.23%
1. 养老金或离退休金	1060.13	1524.48	43.80%
2. 社会救济收入	9.88	10.14	2.63%
3. 辞退金	13.14	10.83	−17.58%
4. 赔偿收入	4.25	1.25	−70.59%
5. 保险收入	7.07	11.38	60.96%
其中：失业保险金	4.53	7.73	70.64%
6. 赡养收入	42.75	69.61	62.83%
7. 捐赠收入	217.38	215.20	−1.00%
8. 亲友搭伙费	3.35	4.86	45.07%
9. 提取住房公积金	28.62	36.22	26.55%
10. 记账补贴	31.95	32.34	1.22%
11. 其他转移性收入	24.71	20.98	−15.10%

（2）经营净收入高速增长。2006 年山东经济三个亮点突出，民营经济蓬勃发展，拓宽了居民就业渠道，增加了居民收入来源，带动居民经营净收入高速增长。全年城镇居民人均经营净收入为558.18 元，同比增长 13.42%。

（3）财产性收入渠道拓宽。随着市场经济的深入发展，参与收入分配的要素增多，靠利息支撑财产性收入的时代已经结束。2006 年山东城镇居民人均财产性收入 220.66 元，比上年增长 45.3%。其中利息收入为 37.62 元；人均股息与红利收入 100.43 元，同比增长 30.34%。随着拥有两套及以上住房家庭的增多，出租房屋收入已成为居民财产性收入的重要来源之一，人均出租房屋收入为57.98 元，比上年增长 34.24%。财产性收入在城镇居民家庭可支配收入中占第四位，但增长幅度最高。

（4）转移性收入增长缓慢。转移性收入是城镇居民家庭收入来源的第二大渠道，2006 年人均获得 2001 元，同比增长 3.34%，占可支配收入的 16.42%。增长缓慢的主要原因是辞退金、亲友搭伙费等下降较多。

5. 农村居民人均纯收入状况分析

2006 年农村居民人均纯收入为 6188.54 元，继续保持快速增长。具体见表 10 - 4。

（1）家庭经营收入仍是构成居民纯收入的主要部分，所占份额有所上升。2006 年山东农村居民人均家庭经营收入为 4174.49 元，比上年增长 5.5%，其占总收入的比重为 67.46%，比上年下降了2.2 个百分点。第一产业收入 3334.83 元，增长 4.96%，其中农业收入为 2382.97 元，增长 7.58%，居民从事林业收入人均为 80.28元，增长 33.11%，增长势头迅猛；第二产业收入 261.92 元，下降1.25%；第三产业收入 577.74 元，增长 12.32%。家庭经营收入虽仍是构成农村居民纯收入的主要部分，但其结构已逐渐发生改变，由于乡镇企业和旅游业的发展，第三产业收入增长较快，将加大在家庭经营收入中的比重。

（2）工资性收入高速增长。2006 年工资性收入为 1671.54 元，比上年增长 16.28%。近年来，山东省加强区域劳务协作，努力扩大省外劳务输出规模，使山东省的农村剩余劳动力可以有效地利用，同时为农村居民提升了收入水平。

表 10-4　　　　　山东省农村居民收入结构表　　　　单位：元

类　　别	2004 年	2005 年	增长率
总收入	5037.52	5676.98	12.69%
（一）工资性收入	1178.32	1437.57	22.00%
（二）家庭经营收入	3628.20	3956.95	9.06%
1. 第一产业收入	2956.59	3177.37	7.47%
（1）农业收入	2103.73	2215.02	5.29%
（2）林业收入	58.67	60.31	2.80%
（3）牧业收入	769.32	865.38	12.49%
（4）渔业收入	24.87	36.65	47.37%
2. 第二产业收入	217.17	265.24	22.13%
（1）工业收入	162.56	209.44	28.84%
（2）建筑业收入	54.61	55.80	2.18%
3. 第三产业收入	454.44	514.35	13.18%
（1）其他产品收入	2.69	2.25	-16.36%
（2）第三产业服务收入	451.74	512.10	13.36%
（三）财产性收入	64.92	102.80	58.35%
（四）转移性收入	166.08	179.66	8.18%

6. 城乡之间收入差距比较

（1）山东省城乡居民收入差距的变化趋势。尽管农民收入获得了稳步增长，但是相对于城市居民的收入增长一直存在较大的差距，城乡居民的收入差距不仅没有因为农民收入的增长而缩小或消失，且因为近年来城市居民收入来源的多元化以及更快的增长速度而表现出不断扩大的趋势，见图 10 - 4。城镇居民享受养老金保障、失业保险、最低生活救济，这些对于农民来说却可望而不可及。如果把这些因素都计算进去，估计城乡收入的差距会更加扩大。

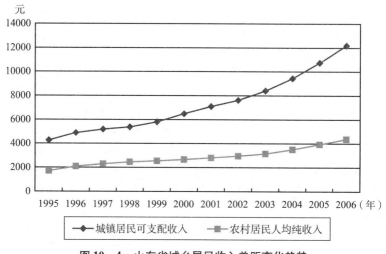

图 10 - 4　山东省城乡居民收入差距变化趋势

（2）山东省城乡居民收入差距变化与全国的比较。改革开放之后，全国城乡居民的居民收入差距经历了缩小、扩大、再缩小、再扩大四个阶段。山东省城乡居民收入差距总体低于全国平均居民收入差距的平均值，但山东省的居民收入差距自 1998 年之后，没有经历过缩小，而是一直在上升，虽然差距比例自 2000 年以后就有所放缓，见图 10 - 5。2003 年山东省城乡居民可统计的收入差距进一步扩大到 2.67 倍，2004 年和 2005 年仍然持续上涨，2007 年更是站在了 2.79 倍的高位上。同全国其他地区相比，绝大多数省（市、区）的城乡居民收入差距呈上升趋势，2000 年以来山东城乡居民收入差距高于东部地区的浙江等，低于中部地区的湖北和西部地区的四川等。

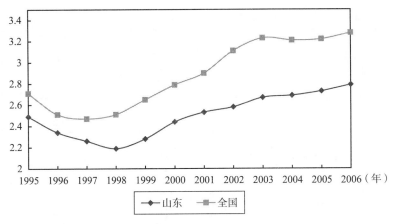

图 10 - 5　山东省城乡居民收入差距与全国对比图

7. 各行业、各阶层之间收入差距比较

（1）各行业收入不均衡，差距逐渐加大。目前的居民收入分配中，受供求矛盾、价格因素和产业政策的影响，不同行业间的收入差距明显扩大，尤其是垄断行业的高工资、高福利屡屡遭到社会的质疑，前一时期媒体曾报道说，电力行业一个抄表工的年薪竟然达10 万元之多，而近来山东省审计厅审计结果显示，2006 年，中国网通山东省分公司职工每月人均缴存住房公积金达到 6389 元，该公司人月均工资基数是 21300 元。由此可见行业间收入差距的巨大。一方面，垄断行业饕餮着社会资源，可谓是"富得流油"；另一方面，很多困难户、困难企业的职工却在为生活而苦苦挣扎，如此社会困象与和谐社会的要求是背道而驰的。统计显示，2006 年山东省收入前 5 位的行业是信息传输、计算机服务和软件业，金融业，采矿业，科学研究、电力、燃气等；收入后 5 位的行业是批发和零售业，住宿和餐饮业，农、林、牧、渔业，制造业和建筑业。最高收入行业的收入是低收入行业的 2.67 倍，低于全国的 4.75倍。具体见表 10 - 5。

表 10 – 5　　　　　　　　2005 年按行业分职工平均工资　　　　　单位：元

行　业	全　国	山　东
农、林、牧、渔业	8309	12877
采矿业	20626	24157
制造业	15757	13019
电力、燃气及水的生产和供应业	25073	22090
建筑业	14338	13069
交通运输、仓储和邮政业	21352	21488
信息传输、计算机服务和软件业	40558	34609
批发和零售业	15241	11768
住宿和餐饮业	13857	12023
金融业	32228	28213
房地产业	20581	16214
租赁和商务服务业	20992	15425
科学研究、技术服务和地质勘查业	27434	23235
水利、环境和公共设施管理业	14753	15214
居民服务和其他服务业	16642	24511
教育	18470	18549
卫生、社会保障和社会福利业	21048	20608
文化、体育和娱乐业	22885	21906
公共管理和社会组织	20505	19347
合计	18364	16614

（2）穷者愈穷，富者愈富，各阶层收入差距明显。自改革开放以来，随着经济的快速发展，一部分地区和一部分人先富起来，但随之而来的是各阶层收入差距的拉大，出现了"马太效应"，即所谓"富人越来越富，穷人越来越穷"。2000 年，山东省各阶层收入比例为 0.47∶0.64∶0.80∶1∶1.23∶1.51∶1.99，到 2005 年收入比例则成为 0.37∶0.56∶0.74∶1∶1.35∶1.76∶2.61，高收入阶层的收入比例逐年增加，尤其是收入最高的 10% 群体。2006 年收入最高群体是低收入群体收入的 6.99 倍，而 2000 年仅为 4.27 倍，6 年间上浮了将近一倍，具体见 10 – 6。农村内部收入差距也呈现阶层化特征，由于资料所限，在此没有分析。

表10-6　　　　　　　山东省分阶层城镇居民可支配收入　　　　单位：元

年　份	2005	2004	2003	2002	2001	2000
平均数	10744.79	9437.80	8399.91	7614.5	7101.08	6489.97
最低10%	3759.82	3488.01	3271.57	2147.94	3058.48	2905.45
低10%	5437.90	5012.72	4531.86	3736.81	4189.92	3987.81
较低20%	7209.19	6515.98	5888.74	5075.06	5272.19	4962.89
中间20%	9715.30	8582.64	7612.32	6820.34	6707.17	6234.31
较高20%	13247.72	11436.45	9998.14	8924.26	8395.56	7683.05
高10%	17637.11	14933.11	13031.07	11836.78	10448.90	9414.39
最高10%	26829.03	22535.51	20025.91	20104.24	14287.46	12391.86

10.2　山东省居民收入分配中存在的主要问题

山东省在取得经济发展的同时也面临着收入分配上的问题，这其中有些是带有全国性的共性问题，有的是山东省自身具有的问题。收入分配中存在的问题直接关系到山东省又好又快的发展，关系到实现富民强省的新跨越，关系社会主义和谐社会的构建。只有把这些问题解决好，改革才能进一步顺利进行，山东也才能实现科学发展、和谐发展、率先发展。

10.2.1　城乡居民的收入增长低于经济增长速度

改革开放以来山东省经济得到了突飞猛进的发展，近几年更是增长迅速。统计数据表明，2005 年山东省生产总值（GDP）18468.3 亿元，比上年增长 15.2%，财政总收入 3342.2 亿元，地方财政收入 1072.7 亿元，分别比上年增长 24.7% 和 29.5%。城镇居民人均可支配收入 10680 元，农民人均纯收入 3800 元，分别增长 13% 和 8.4%。2006 年全省生产总值 21846.7 亿元，比上年增长 14.7%；财政总收入 4110.2 亿元，其中地方财政收入 1355.3 亿元，分别增长 22.7% 和 26.3%。2006 年山东城镇居民人均可支配收入为 12192 元，农民人均纯收入达 4368 元，分别增长 13.5% 和 11.1%，城乡居民的收入随着整体经济的增长得到了较快增长，城镇居民人均可支配收入连续 4 年、农民人均纯收入连续 3 年保持两位数增长，增长较快。

与此同时，我们也发现，居民收入的增长长期特别是 1997 年以来大大低于经济增长的速度。1993～1996 年，城镇居民人均可支配收入、农民人均纯收入增长速度提高较快，除了 1993 年的农民人均纯收入增长速度略低于 GDP 增长速度外，都大大超过了 GDP 增长速度。但是从 1997 年开始，城镇居民人均可支配收入、农民人均纯收入虽然也保持了一定幅度的增长，但基本都低于经济增长速度（见表 10－7，图 10－6）。把发展成果更加充分地体现在提高人民群众生活水平上，促进共同富裕和人的全面发展的任务十分繁重。

表 10－7　　　　1990～2006 年山东省 GDP、城镇居民人均

可支配收入、农民人均纯收入增长速度[①]　　　单位：%

年　份	1990	1991	1992	1993	1994	1995	1996	1997	1998
GDP	5.25	14.62	16.91	20.36	16.24	13.97	12.05	11.09	10.75
城镇居民人均可支配收入	8.68	15.1	17.0	27.38	36.95	23.8	14.68	6.15	3.65
农民人均纯收入	7.87	12.33	5.09	18.66	38.52	29.96	21.64	9.86	7.01
年份	1999	2000	2001	2002	2003	2004	2005	2006	
GDP	10.02	10.28	10.04	11.73	13.41	15.3	15.24	14.7	
城镇居民人均可支配收入	7.97	11.72	9.42	14.5	10.31	12.36	13.85	13.5	
农民人均纯收入	3.94	4.30	5.46	5.33	6.65	11.33	12.06	11.1	

---

① 根据相关年份《山东省统计年鉴》整理。

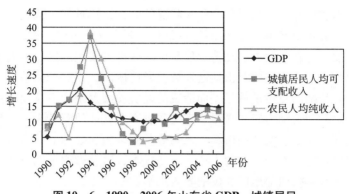

图 10 - 6   1990 ~ 2006 年山东省 GDP、城镇居民
人均可支配收入、农民人均纯收入增长速度

10.2.2   地区间收入差距较大

山东省地区间收入分配差异同全国情形有些类似，也是东部
（以青岛、烟台、威海为代表）高，西部（以菏泽、济宁、临沂为代
表）低。这种情况可以通过人均收入表现出来：如菏泽市 2005 年城
镇居民人均可支配收入和农民人均纯收入分别为 7341.67 元和 3092.4
元，同年威海市城镇居民人均可支配收入达到 12454.86 元，农民人
均纯收入达到 6082.85 元，差距比分别达：1 : 1.7 和 1 : 2，绝对差距
则达 5113.19 元和 1990.45 元，地区差距相当明显，见表 10 - 8。

表 10 - 8   山东省 2005 年东西部收入差距比较①   单位：元

指标＼地区	全省	青岛	烟台	威海	菏泽	临沂	济宁
城镇居民人均可支配收入	10744.79	12919.84	12452.42	12454.86	7341.67	10828.84	10739.39
农民人均纯收入	3930.55	5806.35	5346.89	6082.85	3092.4	3601.43	4128.16

① 根据相关年份《山东省统计年鉴》整理。

据省统计局对农村住户收入状况的调查，2006 年，农村中的高收入户有 47.6% 集中在东部发达地区，低收入户中有 49.5% 分布在自然条件相对较差、经济发展落后的西部欠发达地区，表明农村内部收入差距，主要是由地区发展差异造成的，家庭个体差异影响较小。长期的自然条件较差而造成的经济发展差距，不仅使西部地区农村剩余劳动力转移缓慢、农民非农产业就业门路较少，而且由于交通、通讯、农产品市场、水利等基础设施建设相对落后，增加了欠发达地区农副产品的生产、交易成本，直接影响了以农业为主要收入来源的西部地区农民的收入水平。

10.2.3 城乡间收入差距明显

尽管多年来山东一直十分重视增加城乡居民收入，并采取多种措施加大收入分配调节力度，从总体上促进了城乡居民收入的较快增长，但由于当前处于经济社会转型期，加之收入的形成受多种因素影响，城乡内部不同群体间、城乡之间的收入差距仍然较大，且呈继续扩大之势。

1. 城乡居民收入差距不断拉大

改革开放近 30 年来城乡居民收入差距经历了由迅速缩小到逐渐扩大，由逐渐扩大到逐渐缩小，再由逐渐缩小到加速扩大的发展过程。1978～1984 年，居民收入差距在波动中呈逐步缩小态势，1978 年城乡收入差距之比为 3.15，到 1983 年缩小到 1.49。从 1984 年开始，这个比率持续上升，由 1984 年的 1.62，上升到 1993 年的 2.82。从 1994 年开始，这个比率又开始下降，到 1998 年下降到 2.19。然后，从 1999 年开始持续上升到现在。到 2006 年，山东城镇居民人均可支配收入 12192 元，农民人均纯收入 4368 元，城乡收入差距近 3 倍，绝对差距达到 7834 元。

城乡居民收入总体差距扩大的直接原因是农村居民的收入增长与城市居民收入增长速度上存在较大差异。从目前山东的实际情况来看，这种差距还将继续扩大，见表 10 - 9，图 10 - 7。

表 10 - 9　　　　　　　　山东省城乡居民收入差距比较

年份	城镇居民人均可支配收入（元）	农民人均纯收入（元）	城镇居民人均可支配收入与农民人均纯收入之比	年份	城镇居民人均可支配收入（元）	农民人均纯收入（元）	城镇居民人均可支配收入与农民人均纯收入之比
1978	361.18	114.56	3.15:1	1993	2682.24	952.74	2.82:1
1980	414.84	210.23	1.97:1	1994	3444.36	1319.73	2.61:1
1981	495.48	251.62	1.97:1	1995	4264.08	1715.09	2.49:1
1982	524.9	299.95	1.75:1	1996	4890.24	2086.31	2.34:1
1983	537.03	360.64	1.49:1	1997	5190.79	2292.12	2.26:1
1984	638.64	394.99	1.62:1	1998	5380.08	2452.83	2.19:1
1985	764.15	408.12	1.87:1	1999	5808.96	2549.58	2.28:1
1986	853.5	449.27	1.90:1	2000	6489.97	2659.2	2.44:1
1987	987.11	517.69	1.91:1	2001	7101.08	2804.51	2.53:1
1988	1169.72	583.74	2.00:1	2002	7614.5	2953.97	2.58:1
1989	1349.16	630.56	2.14:1	2003	8399.91	3150.49	2.67:1
1990	1466.22	680.18	2.16:1	2004	9437.8	3507.43	2.69:1
1991	1687.56	764.04	2.21:1	2005	10744.79	3930.55	2.73:1
1992	1974.48	802.90	2.46:1	2006	12192.00	4368.00	2.79:1

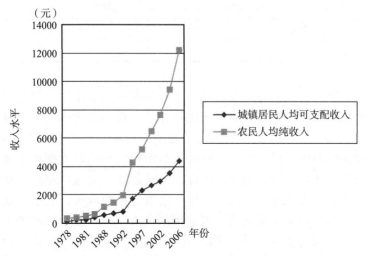

图 10 - 7　1978 ~ 2006 年山东省城乡收入差距变化趋势

基尼系数是衡量收入分配平均程度的指标，其数值在 0 与 1 之间，在理论上，0 表示收入分配"完全平等"，1 表示"极端不平等"。联合国有关组织认为：基尼系数低于 0.2，表示收入分配处于高度平均状态；0.2~0.3 之间表示相对平均；0.3~0.4 之间表示相对合理；0.4~0.5 之间表示收入差距较大；0.6 以上表示收入差距悬殊，具有引发动乱的危险。由于基尼系数给出了反映收入分配差异程度的数量界限，可以有效地预警两极分化的质变临界值，所以，得到了世界各国的广泛重视和普遍采用。目前，国际公认的警戒线标准为 0.4。据省统计局测算，2006 年山东城乡居民收入基尼系数已达到 0.3715，比 2001 年上升了 0.0558，已经非常接近0.4 的警戒线。从变化趋势上看，连续几年来，其数值不断增大，上升势头不减，表明城乡居民收入差距正在逐年加大，见表 10 - 10。这种收入差距表现在收入数量上，则是城乡居民收入比不断扩大。2001 年城乡居民收入比（以农民人均纯收入为 1）为 2.53∶1，到 2006 年扩大到 2.79∶1。

表 10 - 10　　　　　2002 ~ 2006 年山东城乡居民基尼系数

年份	2001	2002	2003	2004	2005	2006
基尼系数	0.3157	0.3221	0.3329	0.3358	0.3410	0.3715

虽然从数值上看，山东基尼系数的变化是微小的，但由于基尼系数的特殊性，其微小的变化却往往令现实生活中的人们感受强烈。另外，我们在计算基尼系数及分析城乡居民收入差距时，通常采用城镇居民人均可支配收入与农民人均纯收入两个主要指标计算、比较，这在理论上可行，实际上城乡的这两种收入是不可比的，因为统计的口径不一样。城镇居民的收入，只要愿意都可以拿出来作为生活消费，但农民的收入，却不能全部用于生活消费，农民需要从中支付第二年农业生产的费用，诸如购买种子、化肥、农药以及其他生产资料等等，从这个角度算来，在农

民的纯收入中，真正能够用于生活消费的不超过65%。据有关专家推算，如果按照实际生活消费的水平来说，城乡居民之间的差距可能要达到6：1。更何况，即使这样算出来的差距也仅限于显性差距，城镇居民的各种隐性收入诸如公费医疗、单位福利、一些社会保障等，难以用货币价值准确计量，在可支配收入中均得不到反映，这在一定程度上掩盖了城乡居民收入的真实差距。

和全国一样，山东城乡居民收入差距扩大的原因在于收入分配的宏观政策不公平，在城乡分配格局中偏向城镇而"牺牲"农村与农民的利益。据国务院发展研究中心的一份报告测算，计划经济时代实行的工农业产品"剪刀差"，使农民减收6000亿~8000亿元；在改革开放后，通过低价征用农民土地，至少使农民蒙受了减收20000亿元的损失。在国民收入再分配中，国家对城市的公共基础设施、财政福利补贴、社会保障、公共卫生与基础教育等方面的投入，远远高于农村。国家每年为城市居民提供几百至上千亿元的各类社会保障（如养老、医疗、救济、补助等），而农民的生老病死伤残几乎没有任何保障，在国家经济增长带来的收益中，农民比城市居民享受的收益小得多。这显然是不合理、不公平的，直接导致了城乡居民收入的严重差距。

2. 城镇收入分配向高收入群体集中

据省统计局调查，按居民收入水平由高到低排列，进行"五等分法"划分，以每20%为一组，将城市居民分为低收入、中低收入、中等收入、中高收入、高收入五个组，可以看出，近五年来，除极个别年份外，城镇低收入群体的人均可支配收入增长速度，不仅低于全省平均增长速度，也大大低于中高收入、高收入群体的增长幅度，并且随着近几年居民收入增长的加快，这种增长的差距也越来越大，形成了收入分配向高收入群体集中的趋势，导致收入两极差距不断扩大。2006年，占总体20%的最高收入组家庭人均可

支配收入，比占总体 20% 的最低收入组家庭人均可支配收入高出
19177 元，最高组与最低组的收入水平之比由 2002 年的 4.01∶1 扩
大到 2006 年的 4.61∶1；20% 低收入户人均可支配收入与城镇居民
人均可支配收入之比由 2002 年的 0.47∶1 下降为 2006 年的 0.44∶1，
而 20% 高收入户人均可支配收入与城镇居民人均可支配收入之比则
由 1.87∶1 上升为 2.0∶1。

3. 农村低收入家庭收入增长缓慢且起伏较大

2002~2006 年按农户收入水平高低进行的五等份分组资料显
示，20% 的农村高收入户连续五年收入平稳持续增长，除 2004
年增幅低于全省平均增长水平外，其余各年均高于全省平均增长
幅度；20% 的低收入户绝大部分年份收入增长幅度不仅低于高收
入户，而且低于全省平均水平，且收入不稳，年际间起伏较大。
如 2003 年全省农民人均纯收入增长 6.7%，20% 的高收入户、中
高收入户和中等收入户分别比上年增长 8.4%、8.3% 和 7.1%，
而 20% 的低收入户则比上年下降 7.0%；2004 年，低收入户收入
增幅高于全省平均增幅 4.1 个百分点，到 2005 年又低于全省平均
增幅 5.7 个百分点。农村低收入户的形成有多种原因，包括劳动
力抚养指数较高、劳动力受教育程度较低、自然资源条件较差
等，而造成低收入户收入增长较慢且波动较大，最直接最关键的
原因主要有两个：一是资产存量较少，生产能力较低。五等份分
组中，不同组别的农户，生产性固定资产和年末存款余额的差距
是很明显的。二是家庭经营单一，主要靠农业为生。按家庭劳动
力从业情况，农户可分为纯农业户、以农为主兼业户、以非农为
主兼业户和非农产业户。调查资料显示，绝大部分的低收入家庭
为纯农业户。从业领域的狭窄，不仅造成这类农户收入增长缓
慢，而且由于农业的弱质性，使得纯农业户家庭收入受市场、价
格政策及自然条件等的影响较大，往往随着上述因素的变化而起
伏波动较大。

10.2.4　行业间收入差距增大，垄断行业收入过高

从全国各行业职工收入来看，"十五"期间电力、煤气、供水、铁路、通信等行业的职工平均工资年增长率均出现了提速，高于"九五"期间平均增长率 3～5 个百分点，提供垄断性公共服务的机关团体的职工平均工资年均增长率超过 18%，速度提升了 5 个百分点以上。最高行业与最低行业的职工平均工资之比由"八五"末期的 2.2∶1 和"九五"末期的 2.6∶1 上升到 2005 年的 2.94∶1，并有继续扩大的趋势。而工资外的各种福利不同企业间更是有天壤之别。这些情况在山东也是如此，构成了山东收入分配制度中的一个严重问题。

2005 年山东省收入前 5 位的行业是信息传输、计算机服务和软件业，金融业，居民服务和其他服务业，采矿业和科学研究、技术服务和地质勘察业；收入后 5 位的行业是批发和零售业，住宿和餐饮业，农、林、牧、渔业，制造业和建筑业。其中，最高收入行业的收入是最低收入行业的 2.94 倍，绝对差额达到 22841 元，差距较大。

"十五"以来，国有垄断行业职工的平均工资增速显著快于各行业平均水平，工资以外的福利水平更是令一般行业望尘莫及。实际上，国有垄断行业与一般行业的收入差距与它们之间经济效益、劳动强度以及劳动复杂程度的差距关联性较低，收入差距既脱离了按劳分配原则，又脱离了效率优先原则。收入水平与垄断地位及国有资产控制能力呈正比。而这些行业又大多属于关系国家安全和国民经济命脉的重要行业，需要在这些行业中增强国有经济控制力，发挥国有经济的主导作用。如何规制国有垄断行业的过高收入，促进垄断行业收入的透明化，建立垄断收入向全民所有者转移的机制，都是较难解决而又必须解决的问题。

10.2.5　社会保障体系有待进一步完善

收入分配领域存在的一些问题，如贫富差距偏大、劳动关系失衡、流动人口（主要是农民工）权益得不到有效维护、城乡差距与地区发展差距拉大、不同社会群体存在一定利益矛盾等，均与社会保障制度的不健全、不完备直接相关。社会保障与社会和谐的正相关关系，决定了我们在构建社会主义和谐社会的过程中必须高度重视社会保障制度建设，通过健全和完善社会保障制度来化解现实生活中的问题和矛盾。

山东省委、省政府长期以来高度重视社会保障工作，社会保障体系不断完善，各项社会保险制度改革稳步推进，社会保险覆盖范围不断扩大，保障能力明显增强，保障水平得到进一步提高。但是，也应看到，山东社会保障体系还存在许多问题，有待进一步完善。第一，山东将长期面临着人口老龄化、农村城镇化、就业形式多样化及社会保险覆盖面窄、统筹层次低等多方面的问题，养老保险、医疗保险等社会保障基金承受着很大的支付压力。退休人员逐年递增，养老保险个人账户滚动形成潜在的基金欠账，部分市、县连续多年收不抵支依靠省级调剂。第二，企业与机关事业单位养老保险制度不统一使退休人员养老金形成较大差距，成为影响社会稳定的因素。第三，部分城镇居民医疗保障缺乏制度安排，困难企业职工、关闭破产企业退休人员的参保问题还没有彻底解决。第四，同全国一样，目前山东的社会保障制度有明显的城乡差别，城市和农村的社会保障范围和保障内容形成两个极端，城乡之间社会保障水平差异极大，农村养老保险制度急需改革完善。第五，企业退休人员纳入社区管理的比例还不高，城镇个体劳动者和灵活就业人员、农民工、被征地农民的社会保障问题已成为全社会关注的焦点，迫切需要尽快解决，等等。

10.2.6　财政税收政策对收入差距的调节力度不足

在微观层次上，税收没有调节到应该调节的重点。以个人所得税为例，2007 年山东省征收的个人所得税中，63% 来源于职工工资收入。随着利益主体多元化和居民收入渠道的增多，使收入的来源越来越复杂，征税部门无法有效的监督和控制居民收入状况，加之纳税主体的纳税意识不强，使个人所得税的征收难度较大。另外，由于个人所得税征收的起点低，税额少，税源分散，使征税部门监管非常困难。

在宏观层次上，财政税收政策对收入分配的调节力度不足加大了收入分配的差距，对经济的影响直接表现为投资与消费的比例失当。自实施积极的财政政策以来，政策导向明显倾向于投资，投资增长成为 GDP 增长的主要拉动因素，投资率不断提高。2006 年，按支出法计算的 GDP 中，固定资本形成总额占 GDP 的比重达到 47.1%。与此相对应，最终消费率不断下降，最终消费率明显偏低。投资与消费的比例失当，会造成有效需求不足，导致生产能力闲置或过分依赖出口、企业经济效益下降等一系列社会和经济问题。

10.3　优化山东省居民收入分配的对策措施

改革开放以来，山东经济社会发展取得了巨大成就，在经济快速发展的同时，城乡居民的收入水平和生活水平得到了显著提高。但是，由于分配关系尚未根本理顺和完善，收入分配领域依然存在一些突出问题，尤其是收入分配差距持续扩大问题。完善收入分配制度，规范收入分配秩序，促进收入分配合理化，是保持山东经济可持续发展、维护山东社会稳定的需要，也是山东构建和谐社会、全面建设小康社会的客观要求和必然选择。

10.3.1 建立城乡居民收入增长与经济增长保持大体同步的机制，逐步提高居民可支配收入占国民可支配收入的比重

与全国的情况一样，20 世纪 90 年代中期以来，山东国民收入分配出现了向企业部门和政府部门倾斜的现象，企业部门可支配收入、政府部门可支配收入增长速度明显快于经济增长速度，特别是企业部门可支配收入占国民可支配收入的比重不断上升；与此同时，城乡居民收入的增长速度一直低于经济增长的速度，居民可支配收入占国民可支配收入的比重持续下降。据山东省统计局相关材料，全省可支配收入在政府、企业、居民三者之间的分配比例关系由 2000 年的 21.2：20.3：58.5 转变为 2006 年的 18.5：33.0：48.5，收入分配格局呈现明显向企业倾斜的特征。如果考虑到省级以下各级政府还有大量未统计的收入，政府可支配收入在山东全省可支配收入中的比重要高于 18.5%，居民可支配收入所占比重则要低于 48.5%。

收入分配格局不尽合理，不仅影响了山东城乡居民收入水平和生活质量的提高，而且削弱了居民消费对经济增长的拉动能力，使经济发展难以摆脱对投资和出口的依赖，制约着全省经济发展方式的根本转变。根据国际经验，当人均 GDP 超过 1000 美元之后，居民可支配收入占国民可支配收入的比重通常应是上升的。因此，应在加快经济发展的同时，适当调整国民收入在政府、企业、居民三者之间的分配格局，建立城乡居民收入增长与经济增长大体同步的机制，扭转居民收入的增长长期低于经济增长的局面，逐步提升居民可支配收入占国民可支配收入的比重。

10.3.2　努力解决职工工资长期偏低问题

长期以来，山东包括机关事业单位和企业单位在内的职工平均工资水平一直偏低。2006 年山东省职工平均工资增长速度为 15.7%，列全国第 11 位，职工平均工资为 19228 元，居全国第 12 位，职工平均工资低于全国平均水平，与南方发达省份职工平均工资水平之间的差距更大。从职工工资总额占 GDP 的比重看，1990 年、1995 年、2000 年、2005 年四个年份山东职工工资总额占 GDP 的比重分别为 10.71%、9.34%、8.34%、7.78%，而全国平均水平分别为 15.81%、13.32%、10.74%、10.81%，可见多年来山东这一指标一直低于全国平均水平。工薪收入是城镇居民人均可支配收入的主要来源，2006 年工薪收入占山东城镇居民人均可支配收入的比重为 85.6%；同时，工资性收入已成为山东农民收入的第二大来源，2006 年工资性收入占山东农民人均纯收入的比重已达 38.3%。党的十七大报告明确提出，要提高劳动报酬在初次分配中的比重。职工工资长期偏低是影响山东城乡居民收入水平增长的一个突出因素，努力解决职工工资长期偏低问题是提高劳动报酬在山东省初次分配中的比重的关键环节。

从中长期看应建立职工工资增长与经济增长基本同步的机制，随着经济的发展不断提升职工工资水平，从近期看，可采取职工工资增长略高于经济增长速度的方法，适当弥补历史"欠账"。特别是，应切实加强对企业部门收入分配的调控，解决山东企业职工工资水平过低问题。山东省统计局相关材料表明，进入新世纪以来，山东规模以上工业企业利税总额增长较快，应付工资总额增长相对缓慢，全省规模以上工业企业利税总额与应付工资总额之比已由 2001 年的 2.41∶1 扩大到 2006 年的 3.29∶1，大大高于其他发达省份。如，2006 年江苏、浙江、广东三省规模以上工业企业利税总额与应付工资总额之比分别为 2.13∶1、1.91∶1、1.48∶1。可以说，山东省工业的高利润在一定程度上是以企业职工的低工资为代价的。要建立企业职工工资与企业利税同步增长机制，理顺企业利税总额与应付工资总额之间的关系，使企业职工平均工资水平得到应有的提高。

10.3.3　进一步规范收入分配秩序

当前山东收入分配领域存在的一些突出矛盾和问题，主要原因在于收入分配秩序不规范，公平竞争的市场机制还很不完善。如，垄断性行业的收入分配同市场脱节，既是导致居民收入差距不合理扩大的重要因素，又是收入分配秩序不规范的重要表现。收入分配秩序不规范，不仅导致收入分配领域的不合理、不公平，也是居民贫富差距日益扩大的一个重要根源。应深化收入分配制度改革，以规范初次分配秩序为重点，消除导致分配秩序混乱的体制性因素，解决收入分配不公问题。

第一，要加强对垄断行业收入分配的调节和监督。垄断行业的高收入在全国各区域具有普遍性，"银行加证保（证券、保险）、两电（电力、电信）加一草（烟草）、石油加石化，看门的也拿不少"，垄断行业的高工资、高福利在社会上已经引起了种种非议。据统计，2005 年电力、电信、石油、金融、保险、水电气供应、烟草等行业共有职工 833 万人，不到全国职工人数的 8%，但工资和工资外收入总额估算相当于当年全国职工工资总额的 55%（《中国经济时报》2007 年 6 月 28 日）。垄断行业的高收入很大程度上不是依靠经济效率的提高，而是依靠从政府管制和市场垄断中双重获利获得的。垄断行业凭借其垄断地位轻而易举地获得高利润，进而将利润尽可能地转化为其员工的收入，其员工的过高收入与员工的劳动贡献和企业的真实效益之间缺乏直接关联性。垄断行业收入分配的无序和混乱，不利于调动垄断行业企业提高管理水平和服务质量的积极性，反而会形成不良的导向，引导垄断行业企业经营者和员工恪守旧体制、旧机制，不思进取和改革；同时，会严重挫伤一般竞争性行业员工的积极性，特别是引发社会低收入群体的不满情绪，对维护社会稳定造成不良影响。一方面，应切实加强对垄断行业收入分配的调控指导和监督管理，建立规范的垄断收益上缴机制，限制垄断行业不合理的过高收入，使行业间收入差距趋向公平、合理；另一方面，应通过放开市场准入或拆分、重组垄断企业，打破行政性垄断，推进垄断行业企业投资主体多元化，通过市场竞争，消除垄断扭曲收入分配关系的体制基础。

第二，要调节劳动力、资本和管理等不同生产要素之间的分配关系，切实解决一般竞争性行业劳动工资偏低问题。目前，企业工资分配特别是一般竞争性行业企业的工资分配中存在着一些不合理现象。一线职工特别是一些农民工的工资偏低，工人的工资增长缓慢；有些企业以最低工资标准作为实际工资支付标准；有些企业劳动定额偏高，迫使职工加班加点，加班不加薪，变相降低或克扣职工工资；职工增加工资要靠企业经营者的开明程度，还没有建立起职工参与分配和工资正常增长机制等。职工工资不能由企业单方面说了算，职工的工资收入应该主要由企业与职工代表协商确定，要建立和推行工资集体协商机制，建立公正合理、规范有序的企业分配制度，通过职工代表与用人单位代表依法就企业内部工资分配制度、工资分配形式、工资支付办法、工资标准等事项进行平等协商的方式，限制资本拥有者利用劳动力供大于求的买方市场优势过分压低工资，确保广大职工共享企业发展成果。为了维护企业职工的基本权益，政府劳动主管部门应结合经济发展情况、物价水平和劳动力市场供求状况，在深入调查研究的基础上，对不同行业的工资提出参考标准，发挥工资指导线、劳动力市场价位、行业人工成本信息对工资水平的引导作用，使职工工资水平能随经济的发展得到不断提高。

第三，要限制国有独资及国有控股企业管理层在收入分配中利用职权取得超过其贡献的收入。当前，在一些国有独资及国有控股企业中，管理层与被管理层收入差距过大。一些大型国企管理层和上市公司的高管，年薪少则几十万，多则高达百万元以上，不仅大大高于本企业普通职工收入，而且在相当程度上加大了全社会的居民收入差距。管理层与被管理层有适度的收入差距是必要的，但当管理层自我决定收入分配而缺乏来自外部与内部的必要制约时，这种收入分配差距必然会演化为收入分配上的不公平。要加强对国有独资及国有控股企业经营者薪酬水平的监管考核，切实解决管理层与被管理层收入差距过大问题。

第四，要加强对机关和事业单位的工资制度改革与管理。加快公务员工资制度改革，建立职务与级别相结合的、科学完善的公务员工资制度，加快推进职务消费货币化，解决公务员工资制度外的各种津贴补助名目繁多、标准不规范等问题；加快事业单位工作人员收入分配制度改革，建立符合事业单位特点、体现岗位绩效和分级分类管理的收入分配制度，完善工资正常调整机制，着力解决很多事业单位既享受行政机关的福利、又享受企业化管理的创收机制、收入分配随意性比较大的问题；规范机关和事业单位的预算外收入管理，清除小金库，禁止利用部门权力搞创收活动，管住滥发钱物的源头，控制不合理的工资外收入。

第五，加大对非法收入的打击力度。运用法律手段，制止行政权力的市场化和货币化，全面解决"行政权力"对资源配置的过度干预问题。严惩贪污腐败，强化对公务人员个人及群体和机构行为的监督与约束，推行政务公开与社会监督制度，全面形成对"权力"行使过程的制约机制。对于通过侵吞公有财产、偷税漏税、走私受贿、权钱交易、制售假冒伪劣等非法行为获得的收入，予以坚决取缔和打击。

10.3.4 拓宽就业渠道，努力扩大劳动力就业

就业是民生之本，是改善分配关系、缩小收入差距、实现共同富裕的重要前提。统计分析表明，无论是全国还是山东，无论是城镇还是农村，高收入家庭的就业面普遍高于低收入家庭。因此，创

造更多的就业机会，促进充分就业，是缩小居民收入差距的重要
措施。

　　要把促进就业作为一项长期的战略，努力使更多的人群有机会
分享经济发展的成果。首先，将扩大就业作为政府宏观调控的首要
目标。发挥经济增长对就业的带动作用，促进经济增长与扩大就业
的良性互动。促进经济又好又快发展，是解决经济和社会生活中各
种矛盾的关键，也是扩大就业、解决收入分配问题的根本途径。要
努力保持山东经济的持续、快速和健康发展，为扩大劳动力就业创
造基础条件。大力发展多种所有制经济和劳动密集型产业，千方百
计地增加就业岗位。大力发展劳动密集型产业，特别是发展劳动密
集型的中小企业，是缓解劳动力供给与需求矛盾，为城乡低收入群
体提供更多发展机会的最有效途径。要进一步贯彻落实鼓励中小企
业和多种所有制经济发展的各项政策措施，使其在促进就业和再就
业方面发挥更大作用。二是进一步完善就业和再就业政策，千方百
计扩大低收入群体的就业面。要采取政策倾斜，帮助低收入者就
业。加强对低收入者的职业培训，免费提供各类就业信息，尽可能
地为低收入群体创造宽松的就业环境；认真落实好现有的对失业人
员和下岗职工再就业的各种优惠政策，促进失业人员和下岗职工再
就业。建立区域间就业岗位对口援助和输出机制，积极引导就业困
难地区的剩余劳动力和失业人员跨地区就业。三是废除劳动力流动
中的体制性歧视，构建统一的城乡劳动力市场。目前，农村劳动力
在向城市转移过程中，农民的身份在就业、收入分配以及公共品分
享方面，仍然受到相当程度的歧视待遇，这种歧视必然带来收入差
距的扩大。应进一步完善农村劳动力转移的机制和体制，打破农民
工与城镇职工之间的身份界限，实现"同工同酬"，促进农村劳动
力就业。四是采取鼓励创业的政策，以创业带动就业。营造全社会
支持和扶持创业的氛围和环境，在中小企业审批与注册资金要求上
降低创业门槛，进一步解决企业税费负担过重和中小企业融资难问
题，促进更多的城乡居民自主创业，使更多劳动者成为创业者。通

过创业增加和带动劳动力就业，从而减少因失业而导致贫困的人口数量。

10.3.5 实行有利于缩小居民收入差距的财税政策

在市场经济框架内，财政政策天然地具有调节收入分配的各种有利条件。应充分地利用财政税收手段，从再分配层面促进居民收入差距问题的解决。

首先，要加强对高收入者个人所得税的税收征管。应尽快解决目前再分配环节存在的"逆行调节"现象，即个人所得税收入中，高收入者的贡献率不高，中低收入的工薪阶层反而成为个人所得税的纳税主体。要进一步完善个人所得税制度，使个人所得税的征收真正起到调节收入分配差距的作用。加强对税源的监管，特别是对高收入行业、高收入阶层加强监管，强化高收入行业个人所得税代扣代缴工作，堵塞漏洞，加大对违法逃避缴纳个人所得税行为的惩处力度；适当提高个人所得税起征点，使较低收入者能免除或减轻税负，而使高收入者能对税收多作贡献。

其次，财政政策的调节重点要向低收入者倾斜。运用财政政策缩小居民收入差距，关键在于要强化公共财政职能，进一步加大对落后地区、低收入者的财政转移支付力度。一是加大省级财政对落后地区的财政转移支付力度。山东各地经济发展水平有较大差距，地区之间的财力很不平衡。越是低收入者较多的地区，恰恰是财政较为困难的地区，从而影响了对低收入者的转移支付。应在扩大省级财政转移支付规模的基础上，实行省级财政转移支付向落后地区倾斜的政策，为落后地区加大对农村居民、城镇中下收入阶层居民的转移支付力度创造条件。二是提高社会保障支出、抚恤和社会福利救济费在省级财政支出中的比重。山东已步入了老龄化社会，为了弥补社会保障的"历史欠账"，防范和减少老年贫困，有必要增加省级财政的社会保障支出，促进社会保障体系的进一步完善。同时，应适当提高抚恤和社会福利救济费在省级财政支出中的比重，搞好优抚安置、临时性救济，使需要救济的弱势群体得到及时的救助。

最后，完善对低收入者或贫困家庭的社会救助体系。在继续完善城镇居民最低生活保障制度和农村居民最低生活保障制度的同时，积极完善社会救助体系，对低收入者或贫困家庭提供更多的救助，着力解决城乡低收入群体住房、就业、看病及子女上学等突出的民生问题，让低收入群体更多地享受经济社会发展成果。

10.3.6　进一步健全和完善社会保障体系

山东省委、省政府始终高度重视社会保障工作，结合山东实际，不断探索创新，狠抓措施落实，取得了显著的成绩。截至 2006 年底，全省城镇基本养老、医疗、失业、工伤、生育保险参保人数达到 1106.3 万人、996.1 万人、789.7 万人、647.3 万人和 488.8 万人，分别比 2003 年底增加 189.7 万人、285 万人、70.6 万人、365.5 万人和 152.3 万人。新型农村养老保险与合作医疗制度建设初见成效，截至 2006 年底，全省参保农民达到 1067 万人，领取养老金的农民 68 万人；参加新型农村合作医疗农民 4067.7 万人。被征地农民社会保障政策得到较好落实，被征地农民参保 59 万人。社会保障体系的初步建立，保障了人民群众的基本生活，为山东经济社会又好又快发展提供了重要保障。

但是，山东的社会保障体系还很不完善，与人民群众日益增长的保障需求还有明显的差距。一是社会保险覆盖面比较窄，部分非公有制经济组织和灵活就业人员还没有纳入覆盖范围，一些困难企业和职工因缴不起费而不能享受社会保障。二是由于缺乏政策支持，仍有相当一部分关闭破产企业退休人员和部分困难企业职工没有享受基本医疗保险。三是保障待遇不平衡的问题突出。企业离退休人员与机关事业单位离退休人员养老金差距较大，成为社会不公和不稳定的因素。四是农村社会保障还很薄弱，覆盖面窄、层次低、范围小，与城镇社会保障相比具有很大差距。进一步健全和完善社会保障体系，对于缩小居民收入差距、促进社会公平、维护社会稳定具有十分重要的意义。一是要进一步扩大城镇社会保险覆盖面。应把城镇各类符合条件的劳动者全部纳入社会保险覆盖范围，建立起覆盖面尽可能遍及全部城镇居民的、较为规范的失业保险、养老保险和医疗保险体系，实现应保尽保。养老保险方面，要逐步做实个人账户，并把包括灵活就业人员、在城镇就业的农民工在内的所有城镇从业人员纳入基本养老保险体系。医疗保险方面，可采取政府给予适当补贴的方式，尽快将所有的关闭破产企业退休人员和困难企业职工纳入城镇基本医疗保险体系，同时，积极开展城镇无业居民和中小学生参加医疗保险的模式探索和试点。二是建立养老金正常调整机制，努力提高企业离退休人员的养老金水平。在确保企业离退休人员养老金按时足额发放的基础上，进一步提高企业离退休人员养老待遇，使广大企业离退休人员及时分享到经济发展的成果。三是积极建立和完善农村社会保障体系。要切实解决农村社会保障覆盖面窄、层次低、范围小的问题，重点搞好农村养老和医疗保障体系建设，加大政府对农民参保的财政补贴力度，鼓励引导农民投保续保。进一步完善落实被征地农民社会保障政策，全面开展失地农民基本生活保障制度试点，保障失地农民的基本生活。

10.3.7　统筹城乡发展，逐步缩小城乡居民收入差距

山东省是个农业大省，也是个农村人口数量庞大的省份。改革开放以来，山东农业和农村经济保持了较快的发展速度，农民收入不断增长、生活水平有了显著改善。但是，长期存在的城乡经济社会发展二元化格局，阻碍了城乡之间生产要素的合理流动和有效配

置，农村经济发展滞后于城市经济发展，农民收入增长速度低于城镇居民收入增长速度，城乡居民收入差距不断拉大。山东城乡居民收入之比，已由 1995 年的 2.48∶1 扩大到 2006 年的 2.79∶1。考虑到农民基本不享受社会福利，而城镇居民享受着多种福利和补贴，而且，农民的收入不能全部用于生活消费，需要从中支付第二年的农业生产费用，山东实际的城乡居民收入差距还要大得多。城乡居民收入差距的不断拉大已成为制约山东全面建设小康社会的一个突出问题。要按照科学发展观的要求，加快统筹城乡发展的步伐，加快社会主义新农村建设，大力繁荣农村经济，扭转农民收入增长速度相对缓慢的局面，逐步缩小城乡居民收入差距。

要切实加快新农村建设步伐，促进农村经济的大发展，实现山东农民收入的持续快速增长。一是加大对新农村建设的支持力度。从政策上、资金上、体制上，全方位支持新农村建设。加大对农林水利等农业基础设施建设和农业科技推广与培训等方面的财政支出，提高土地产出率和农业劳动生产率，促进农业增效、农民增收；结合城市化的推进，加大对农村公路建设、市场建设和电力通信网络的建设与改造等方面的财政投资，加大对农村医疗、教育、饮水安全等方面的支持和投入力度，改善农村生产、生活环境和条件，促进农村二、三产业的快速发展，使农村非农产业成为农民增收的重要渠道。二是推进农业保险，防止农民因灾返贫。自然灾害对农民收入影响很大，甚至使农民因灾返贫，生产生活陷入困难境地。农业作为弱质产业，难以承担纯商业保险的保费支出。山东应积极探索农业保险的有效模式，可采取政府为农民提供农业保险补助的方式，扩大农业保险的覆盖范围和保障水平，确保农民第一产业经营收入的稳定和提高。三是打破城乡分割壁垒，促进城乡之间生产要素的合理流动。取消对农村进城人员就业的歧视性政策，建立城乡一体化的劳动力市场，为进城务工的农村劳动力提供宽松、良好的就业环境，促进农村居民劳务收入的增加；加快户籍制度改革，在住宅、教育、医疗、社会保险等方面逐步给予农村进城就业人员与城镇居民同等待遇，解决农民进城的稳定化、制度化问题，使有条件的农村人口更多地进入城市安居乐业，从而加快农村人口城市化进程、减少农民数量，促进农民收入水平的提高。

10.3.8　统筹区域发展，努力缩小区域间居民收入差距

山东区域之间居民收入差距明显的主要原因在于区域之间经济发展速度和水平的失衡。统筹区域发展，着力提高欠发达地区的经济发展水平，逐步扭转区域之间发展差距扩大的趋势，是缩小区域间居民收入差距的根本途径。

改革开放以来，山东东部沿海地区借助自身的区位优势、资源优势和省政府倾斜性政策支持，经济发展速度和水平远高于鲁南、鲁西等欠发达地区，东部沿海地区与鲁南、鲁西等欠发达地区之间的居民收入差距也日益显著。没有鲁南、鲁西等欠发达地区的全面小康，全省到2010年提前建成全面小康社会的目标也就无法实现。要按照科学发展观的要求，加大统筹区域发展的力度，下大力气改善鲁南、鲁西等欠发达地区的基础设施条件，并给予一定的优惠政策支持，增强鲁南、鲁西等欠发达地区对国内外资金、技术、人才等生产要素和产业投资项目的吸引力，借助外力、启动内力，加快工业化、城市化、经济国际化进程，实现经济的科学跨越发展，缩小与东部沿海地区之间的经济发展差距。应充分发挥政府在促进区域协调发展中的重要作用，加大对鲁西和鲁南等欠发达地区的帮助扶持力度。省委、省政府应继续在经济政策、资金投入、产业发展等方面加大对欠发达地区的支持。国家和省投资的交通、能源、水利、生态环境建设等项目，应尽可能地以欠发达地区为重点进行布局。对欠发达地区的公共设施建设、重点产业发展、科技发展、农业开发等方面予以适当的政策支持和资金支持。完善区域互助机制，鼓励东部发达地区采取多种方式帮扶鲁西、鲁南欠发达地区，

在帮扶方式上，要在继续搞好资金和项目援助基础上，加大技术和人才援助力度，促进欠发达地区自主发展能力的提高。此外，要按照公共服务均等化原则，加大省级财政对欠发达地区的转移支付力度，提高欠发达地区的公共产品和服务供给水平，尽快缩小省内各区域之间在公共产品和服务供给水平上存在的明显差距。通过加大帮扶力度，提高欠发达地区的自我发展能力和经济发展后劲，缩小与发达地区的经济发展差距，促进欠发达地区居民收入的持续快速增长，使山东区域间居民收入差距显著问题从根本上逐步得以解决。

参 考 文 献

1. 马克思，恩格斯：《马克思恩格斯选集》（第 2 卷），人民出版社 1995 年版。

2. 马克思，恩格斯：《马克思恩格斯选集》（第 3 卷），人民出版社 1995 年版。

3. 马克思：《资本论》（第 1 卷），人民出版社 2004 年版。

4. 马克思：《资本论》（第 3 卷），人民出版社 1975 年版。

5. 邓小平：《邓小平文选》（第 2 卷），人民出版社 1994 年版。

6. 中共中央财经领导小组办公室：《邓小平经济理论学习纲要》，人民出版社 1995 年版。

7. 中共中央文献研究室：《中共十三届四中全会以来历次全国代表大会中央全会主要文献总编》，中央文献出版社 2004 年版。

8. 国家发改委：《2006 年中国居民收入分配年度报告》，载中国发展门户网，2007 年 2 月 1 日。

9. 国家发改委宏观经济研究院课题组：《缓解收入差距扩大的阶段性目标及对策》，《经济学动态》，2007 年第 3 期。

10. 国家统计局课题组：《我国区域发展差距的实证分析》，载《中国国情国力》，2004 年第 3 期。

11. 国家统计局课题组：《从四项指标看（我国）地区发展差异》，载《中国统计》，2007 年第 2 期。

12. 中国改革与发展报告专家组：《中国财富报告——转型期要素分配与收入分配》，上海远东出版社 2002 年版。

13. 中央党校省部班学员收入分配课题组：《正确认识和处理

社会收入分配问题》，载《理论前沿》，2006 年第 7 期。

14. 《伟大的十年——中华人民共和国经济和文化建设成就的统计》，人民出版社 1959 年版。

15. 辽宁省财政学会：《收入分配改革》，载《体制改革》，2006 年第 10 期。

16. 山东省统计局：《山东收入分配格局的演变特征及其政策取向》，载《统计资料》2007 年第 8 期。

17. 山东省统计局：《山东城镇居民收入突破万元　消费增幅创近年新高》，载《统计资料》，2006 年 2 月。

18. 巴志鹏：《建国后我国工农业产品价格剪刀差分析》，载《临沂师范学院学报》27 卷 2 期第 59～61 页。

19. 白书祥：《社会主义市场经济条件下政府分配行为的规范化》，载《中州学刊》2006 年第 2 期。

20. 白书祥等：《确立新型收入分配观，完善收入分配制度》，载《中国社会科学院研究生院学报》，2005 年第 6 期。

21. 常兴华：《共同富裕：全面建设小康中的收入差距》，中国水利水电出版社 2004 年版。

22. 陈文辉：《中国经济结构概论》，山西经济出版社 1994 年版。

23. 陈永杰，于丁柱：《中国民营经济发展报告 No.3（2005－2006）》，社科文献出版社，2006 年版。

24. 陈宗胜，周云波：《再论改革与发展中的收入分配》，经济科学出版社 2002 年版。

25. 陈宗胜：《经济发展中的收入分配》，上海三联书店 1991 年版。

26. 陈宗胜：《中国城市居民收入分配差别现状、趋势及影响因素》，载《经济研究》1997 年第 3 期。

27. 樊纲，王小鲁等：《收入分配与公共政策》，上海远东出版社 2005 年版。

28. 樊纲，王小鲁等：《中国改革和发展报告 2005：收入分配与公共政策》，上海远东出版社 2005 年版。

29. 樊纲:《收入差距拉大缘于体制政策缺陷》,载《人民日报》,2006 年 10 月 27 日。

30. 顾严,杨宜勇:《2005 年社会形势分析与预测》,社科文献出版社 2005 年版。

31. 何建华:《分配正义论》,人民出版社 2007 年版。

32. 胡联合,胡鞍钢:《我国地区间收入差距的两极化趋势》,载《社会观察》2005 年第 6 期。

33. 胡书东:《中国财政制度变迁研究》,博士研究生学位论文。

34. 孔泾源,胡德巧等:《中国居民收入分配年度报告 2004、2005》,经济科学出版社 2004 年、2005 年版。

35. 孔泾源,刘强:《中国收入分配问题何在》,中国发展研究基金会 2007 年 3 月 14 日。

36. 孔泾源:《中国居民收入分配》,经济科学出版社 2004 年版。

37. 冷崇总:《居民收入差距实证分析》,载《社会主义经济理论与实践》,中国人民大学书报资料中心 2007 年第 1 期。

38. 李炯等:《经济发展与公平分配》,中国经济出版社 2007 年版。

39. 李连友:《我国不同时期收入分配理论与政策之演进》,载《中共中央党校学报》,2007 年 4 月。

40. 李庆中:《关于按生产要素分配的几点理论思考》,载《山西高等学校社会科学报》,2002 年第 2 期。

41. 李实,魏众,丁赛:《中国居民财产分布不均等及其原因的经验分析》,载《经济研究》,2005 年第 6 期。

42. 李实:《近期我国收入分配:问题与对策》,载《中国教育报》2006 年 9 月 27 日。

43. 李实等:《2005 中国人类发展报告:追求公平的人类发展》,中国对外翻译出版公司 2005 年版。

44. 李实等:《中国居民收入分配实证分析》,社会科学文献出版社 2000 年版。

45. 李爽：《中国城镇居民收入差距研究》，中国计划出版社 2002 年版。

46. 李肖：《这样的"杀富济贫"值得期许》，载东方网，2007 年 8 月。

47. 李晓西，张琦：《中国区域经济收入差距及趋势研究》，国家发改委"十一五"前期重点研究课题子课题，2005 年 1 月。

48. 李晓西等：《新世纪中国经济报告》，人民出版社 2006 年版。

49. 李迎生：《城市居民收入分配现状的社会学分析》，载社会学视野网 2007 年 4 月。

50. 刘鹏：《和谐社会视域中我国居民收入分配问题探析》，载《学术交流》，2007 年第 2 期。

51. 刘强：《法国居民收入分配状况与政策启示》，载《经济研究参考》，2005 年第 38 期。

52. 刘扬，纪宏等：《中国居民收入分配问题研究》，首都经济贸易大学出版社 2007 年版。

53. 刘扬：《现阶段我国国民收入分配格局实证分析》，载《财贸经济》，2002 年第 11 期。

54. 刘铮：《中国经济市场化程度 73.8%，超出市场经济临界水平》，载《国际金融报》，2005 年 8 月。

55. 柳适：《诺贝尔经济学奖得主演讲集》，内蒙古人民出版社 1998 年版。

56. 马从辉：《开放经济条件下居民收入分配问题研究》，中国财政经济出版社 2004 年版。

57. 马凯：《十一五规划战略》，北京科技出版社 2006 年版。

58. 马晓河：《我国居民收入的不平等到了什么程度》，载《改革内参》，2003 年第 26 期。

59. 裴小革：《收入分配的几个理论问题》，载《社会主义经济理论与实践》，中国人民大学书报资料中心 2007 年第 1 期。

60. 齐勇：《依靠初次分配和公有经济解决收入差距过大问

题》，载《社会主义经济理论与实践》，中国人民大学书报资料中心 2007 年第 4 期。

61. 裘元伦：《德国社会的收入分配与再分配》，载《德国研究》，2005 年第 4 期。

62. 权衡：《收入分配与社会和谐》，上海社会科学院出版社 2006 年版。

63. 万广华：《经济发展与收入不平等：方法与证据》，上海三联出版社、上海人民出版社 2006 年版。

64. 王春正主编：《我国居民收入分配问题》，中国计划出版社 1995 年版。

65. 王海港：《中国居民收入分配和收入流动性研究》，中山大学出版社 2007 年版。

66. 魏杰：《现代产权制度辨析》，首都经济贸易出版社 2000 年版。

67. 温家宝：《关于社会主义初级阶段的历史任务和我国对外政策的几个问题》，新华社 2007 年版。

68. 谢惠深：《财富和资本重闪光　学习十六大精神的心得体会》，载《揭阳日报》，2003 年 4 月。

69. 徐祥临：《突破理论教条　缩小收入差距》，载新华网，2006 年 10 月 12 日。

70. 杨灿明：《转型经济中的宏观收入分配》，中国劳动社会保障出版社 2003 年版。

71. 杨宜勇等：《收入分配体制改革攻坚》，中国水利水电出版社 2005 年版。

72. 杨宜勇等：《我国收入分配问题及"十一五"时期的对策》，载《宏观经济研究》，2005 年 11 月。

73. 袁恩桢：《当前中国收入分配差距拉大原因分析》，载《探索与争鸣》，2005 年第 2 期。

74. 张道根：《中国收入分配制度变迁》，江苏人民出版社 1999

年版。

75. 张红宇:《平抑城乡居民收入差距的国际经验》,载中国宏观经济信息网,2004 年 3 月 23 日。

76. 张军扩,侯永志,宣晓伟:《我国城乡差距、农村内部差距形成的原因》,载《国研报告》,2007 年 1 月。

77. 张平:《增长与分享——居民收入分配理论与实证》,社科文献出版社 2003 年版。

78. 张秀生,盛见:《现阶段我国收入分配的公平性问题研究》,载《经济纵横》,2007 年第 5 期。

79. 赵德馨:《中华人民共和国经济史 1949 - 1966》,河南人民出版社 1988 年版。

80. 赵登华:《有效调收入分配差距》,载《经济日报》2003 年 2 月。

81. 赵人伟,李实,丁赛:《中国居民财产分布研究报告》,载《中国经济时报》,2005 年 4 月 26 日。

82. 赵人伟、李实、李思勤:《中国居民收入分配再研究》,中国财政经济出版社 1999 年版。

83. 赵生章:《制度对效率的贡献》,载《经济观察报》,2006 年 3 月。

84. 郑书耀:《城乡差异:衡量、成因与对策解析》,载《社会主义经济理论与实践》,中国人民大学书报资料中心 2007 年第 4 期。

85. 支林飞等:《国外调节收入分配政策辑览》,载《中国党政干部论坛》,2005 年第 3 期。

86. 周文兴:《中国:收入分配不平等与经济增长》,北京大学出版社 2005 年版。

87. 周振华:《收入分配:中国经济分析 2001 - 2002》,上海人民出版社 2003 年版。

88. 世界银行:《2004 世界发展报告——让服务惠及穷人》,中国财政经济出版社 2004 年版。

89. 世界银行：《2006 世界发展报告——公平与发展》，清华大学出版社 2006 年版。

90. 国际货币基金组织：《世界经济展望——全球化与不平等》，中国金融出版社 2008 年版。

91. 西蒙·库兹涅茨：《经济增长和收入不均等》，载《美国经济评论》，1955 年 3 月。

92. 保罗·萨缪尔森，威廉·诺德豪斯著，萧琛等译：《经济学》，第 16 版，华夏出版社 1999 年版。

93. 劳埃德·雷诺兹著，马宾译：《微观经济学——分析和政策》，商务印书馆 1982 年版。

94. 曼昆著，梁小民译：《经济学原理》（下册），生活·读书·新知三联书店、北京大学出版社 1999 年版。

95. K·E·凯斯，R·C·费尔著，郭建青等译：《经济学原理》，中国人民大学出版社 1994 年版。

96. 艾伦·格里菲思，斯图尔特·沃尔著，许建光等译：《应用经济学》，中国经济出版社 1998 年版。

97. 瓦尔特·尼科尔森著，朱宝宪等译：《微观经济理论》，中国经济出版社 1999 年版。

98. 斯蒂格利茨著，高鸿业等译：《经济学》（上），中国人民大学出版社 1997 年版。

99. H·范里安著，费方域等译：《微观经济学》，现代观点，三联书店 1992 年版。

100. 曼斯费尔德著，黄险峰等译：《微观经济学》，中国人民大学出版社 1999 年版。

101. 平狄克，鲁宾费尔德著，张军等译：《微观经济学》，中国人民大学出版社 1997 年版。

后　记

　　由于研究兴趣相投，20多年来，我们经常在业余时间探讨一些现实与理论问题，也多次就财政经济热点问题展开合作研究。

　　近年来，由于我国城乡之间、地区之间以及不同社会群体、阶层之间的收入差距的不断扩大，收入分配问题成为我们共同关注的问题，特别是对如何发挥财政政策的重要作用，通过转移支付、税收调节、财政监督等手段，有效配置和调控社会资源，规范分配秩序，创造公平机会，促进经济社会健康发展，扭转收入分配差距扩大趋势，更是我们经常谈论的话题。为了对收入分配相关问题展开深入地研究，2006年初，我们商定成立一个课题组，专门就有关问题进行研究。

　　2006年春节期间，我们一起商订了研究思路，并拟订了详细的研究提纲，6月份课题组成立了。课题组成员有王晶、朱厚玉、李鹏、于淑波、王传荣、赵秀丽、袁红英、李广杰、王向阳、侯升平。正如克拉克在《财富的分配》中所言，"对于实事求是的任何从事研究工作的人来说，在各个要求获得应得权利的人中间分配财富的问题，是一个极其重要的经济问题"。共同的认识和责任感，使课题组很快进入状态，我们根据成员各自研究基础和学术专长很快进行了分工；同时，根据课题组成员来自政府综合部门、社会科学研究机构、高等院校等不同单位的研究资料收集和调研优势，采取集中与分散相结合的研究方式，凝聚全体成员的智慧，顺利完成了我们计划的研究内容。

　　本书初稿于2008年3月份完成。初稿第1章由曲永义执笔，第2章、第8章，第9章由于淑波执笔，第3章由袁红英执笔，第4章由王传荣执笔，第5章由赵秀丽执笔，第6章由李广杰执笔，

第 7 章由王向阳执笔，第 10 章第 1 节由侯升平执笔、第 2 节由袁红英执笔、第 3 节由李广杰执笔。初稿完成后课题组集中讨论、修改 3 次，王晶、朱厚玉对书稿提出了很多建设性的意见，侯升平、李鹏为联系、协调课题组成员的研究工作做了大量卓有成效的工作。最后，全书由于国安、曲永义定稿。特别值得高兴的是，近两年合作研究，成为我们以及课题组主要成员间多年友谊的小高潮，带给我们一次新的、更为愉快的精神之旅。

在本书付梓之际，我们要感谢山东省财政厅、山东社会科学院、山东财政学院、山东大学和山东省发改委、统计局等单位的领导和同志们对研究工作的大力支持，感谢我们的导师山东大学臧旭恒教授对研究工作的指导，感谢山东社会科学院区域经济泰山学者岗位为本项目调研提供的资助，感谢泰山学者特聘教授、北京师范大学资源与经济研究院院长李晓西教授为本研究提供的指导和大量的研究资料，感谢威海市政府调研室为调研活动召开的市直相关部门专项调研会议，并陪同曲永义、袁红英、李广杰等课题组成员到环翠区的一些街道办事处和农村展开的调研活动，感谢东营市政府调研室为调研活动提供的便利，感谢经济科学出版社吕萍副主编为本书的出版所付出的辛勤劳动，感谢我们的家人对我们无言的支持，但愿我们的工作没有辜负他们的支持和期望。

在本书写作过程中，课题组参考和引述了许多前人公开或内部的研究成果，使得本书尽可能建立在较为扎实的学术积累之上，在此，向学术前辈、朋友以及很多未曾谋面的学者一并表示诚挚的谢意！

正如本书开篇中所说的一样，收入分配的理论和实践，涉及的问题多、涵盖面广、时间跨度大，需要研究和解决的问题很多。由于水平所限，书中的资料使用、某些观点的提法和表述难免有不妥甚至谬误之处，欢迎读者诸君不吝赐教。

于国安　曲永义

2008 年 8 月